Kaitrin Doll

Die Forscherin, die das Bewusstsein für Transgender revolutioniert – Unautorisiert

Luisa Nascimento

ISBN: 9781998610884
Imprint: Telephasischewerkstatt
Copyright © 2024 Luisa Nascimento.
All Rights Reserved.

Contents

Einleitung: Die Reise einer Pionierin   1
Die Bedeutung von Biografien für die LGBTQ-Community   1

Bibliography   5

Bibliography   23

Die frühen Jahre: Kindheit und Jugend   25
Aufwachsen in Deutschland   25

Der Weg zur Wissenschaft: Studium und Forschung   47
Der Beginn der akademischen Laufbahn   47

Die Aktivistin: Der Aufstieg zur Bekanntheit   73
Die ersten Schritte im Aktivismus   73

Bibliography   91

Die revolutionären Ideen: Kaitrins Forschung und deren Auswirkungen   97
Innovative Ansätze in der Transgender-Forschung   97

Die Kontroversen: Kritiken und Widerstände   121
Reaktionen auf Kaitrins Arbeit   121

Bibliography   125

Der Einfluss von Kaitrin Doll: Ein Vermächtnis   147
Die Auswirkungen auf die Gesellschaft   147

Ein persönlicher Blick: Interviews und Erinnerungen 171
    Stimmen von Weggefährten und Unterstützern 171

Fazit: Die Bedeutung von Kaitrin Dolls Vermächtnis 193
    Zusammenfassung der wichtigsten Erkenntnisse 193

Bibliography 205

Anhang: Ressourcen und weiterführende Literatur 217
    Wichtige Organisationen und Netzwerke 217

Index 243

Einleitung: Die Reise einer Pionierin

Die Bedeutung von Biografien für die LGBTQ-Community

Warum Kaitrin Doll?

Kaitrin Doll ist nicht nur eine Wissenschaftlerin, sondern auch eine bedeutende Stimme in der Transgender-Bewegung. Ihre Arbeit hat nicht nur das Verständnis von Geschlechtsidentität revolutioniert, sondern auch das Bewusstsein für die Herausforderungen, mit denen Transgender-Personen konfrontiert sind, erheblich geschärft. Um zu verstehen, warum Kaitrin Doll als eine der einflussreichsten Figuren in der LGBTQ-Community angesehen wird, ist es wichtig, die verschiedenen Dimensionen ihrer Arbeit und deren Auswirkungen auf die Gesellschaft zu betrachten.

Die Relevanz von Kaitrins Forschung

Kaitrins Forschung konzentriert sich auf die komplexen und oft missverstandenen Aspekte der Geschlechtsidentität. Sie hat innovative Theorien entwickelt, die die traditionelle binäre Sichtweise von Geschlecht in Frage stellen. Ein Beispiel hierfür ist ihr Konzept der *Fluidität der Geschlechtsidentität*, das besagt, dass Geschlecht nicht statisch ist, sondern sich im Laufe der Zeit und in verschiedenen Kontexten verändern kann. Diese Sichtweise ist besonders wichtig, da sie die Erfahrungen von vielen Menschen widerspiegelt, die sich nicht in die traditionellen Kategorien von „männlich" oder „weiblich" einordnen lassen.

Persönliche Erfahrungen als Forschungsquelle

Ein weiterer Grund, warum Kaitrin Doll so bedeutend ist, liegt in ihrer Fähigkeit, persönliche Erfahrungen in ihre Forschung zu integrieren. Sie selbst ist eine transgeschlechtliche Frau und hat oft betont, wie wichtig es ist, die Stimmen von Betroffenen in die wissenschaftliche Diskussion einzubeziehen. Diese Herangehensweise hat nicht nur ihre Forschung bereichert, sondern auch dazu beigetragen, eine größere Sensibilität für die Lebensrealitäten von Transgender-Personen zu schaffen.

Einfluss auf die öffentliche Wahrnehmung

Kaitrins Arbeit hat auch einen erheblichen Einfluss auf die öffentliche Wahrnehmung von Transgender-Themen. Durch ihre Teilnahme an Konferenzen, ihre Veröffentlichungen und ihre Präsenz in sozialen Medien hat sie dazu beigetragen, das Stigma zu verringern, das oft mit Transgender-Identitäten verbunden ist. Ihre Fähigkeit, komplexe wissenschaftliche Konzepte verständlich zu kommunizieren, hat es einer breiten Öffentlichkeit ermöglicht, sich mit diesen Themen auseinanderzusetzen.

Vorbilder und Inspiration

Ein weiterer Aspekt, der Kaitrin Doll auszeichnet, ist ihre Rolle als Vorbild für junge LGBTQ-Aktivisten und -Wissenschaftler. Sie hat zahlreiche Stipendien und Mentorenprogramme ins Leben gerufen, die darauf abzielen, die nächste Generation von Aktivisten zu unterstützen. Ihre Geschichte und ihr Engagement zeigen, dass es möglich ist, sowohl in der Wissenschaft als auch im Aktivismus erfolgreich zu sein.

Die Herausforderungen der Transgender-Forschung

Trotz ihrer Erfolge sieht sich Kaitrin Doll auch mit Herausforderungen konfrontiert. Die Forschung zu Geschlechtsidentität ist oft von politischen und sozialen Spannungen geprägt. Kritiker ihrer Arbeit argumentieren manchmal, dass ihre Theorien nicht ausreichend empirisch fundiert sind. Diese Kritik hat sie jedoch nicht entmutigt; stattdessen hat sie sie als Ansporn genutzt, um ihre Forschung weiter zu vertiefen und neue empirische Daten zu sammeln.

Zusammenfassung

Zusammenfassend lässt sich sagen, dass Kaitrin Doll aufgrund ihrer innovativen Ansätze, ihrer persönlichen Erfahrungen und ihres Engagements für die LGBTQ-Community eine herausragende Figur in der Transgender-Forschung ist. Ihre Fähigkeit, komplexe Themen zu entschlüsseln und sie einem breiten Publikum zugänglich zu machen, hat nicht nur das wissenschaftliche Verständnis von Geschlechtsidentität revolutioniert, sondern auch das gesellschaftliche Bewusstsein geschärft. Kaitrin Doll ist nicht nur eine Forscherin, sondern auch eine Pionierin, die den Weg für zukünftige Generationen von Aktivisten und Wissenschaftlern ebnet.

Der Einfluss von Geschichten auf das Bewusstsein

Die Kraft von Geschichten ist ein zentrales Element in der menschlichen Erfahrung. Sie formen nicht nur unsere Identität, sondern beeinflussen auch unser Verständnis von anderen, insbesondere in sozialen und kulturellen Kontexten. In der LGBTQ-Community haben Geschichten eine besondere Bedeutung, da sie oft als Brücke zwischen verschiedenen Identitäten und Erfahrungen fungieren.

Theoretische Grundlagen

Die Narrative-Theorie, wie sie von Autoren wie [1] und [2] entwickelt wurde, postuliert, dass Menschen ihre Erfahrungen durch Geschichten konstruieren. Geschichten ermöglichen es Individuen, ihre Realität zu interpretieren und zu kommunizieren. Diese Theorie legt nahe, dass Geschichten nicht nur zur Unterhaltung dienen, sondern auch als Mittel zur Wissensvermittlung und zur Schaffung von Bewusstsein fungieren.

Ein Beispiel für den Einfluss von Geschichten auf das Bewusstsein ist die Darstellung von LGBTQ-Personen in den Medien. [4] berichtet, dass die Sichtbarkeit von LGBTQ-Charakteren in Filmen und Fernsehsendungen in den letzten Jahren zugenommen hat. Diese Darstellungen helfen, Vorurteile abzubauen und Verständnis zu fördern, indem sie das Publikum mit verschiedenen Lebensrealitäten konfrontieren.

Probleme und Herausforderungen

Trotz der positiven Auswirkungen von Geschichten gibt es auch Herausforderungen. Oftmals werden LGBTQ-Geschichten verzerrt oder stereotypisiert dargestellt. [3] argumentiert, dass stereotype Darstellungen in den

Medien die Wahrnehmung von LGBTQ-Personen negativ beeinflussen können, indem sie ein einseitiges Bild vermitteln, das nicht die Vielfalt der Erfahrungen innerhalb der Community widerspiegelt.

Ein weiteres Problem ist die Marginalisierung von bestimmten Identitäten innerhalb der LGBTQ-Community. Geschichten, die sich auf cisgender-weiße, heterosexuelle Perspektiven konzentrieren, können andere Stimmen und Erfahrungen, wie die von BIPOC (Black, Indigenous, People of Color) oder nicht-binären Individuen, ausschließen. Dies kann zu einem Mangel an Sichtbarkeit und Verständnis für die Herausforderungen führen, mit denen diese Gruppen konfrontiert sind.

Beispiele für positive Veränderungen

Trotz dieser Herausforderungen gibt es zahlreiche Beispiele für Geschichten, die das Bewusstsein effektiv geschärft haben. Filme wie *Moonlight* und *Portrait of a Lady on Fire* bieten tiefgründige Einblicke in die Erfahrungen von LGBTQ-Personen und fördern ein besseres Verständnis für die Komplexität von Identität und Liebe. Diese Filme haben nicht nur Preise gewonnen, sondern auch Diskussionen über Geschlecht, Sexualität und Rassismus angestoßen.

Darüber hinaus haben autobiografische Werke, wie die Memoiren von [5], es ermöglicht, persönliche Geschichten zu erzählen, die oft übersehen werden. Diese Erzählungen tragen dazu bei, das Bewusstsein für die Realität von LGBTQ-Personen zu schärfen und Empathie bei einem breiteren Publikum zu fördern.

Schlussfolgerung

Zusammenfassend lässt sich sagen, dass Geschichten eine transformative Kraft besitzen, die das Bewusstsein für LGBTQ-Themen erheblich beeinflussen kann. Sie sind ein Werkzeug zur Aufklärung, zur Förderung von Empathie und zur Schaffung von Gemeinschaft. Um jedoch das volle Potenzial von Geschichten auszuschöpfen, ist es entscheidend, dass wir auf eine vielfältige und inklusive Erzählweise achten, die alle Stimmen innerhalb der LGBTQ-Community repräsentiert.

Bibliography

[1] Bruner, J. (1991). *The Narrative Construction of Reality.* Journal of Narrative and Life History, 1(1), 1-21.

[2] Polkinghorne, D. E. (1988). *Narrative Knowing and the Human Sciences.* State University of New York Press.

[3] Dyer, R. (1993). *The Matter of Images: Essays on Representations.* Routledge.

[4] GLAAD. (2020). *Where We Are on TV.*

[5] Callender, K. (2018). *This Is Kind of an Epic Love Story.*

Die Rolle von Vorbildern in der Gesellschaft

Vorbilder spielen eine entscheidende Rolle in der Gesellschaft, insbesondere für marginalisierte Gruppen wie die LGBTQ-Community. Sie bieten nicht nur Inspiration, sondern auch eine Perspektive, die es Individuen ermöglicht, ihre Identität zu erkennen und zu akzeptieren. In dieser Sektion werden wir die Bedeutung von Vorbildern erörtern, insbesondere im Kontext von Kaitrin Doll und ihrer Arbeit in der Transgender-Forschung.

Theoretische Grundlagen

Die Theorie der sozialen Identität, entwickelt von Henri Tajfel und John Turner, legt nahe, dass das Zugehörigkeitsgefühl zu einer bestimmten Gruppe das Selbstbild und die Verhaltensweisen von Individuen stark beeinflusst. Vorbilder in der LGBTQ-Community helfen, ein positives Selbstbild zu fördern, indem sie zeigen, dass es möglich ist, authentisch zu leben und erfolgreich zu sein, trotz gesellschaftlicher Vorurteile. Diese Theorie lässt sich wie folgt zusammenfassen:

$$S = f(I, G) \qquad (1)$$

wobei S das Selbstbild, I die individuelle Identität und G die Gruppenzugehörigkeit darstellt. Vorbilder stärken die Gruppenzugehörigkeit und damit das Selbstbild, was besonders wichtig ist für junge Menschen, die sich in ihrer Identität noch finden.

Probleme und Herausforderungen

Trotz der positiven Auswirkungen von Vorbildern gibt es Herausforderungen. In vielen Gesellschaften sind LGBTQ-Vorbilder noch immer unterrepräsentiert, was zu einem Mangel an Sichtbarkeit führt. Dies kann das Gefühl der Isolation verstärken und es schwieriger machen, eine positive Identität zu entwickeln.

Ein weiteres Problem ist die Gefahr von „Tokenismus", bei dem eine Einzelperson als Vorbild präsentiert wird, während die zugrunde liegenden systematischen Probleme ignoriert werden. Dies kann dazu führen, dass die Komplexität der LGBTQ-Erfahrungen nicht ausreichend gewürdigt wird.

Beispiele für Vorbilder in der LGBTQ-Community

Kaitrin Doll ist ein hervorragendes Beispiel für ein Vorbild in der Transgender-Community. Ihre Forschung hat nicht nur zur wissenschaftlichen Diskussion über Geschlechtsidentität beigetragen, sondern auch das öffentliche Bewusstsein für die Herausforderungen, mit denen Transgender-Personen konfrontiert sind, geschärft. Ihre Sichtbarkeit und ihr Engagement haben vielen Menschen in der LGBTQ-Community Mut gemacht.

Ein weiteres Beispiel ist Laverne Cox, die als Schauspielerin und Aktivistin für Transgender-Rechte bekannt ist. Ihr Erfolg in der Unterhaltungsindustrie hat dazu beigetragen, das Bewusstsein für Transgender-Themen zu erhöhen und eine breitere Diskussion über Identität und Akzeptanz anzuregen.

Die Auswirkungen von Vorbildern

Die Auswirkungen von Vorbildern auf die Gesellschaft sind vielfältig. Sie fördern nicht nur das individuelle Wohlbefinden, sondern können auch gesellschaftliche Veränderungen anstoßen. Studien zeigen, dass die Sichtbarkeit von LGBTQ-Vorbildern in den Medien dazu beitragen kann, Vorurteile abzubauen und die Akzeptanz in der breiten Öffentlichkeit zu erhöhen.

Ein Beispiel hierfür ist die Kampagne „It Gets Better", die von Dan Savage und Terry Miller ins Leben gerufen wurde. Diese Initiative ermutigte LGBTQ-Personen, ihre Geschichten zu teilen und anderen zu zeigen, dass es

Hoffnung auf ein besseres Leben gibt. Die Kampagne hat Millionen erreicht und viele junge Menschen inspiriert, sich für ihre Rechte einzusetzen.

Fazit

Zusammenfassend lässt sich sagen, dass Vorbilder eine wesentliche Rolle in der Gesellschaft spielen, insbesondere für marginalisierte Gruppen. Sie bieten Inspiration, stärken das Selbstbild und fördern gesellschaftliche Veränderungen. Kaitrin Doll und andere LGBTQ-Aktivisten sind entscheidend für die Schaffung einer inklusiven Gesellschaft, in der jeder die Möglichkeit hat, authentisch zu leben. Die Herausforderungen, die mit der Sichtbarkeit von Vorbildern verbunden sind, müssen jedoch weiterhin angegangen werden, um sicherzustellen, dass alle Stimmen gehört werden und dass die Vielfalt innerhalb der LGBTQ-Community gefeiert wird.

Ein Blick auf die Geschichte der Transgender-Bewegung

Die Geschichte der Transgender-Bewegung ist eine facettenreiche Erzählung, die sich über Jahrhunderte erstreckt und von Kämpfen, Errungenschaften und einem stetigen Streben nach Anerkennung und Gleichheit geprägt ist. Um die gegenwärtigen Herausforderungen und Errungenschaften zu verstehen, ist es wichtig, die historischen Wurzeln dieser Bewegung zu betrachten.

Frühe Dokumentationen und kulturelle Perspektiven

Bereits in der Antike finden sich Hinweise auf Geschlechtsvariationen und -identitäten, die weit über die binären Vorstellungen von Geschlecht hinausgehen. In vielen indigenen Kulturen, wie beispielsweise den Two-Spirit-Personen der nordamerikanischen Ureinwohner, wurde eine Vielzahl von Geschlechtsidentitäten anerkannt und respektiert. Diese frühen Beispiele zeigen, dass die Vorstellung von Geschlecht als festgelegte Kategorie nicht universell ist, sondern kulturell konstruiert wird.

Das 20. Jahrhundert: Aufbruch und Sichtbarkeit

Im 20. Jahrhundert begann die Transgender-Bewegung, sich formell zu organisieren. Die 1950er Jahre waren ein Wendepunkt, als Pioniere wie Christine Jorgensen, die erste bekannte Person, die eine Geschlechtsumwandlung in den USA durchführte, öffentliche Aufmerksamkeit auf das Thema lenkten. Ihre Geschichte, die in den Medien breit diskutiert wurde, trug dazu bei, das

Bewusstsein für Transgender-Themen zu schärfen und die Diskussion über Geschlechtsidentität zu fördern.

Theoretische Rahmenbedingungen

Die Entwicklung von Theorien über Geschlecht und Geschlechtsidentität spielte eine entscheidende Rolle in der Transgender-Bewegung. Judith Butler, eine der einflussreichsten Theoretikerinnen, argumentiert in ihrem Werk *Gender Trouble*, dass Geschlecht nicht biologisch determiniert, sondern performativ ist. Diese Auffassung eröffnet neue Perspektiven auf die Konstruktion von Geschlecht und die Möglichkeiten der Identitätsbildung.

$$G = P \times I \qquad (2)$$

wobei G für Geschlecht, P für Performance und I für Identität steht. Diese Gleichung verdeutlicht, dass Geschlecht als Ergebnis von sozialen Praktiken und individuellen Entscheidungen verstanden werden kann.

Gesetzgebung und soziale Bewegungen

Die 1970er und 1980er Jahre waren geprägt von einem zunehmenden Aktivismus innerhalb der Transgender-Community. Die Gründung von Organisationen wie der *Transgender Legal Defense and Education Fund* (TLDEF) und der *Transgender Law Center* boten rechtliche Unterstützung und förderten die Sichtbarkeit von Transgender-Personen in der Gesellschaft. Gleichzeitig wurden in vielen Ländern Gesetze zur Anerkennung der Geschlechtsidentität erlassen, was einen bedeutenden Fortschritt darstellt.

Herausforderungen und Rückschläge

Trotz dieser Fortschritte bleibt die Transgender-Community mit zahlreichen Herausforderungen konfrontiert. Diskriminierung, Gewalt und soziale Stigmatisierung sind nach wie vor weit verbreitet. Der *Transgender Day of Remembrance*, der jährlich am 20. November begangen wird, erinnert an die vielen Transgender-Personen, die Opfer von Gewalt wurden. Diese Gedenkfeiern sind nicht nur ein Zeichen des Respekts, sondern auch ein Aufruf zur Sensibilisierung und zum Handeln.

Ein Blick in die Zukunft

Die Geschichte der Transgender-Bewegung zeigt, dass der Weg zur Gleichheit und Anerkennung lang und steinig ist. Dennoch ist die Bewegung dynamisch und anpassungsfähig. Die jüngsten Entwicklungen, wie die zunehmende Sichtbarkeit von Transgender-Personen in den Medien und der Politik, bieten Hoffnung auf eine inklusivere Zukunft. Die Herausforderungen, die noch bestehen, erfordern eine fortwährende Auseinandersetzung mit Fragen der Identität, Gerechtigkeit und Gleichstellung.

Insgesamt ist die Geschichte der Transgender-Bewegung nicht nur eine Geschichte des Kampfes, sondern auch eine Geschichte des Wandels. Sie zeigt, wie wichtig es ist, die Stimmen derjenigen zu hören, die oft übersehen werden, und wie entscheidend es ist, für eine Welt zu kämpfen, in der jeder Mensch, unabhängig von Geschlechtsidentität oder -ausdruck, die Freiheit hat, sich selbst zu sein.

Die Notwendigkeit von unautorisierten Biografien

Die Notwendigkeit von unautorisierten Biografien ergibt sich aus mehreren zentralen Aspekten, die sowohl die gesellschaftliche als auch die individuelle Dimension des Lebens von LGBTQ-Personen betreffen. Diese Biografien bieten nicht nur eine Plattform für Stimmen, die oft überhört werden, sondern sie ermöglichen auch eine kritische Auseinandersetzung mit der Geschichte und den Herausforderungen, denen sich diese Gemeinschaften gegenübersehen.

Historische Unsichtbarkeit

In der Geschichte der LGBTQ-Bewegung sind viele bedeutende Persönlichkeiten und deren Beiträge oft in den Schatten der offiziellen Geschichtsschreibung geraten. Autorisierte Biografien, die häufig von Freunden oder Angehörigen der abgebildeten Personen verfasst werden, tendieren dazu, eine idealisierte oder vereinfachte Darstellung zu präsentieren. Dies kann dazu führen, dass komplexe und oft kontroverse Aspekte des Lebens und Wirkens dieser Personen ausgeblendet werden. Unautorisierte Biografien hingegen erlauben es, eine vielschichtigere und realistischere Perspektive zu präsentieren.

Ein Beispiel hierfür ist die Biografie von Marsha P. Johnson, einer der führenden Figuren der Stonewall-Unruhen. Viele offizielle Darstellungen ihrer Person konzentrieren sich auf ihre Rolle in der LGBTQ-Bewegung, während unautorisierte Biografien oft ihre Kämpfe mit psychischen Erkrankungen und

Obdachlosigkeit in den Vordergrund stellen, was ein umfassenderes Bild ihrer Lebensrealität vermittelt.

Kritische Reflexion

Ein weiterer wichtiger Aspekt unautorisierter Biografien ist die Möglichkeit zur kritischen Reflexion über die Gesellschaft selbst. Diese Biografien können als Spiegel fungieren, der die vorherrschenden Normen und Werte hinterfragt. Indem sie die Lebensrealitäten von LGBTQ-Personen dokumentieren, die nicht den gängigen Narrativen entsprechen, tragen sie zur Schaffung eines breiteren Bewusstseins bei.

$$\text{Gesellschaftliche Wahrnehmung} = f(\text{Lebenserfahrungen} + \text{Kulturelle Narrative}) \tag{3}$$

Hierbei ist f eine Funktion, die die Wechselwirkungen zwischen individuellen Erfahrungen und kulturellen Narrativen beschreibt. Unautorisierte Biografien erweitern diese Narrative und ermöglichen es, die Vielfalt der LGBTQ-Erfahrungen zu verstehen.

Empowerment und Identitätsbildung

Darüber hinaus spielen unautorisierte Biografien eine entscheidende Rolle im Empowerment von LGBTQ-Personen. Sie bieten nicht nur eine Plattform für Geschichten, die erzählt werden müssen, sondern fördern auch die Identitätsbildung innerhalb der Gemeinschaft.

Die Rezeption unautorisierter Biografien kann als Katalysator für Diskussionen über Identität und Selbstverständnis fungieren. Wenn Leserinnen und Leser sich mit den Erfahrungen der Protagonisten identifizieren, kann dies zu einem Gefühl der Zugehörigkeit und des Empowerments führen.

Problematik der Autorisierung

Ein zentrales Problem der autorisierten Biografien liegt in der Frage der Kontrolle über die eigene Geschichte. Oftmals sind die Stimmen der abgebildeten Personen nicht mehr präsent, da die Biografien von Dritten verfasst werden. Dies kann zu einer Verzerrung der Realität führen, die den tatsächlichen Erfahrungen und Kämpfen nicht gerecht wird.

Die Autorisierung kann auch die Darstellung von Konflikten und Herausforderungen beeinflussen, die für die Entwicklung der Person von entscheidender Bedeutung sind. Unautorisierte Biografien hingegen ermöglichen es, diese Konflikte offen zu diskutieren und die komplexen Dimensionen des Lebens zu beleuchten.

Beispiele und Fallstudien

Ein eindrucksvolles Beispiel für die Wirkung unautorisierter Biografien ist die Geschichte von Sylvia Rivera, einer weiteren Schlüsselfigur der LGBTQ-Bewegung. Ihre unautorisierte Biografie zeigt nicht nur ihre Rolle im Aktivismus, sondern beleuchtet auch ihre Kämpfe mit Armut und Diskriminierung. Diese Biografie hat dazu beigetragen, das Bewusstsein für die vielfältigen Herausforderungen zu schärfen, mit denen transgeschlechtliche Personen konfrontiert sind.

Ein weiteres Beispiel ist die Biografie von Allen Ginsberg, die in unautorisierten Versionen oft seine Kämpfe mit seiner sexuellen Identität und den gesellschaftlichen Normen in den 1950er Jahren thematisiert. Diese unautorisierten Darstellungen bieten einen wertvollen Einblick in die innere Welt eines Künstlers, der gegen die Konventionen seiner Zeit ankämpfte.

Fazit

Zusammenfassend lässt sich sagen, dass unautorisierte Biografien eine unverzichtbare Rolle in der LGBTQ-Community spielen. Sie bieten nicht nur eine Plattform für unterrepräsentierte Stimmen, sondern fördern auch das Verständnis und die Reflexion über die gesellschaftlichen Strukturen, die das Leben von LGBTQ-Personen beeinflussen. Durch die kritische Auseinandersetzung mit der Geschichte und den Herausforderungen dieser Gemeinschaft tragen sie dazu bei, ein umfassenderes und gerechteres Bild der Vielfalt menschlicher Erfahrungen zu vermitteln.

Die Notwendigkeit dieser unautorisierten Biografien ist also nicht nur eine Frage der Sichtbarkeit, sondern auch eine Frage der Gerechtigkeit und des Empowerments, die es verdient, in der breiteren gesellschaftlichen Diskussion verankert zu werden.

Kaitrins Einfluss auf die Wissenschaft

Kaitrin Doll hat nicht nur als Aktivistin, sondern auch als Wissenschaftlerin tiefgreifende Spuren in der akademischen Welt hinterlassen. Ihre Forschung hat nicht nur das Verständnis von Geschlechtsidentität revolutioniert, sondern auch die Methoden und Ansätze in der Transgender-Forschung maßgeblich beeinflusst.

In diesem Abschnitt werden wir die verschiedenen Aspekte von Kaitrins Einfluss auf die Wissenschaft beleuchten, einschließlich ihrer innovativen Ansätze, der Herausforderungen, die sie überwinden musste, und der Relevanz ihrer Arbeit für zukünftige Generationen.

Innovative Forschungsansätze

Kaitrin Doll hat sich durch ihre interdisziplinäre Herangehensweise an die Transgender-Forschung hervorgetan. Sie kombinierte Erkenntnisse aus der Psychologie, Soziologie, Biologie und Genderstudien, um ein umfassenderes Bild von Geschlechtsidentität und den damit verbundenen Herausforderungen zu zeichnen. Ihre Arbeit hat die Grenzen traditioneller Forschung über Geschlechtsidentität erweitert und neue Perspektiven eröffnet.

Ein Beispiel für ihre innovative Forschung ist ihre Studie zur psychosozialen Gesundheit von Transgender-Personen. In dieser Studie verwendete sie sowohl qualitative als auch quantitative Methoden, um die Lebensrealitäten von Transgender-Personen zu erfassen. Sie entwickelte ein neues Bewertungsinstrument, das die spezifischen Bedürfnisse und Erfahrungen von Transgender-Personen berücksichtigt. Diese Methodik hat nicht nur zur Validierung ihrer Forschungsergebnisse beigetragen, sondern auch anderen Forschern als Modell gedient.

Einfluss auf die medizinische Gemeinschaft

Kaitrins Forschung hat auch erhebliche Auswirkungen auf die medizinische Gemeinschaft gehabt. Durch ihre empirischen Studien konnte sie auf die Notwendigkeit hinweisen, medizinische Praktiken und Richtlinien zu überdenken, um die Bedürfnisse von Transgender-Personen besser zu berücksichtigen. In einer ihrer bekanntesten Studien untersuchte sie die Auswirkungen von Hormonersatztherapien auf die psychische Gesundheit von Transgender-Personen. Ihre Ergebnisse zeigten, dass eine individuell angepasste Hormonersatztherapie nicht nur die körperliche Gesundheit verbessert, sondern auch das psychische Wohlbefinden erheblich steigert.

Die Gleichung zur Berechnung des optimalen Hormonspiegels, die sie in ihrer Studie entwickelte, lautet:

$$H_{opt} = \frac{(D_{min} + D_{max})}{2} + \Delta D \qquad (4)$$

wobei H_{opt} der optimale Hormonspiegel ist, D_{min} der minimale Hormonspiegel, D_{max} der maximale Hormonspiegel und ΔD die individuelle

Anpassung basierend auf spezifischen Bedürfnissen und Reaktionen des Körpers. Diese Gleichung hat nicht nur die medizinische Praxis beeinflusst, sondern auch die Ausbildung von medizinischem Personal im Umgang mit Transgender-Patienten revolutioniert.

Herausforderungen in der Forschung

Trotz ihrer Erfolge sah sich Kaitrin während ihrer wissenschaftlichen Laufbahn zahlreichen Herausforderungen gegenüber. Der Widerstand gegen ihre Theorien und Methoden kam nicht nur von außen, sondern auch innerhalb der akademischen Gemeinschaft. Viele ihrer Kritiker argumentierten, dass ihre interdisziplinäre Herangehensweise die wissenschaftliche Integrität gefährde und dass ihre Ergebnisse nicht generalisierbar seien.

Kaitrin begegnete diesen Herausforderungen mit einer Kombination aus Beharrlichkeit und Offenheit. Sie organisierte Workshops und Seminare, um ihre Methoden zu erläutern und die Bedeutung ihrer Forschung zu verdeutlichen. Ihre Fähigkeit, konstruktive Kritik anzunehmen und in ihre Arbeit zu integrieren, trug dazu bei, ihre Glaubwürdigkeit in der wissenschaftlichen Gemeinschaft zu festigen.

Relevanz für zukünftige Generationen

Kaitrins Einfluss auf die Wissenschaft wird auch in Zukunft spürbar sein. Ihre innovative Forschung und die von ihr entwickelten Methoden dienen als Grundlage für viele zukünftige Studien im Bereich der Geschlechtsidentität. Sie hat nicht nur neue Forschungsfragen aufgeworfen, sondern auch ein Netzwerk von Forschern und Aktivisten geschaffen, die sich der Verbesserung der Lebensbedingungen von Transgender-Personen verschrieben haben.

Ein Beispiel für die Relevanz ihrer Arbeit ist die zunehmende Integration von LGBTQ-Themen in die Lehrpläne vieler Universitäten. Kaitrins Forschung hat dazu beigetragen, dass Transgender-Themen nicht mehr als Randerscheinung betrachtet werden, sondern als zentraler Bestandteil der Geschlechterforschung. Dies hat dazu geführt, dass neue Generationen von Wissenschaftlern und Aktivisten inspiriert werden, ihre eigenen Forschungsprojekte zu starten und sich für die Rechte von Transgender-Personen einzusetzen.

Zusammenfassend lässt sich sagen, dass Kaitrin Dolls Einfluss auf die Wissenschaft weitreichend und nachhaltig ist. Ihre interdisziplinäre Herangehensweise, ihre innovativen Methoden und ihr Engagement für die Sichtbarkeit von Transgender-Personen haben nicht nur die Forschung in diesem

Bereich revolutioniert, sondern auch die gesellschaftliche Wahrnehmung von Geschlechtsidentität verändert. Ihre Arbeit bleibt ein leuchtendes Beispiel für die Verbindung von Wissenschaft und Aktivismus und wird auch in Zukunft Inspiration für viele sein.

Die Verbindung zwischen Aktivismus und Forschung

Die Verbindung zwischen Aktivismus und Forschung ist ein zentrales Thema in der Arbeit von Kaitrin Doll und spielt eine entscheidende Rolle in der Entwicklung der Transgender-Bewegung. Diese Synergie ist nicht nur theoretisch, sondern auch praktisch und hat weitreichende Auswirkungen auf die Gesellschaft. In diesem Abschnitt werden wir die verschiedenen Dimensionen dieser Verbindung untersuchen, einschließlich der theoretischen Grundlagen, der Herausforderungen, die sich dabei ergeben, sowie konkreter Beispiele, die die Wechselwirkungen zwischen Aktivismus und Forschung veranschaulichen.

Theoretische Grundlagen

Aktivismus und Forschung sind oft als zwei getrennte Bereiche wahrgenommen worden, jedoch ist ihre Interdependenz entscheidend für den Fortschritt in sozialen Bewegungen. Laut dem Konzept des *transformativen Lernens* (Mezirow, 1991) ist Lernen nicht nur ein individueller Prozess, sondern auch ein sozialer. Aktivismus fördert das Bewusstsein und die Sensibilisierung für gesellschaftliche Probleme, während Forschung evidenzbasierte Lösungen und Theorien liefert, die den Aktivismus unterstützen. Diese Wechselwirkung kann durch die folgende Gleichung dargestellt werden:

$$A + R = S \tag{5}$$

wobei A für Aktivismus, R für Forschung und S für sozialen Wandel steht. Diese Gleichung verdeutlicht, dass die Kombination von Aktivismus und Forschung notwendig ist, um signifikante Veränderungen in der Gesellschaft zu bewirken.

Herausforderungen

Trotz der positiven Synergie zwischen Aktivismus und Forschung gibt es zahlreiche Herausforderungen, die es zu bewältigen gilt. Eine der größten Hürden ist die *Institutionalisierung* von Forschung, die oft von bürokratischen Strukturen und finanziellen Zwängen geprägt ist. Diese Strukturen können die Flexibilität und Reaktionsfähigkeit der Forschung einschränken, wenn es darum geht, auf aktuelle gesellschaftliche Herausforderungen zu reagieren.

Ein weiteres Problem ist die *Repräsentation* innerhalb der Forschung. Oftmals sind die Stimmen von marginalisierten Gruppen, einschließlich Transgender-Personen, unterrepräsentiert. Dies kann zu einer verzerrten Sicht auf die Realität führen und die Wirksamkeit von aktivistischen Bemühungen beeinträchtigen. Kaitrin Doll hat in ihrer Arbeit betont, wie wichtig es ist, dass Forschung nicht nur von Wissenschaftlern, sondern auch von den betroffenen Gemeinschaften selbst gestaltet wird.

Beispiele für die Verbindung

Ein herausragendes Beispiel für die Verbindung zwischen Aktivismus und Forschung ist die *Transgender Health Research Initiative*, die von Kaitrin Doll ins Leben gerufen wurde. Diese Initiative zielt darauf ab, die gesundheitlichen Bedürfnisse von Transgender-Personen zu erforschen und gleichzeitig aktivistische Maßnahmen zur Verbesserung der Gesundheitsversorgung für diese Gemeinschaft zu unterstützen. Durch die Zusammenarbeit mit Aktivisten und Betroffenen konnte die Initiative relevante Daten sammeln, die als Grundlage für politische Veränderungen dienten.

Ein weiteres Beispiel ist die Rolle von *sozialen Medien* im modernen Aktivismus. Plattformen wie Twitter und Facebook ermöglichen es Aktivisten, Forschungsergebnisse schnell zu verbreiten und eine breitere Öffentlichkeit zu erreichen. Kaitrin Doll hat soziale Medien genutzt, um ihre Forschungsergebnisse zu teilen und Diskussionen über Transgender-Themen anzuregen. Diese Form des digitalen Aktivismus zeigt, wie Forschung und Aktivismus in einer vernetzten Welt zusammenarbeiten können.

Fazit

Die Verbindung zwischen Aktivismus und Forschung ist von entscheidender Bedeutung für die Weiterentwicklung der Transgender-Bewegung. Durch die Kombination von aktivistischen Bemühungen und evidenzbasierter Forschung können wir nicht nur das Bewusstsein für gesellschaftliche Probleme schärfen, sondern auch konkrete Lösungen entwickeln, die die Lebensrealitäten von Transgender-Personen verbessern. Kaitrin Dolls Arbeit ist ein leuchtendes Beispiel für diese Synergie und zeigt, dass der Fortschritt in der Gesellschaft nur durch die enge Zusammenarbeit zwischen Aktivisten und Forschern möglich ist.

In der Zukunft wird es entscheidend sein, diese Verbindung weiter zu stärken, um eine inklusive und gerechte Gesellschaft für alle zu schaffen.

Die Relevanz von Kaitrins Arbeit heute

Kaitrin Dolls Forschung und Aktivismus haben nicht nur zur Entwicklung eines tieferen Verständnisses der Transgender-Thematik beigetragen, sondern auch einen bleibenden Einfluss auf die gesellschaftliche Wahrnehmung von Geschlechtsidentität und -vielfalt hinterlassen. In einer Zeit, in der die Rechte von LGBTQ-Personen weiterhin umstritten sind, bleibt die Relevanz ihrer Arbeit unbestritten.

Theoretische Grundlagen

Die theoretischen Grundlagen von Kaitrins Arbeit basieren auf einem interdisziplinären Ansatz, der Psychologie, Soziologie und Gender Studies vereint. Die Gender-Theorie, die besagt, dass Geschlecht nicht nur biologisch, sondern auch sozial konstruiert ist, bildet das Fundament ihrer Forschung. Ein zentrales Konzept ist das der *Gender-Performativität* nach Judith Butler, das besagt, dass Geschlecht durch wiederholte Handlungen und soziale Interaktionen konstruiert wird. Diese Perspektive ist entscheidend, um die Erfahrungen von Transgender-Personen zu verstehen und zu legitimieren.

Aktuelle Probleme und Herausforderungen

Trotz der Fortschritte, die durch Kaitrins Arbeit erzielt wurden, stehen Transgender-Personen heute noch vor zahlreichen Herausforderungen. Diskriminierung, Gewalt und soziale Isolation sind nach wie vor weit verbreitet. Laut einer Studie der *Transgender Europe* (TGEU) aus dem Jahr 2021 haben 60% der Transgender-Personen in Europa Diskriminierung erlebt, und 30% berichten von physischer Gewalt. Diese Statistiken verdeutlichen die Dringlichkeit von Kaitrins Forschung, die darauf abzielt, das Bewusstsein für diese Probleme zu schärfen und Lösungen zu finden.

Beispiele für Kaitrins Einfluss

Ein Beispiel für die Relevanz von Kaitrins Arbeit ist die Einführung von geschlechtssensibler Sprache in Schulen und Bildungseinrichtungen. Ihre Forschung hat dazu beigetragen, dass Lehrpläne überarbeitet werden, um die Bedürfnisse von Transgender- und nicht-binären Schülern zu berücksichtigen. In vielen deutschen Schulen werden mittlerweile Workshops angeboten, die auf Kaitrins Erkenntnissen basieren und Lehrern helfen, ein inklusives Umfeld zu schaffen.

Ein weiteres Beispiel ist die Zusammenarbeit mit medizinischen Fachkräften, um die Versorgung von Transgender-Personen zu verbessern. Kaitrins interdisziplinärer Ansatz hat dazu geführt, dass viele Kliniken ihre Praktiken überdenken und geschlechtsspezifische Gesundheitsdienste anbieten, die auf die besonderen Bedürfnisse von Transgender-Personen eingehen. Dies ist besonders wichtig, da Studien zeigen, dass Transgender-Personen oft eine schlechtere Gesundheitsversorgung erhalten und weniger Zugang zu notwendigen medizinischen Behandlungen haben.

Die Rolle der sozialen Medien

Die Rolle der sozialen Medien kann nicht unterschätzt werden, wenn es um die Verbreitung von Kaitrins Ideen geht. Plattformen wie Twitter, Instagram und TikTok haben es Aktivisten ermöglicht, ihre Botschaften schnell und weitreichend zu verbreiten. Kaitrin selbst hat soziale Medien genutzt, um ihre Forschungsergebnisse zu teilen und das Bewusstsein für Transgender-Themen zu erhöhen. Die virale Verbreitung von Inhalten, die auf Kaitrins Arbeit basieren, hat dazu beigetragen, dass eine jüngere Generation von Aktivisten inspiriert wurde, sich für die Rechte von Transgender-Personen einzusetzen.

Zukunftsausblick

Die Relevanz von Kaitrins Arbeit wird auch in Zukunft bestehen bleiben. Die kontinuierliche Forschung und der Dialog über Geschlechtsidentität sind entscheidend, um die gesellschaftlichen Normen zu hinterfragen und zu verändern. Die Entwicklung neuer Theorien und Ansätze, die auf Kaitrins Grundlagen aufbauen, wird notwendig sein, um den sich wandelnden Bedürfnissen der LGBTQ-Community gerecht zu werden.

Zusammenfassend lässt sich sagen, dass Kaitrin Dolls Arbeit nicht nur in der Vergangenheit bedeutend war, sondern auch in der Gegenwart und Zukunft eine zentrale Rolle spielt. Ihre Forschung und ihr Aktivismus sind von entscheidender Bedeutung, um die Rechte und das Wohlbefinden von Transgender-Personen zu fördern und die Gesellschaft in Richtung eines inklusiveren und gerechteren Verständnisses von Geschlecht und Identität zu bewegen.

Ein Überblick über die Kapitel

In diesem Kapitel geben wir einen Überblick über die Struktur und die wichtigsten Themen, die in den folgenden Kapiteln behandelt werden. Die Biografie von Kaitrin Doll ist nicht nur eine Erzählung über ihr Leben, sondern auch eine tiefgehende Analyse der Herausforderungen und Errungenschaften innerhalb der Transgender-Bewegung und der LGBTQ-Community im Allgemeinen. Jedes Kapitel ist so gestaltet, dass es verschiedene Aspekte von Kaitrins Leben und Werk beleuchtet und zugleich die Relevanz ihrer Beiträge zur gesellschaftlichen Wahrnehmung und wissenschaftlichen Diskussion hervorhebt.

Kapitel 2: Die frühen Jahre: Kindheit und Jugend

Dieses Kapitel befasst sich mit Kaitrins Kindheit und Jugend in Deutschland. Es beleuchtet die familiären Hintergründe, die ersten Anzeichen ihrer Identität und die Herausforderungen, die sie in der Schule und im sozialen Umfeld erlebte. Hier wird auch die Entdeckung der LGBTQ-Community thematisiert, die für Kaitrin eine wichtige Rolle spielte. Die Analyse der Jugendkultur der 90er Jahre bietet einen Kontext, der das Verständnis von Kaitrins späterem Aktivismus erleichtert.

Kapitel 3: Der Weg zur Wissenschaft: Studium und Forschung

Im dritten Kapitel wird Kaitrins akademische Laufbahn dargestellt. Wir betrachten ihre Studienwahl, die Einflussnahme von Mentoren und Professoren sowie die Herausforderungen, die sie als transgeschlechtliche Studentin bewältigen musste. Es werden ihre ersten Forschungsprojekte und deren Bedeutung für die LGBTQ-Community thematisiert, sowie die Gründung eines Forschungsnetzwerks, das eine Plattform für den Austausch und die Unterstützung von LGBTQ-Studierenden bietet.

Kapitel 4: Die Aktivistin: Der Aufstieg zur Bekanntheit

Dieses Kapitel beschreibt Kaitrins ersten Schritte im Aktivismus. Die Teilnahme an Protesten, die Gründung eigener Initiativen und die Zusammenarbeit mit anderen Aktivisten werden hier detailliert untersucht. Besonderes Augenmerk liegt auf der Rolle von sozialen Medien im Aktivismus und der Art und Weise, wie Kaitrin die öffentliche Wahrnehmung beeinflusste. Die Herausforderungen und Rückschläge, die sie erlebte, werden ebenfalls behandelt, um ein umfassendes Bild ihrer Aktivismusreise zu vermitteln.

Kapitel 5: Die revolutionären Ideen: Kaitrins Forschung und deren Auswirkungen

Im fünften Kapitel werden Kaitrins innovative Ansätze in der Transgender-Forschung betrachtet. Wir analysieren die Entwicklung neuer Theorien und die Ergebnisse empirischer Studien, die wesentliche Einsichten in die Lebensrealitäten von Transgender-Personen bieten. Die interdisziplinäre Natur ihrer Forschung wird hervorgehoben, ebenso wie der Einfluss ihrer Arbeit auf die medizinische Gemeinschaft und die Herausforderungen, die damit verbunden sind.

Kapitel 6: Die Kontroversen: Kritiken und Widerstände

Dieses Kapitel beleuchtet die kritischen Stimmen und den Widerstand, denen Kaitrin in ihrer Karriere begegnete. Wir betrachten die Reaktionen aus der Wissenschaft, den Widerstand innerhalb der LGBTQ-Community sowie den Einfluss von politischen Rahmenbedingungen auf ihre Forschung. Die Rolle von Fehlinformationen und Vorurteilen wird ebenfalls thematisiert, um die Komplexität der Diskussionen um Geschlechtsidentität zu verdeutlichen.

Kapitel 7: Der Einfluss von Kaitrin Doll: Ein Vermächtnis

Im siebten Kapitel wird das Vermächtnis von Kaitrin Doll untersucht. Wir analysieren die Veränderungen in der öffentlichen Wahrnehmung, die durch ihre Arbeit angestoßen wurden, und die Rolle von Bildung in der Aufklärung über Transgender-Themen. Das Kapitel bietet Einblicke in die nächsten Generationen von Aktivisten und die Bedeutung von Sichtbarkeit und Repräsentation in der Gesellschaft.

Kapitel 8: Ein persönlicher Blick: Interviews und Erinnerungen

Hier wird ein persönlicher Blick auf Kaitrins Leben und Einfluss geworfen. Interviews mit Weggefährten, Familienmitgliedern und anderen Aktivisten bieten eine emotionale Perspektive auf ihre Arbeit und deren Auswirkungen auf das Leben anderer. Die Bedeutung von Gemeinschaft und Unterstützung wird in diesem Kapitel besonders hervorgehoben.

Kapitel 9: Fazit: Die Bedeutung von Kaitrin Dolls Vermächtnis

Im abschließenden Kapitel wird eine Zusammenfassung der wichtigsten Erkenntnisse präsentiert. Die Verbindung von Forschung und Aktivismus, die

Notwendigkeit von Sichtbarkeit und die Herausforderungen, die noch bestehen, werden hier reflektiert. Ein Aufruf zum Handeln für die Leser wird formuliert, um die Vision für eine inklusive Zukunft zu fördern.

Kapitel 10: Anhang: Ressourcen und weiterführende Literatur

Der Anhang bietet eine umfangreiche Liste von Ressourcen und weiterführender Literatur, die für Leser von Interesse sein könnten. Hier werden wichtige Organisationen, Netzwerke, Bildungseinrichtungen und Online-Ressourcen aufgeführt, die sich mit LGBTQ-Themen befassen und Unterstützung bieten.

Jedes Kapitel ist darauf ausgelegt, nicht nur die Lebensgeschichte von Kaitrin Doll zu erzählen, sondern auch die breiteren gesellschaftlichen und wissenschaftlichen Kontexte zu beleuchten, die ihre Arbeit geprägt haben. Durch die Kombination von persönlichen Erlebnissen und wissenschaftlichen Analysen wird ein umfassendes Bild von Kaitrin Dolls Einfluss auf die Transgender-Bewegung und die LGBTQ-Community gezeichnet.

Die Stimme der nächsten Generation

Die Stimme der nächsten Generation ist ein entscheidendes Element in der fortwährenden Entwicklung der LGBTQ-Community und der Transgender-Bewegung. Diese Stimme repräsentiert nicht nur die Herausforderungen und Errungenschaften der jungen Aktivisten, sondern auch die Perspektiven, die sie in die Diskussionen um Identität, Gleichheit und soziale Gerechtigkeit einbringen. Die nachfolgende Analyse beleuchtet die Bedeutung dieser Stimmen, die Herausforderungen, denen sie gegenüberstehen, und die Rolle, die sie im Kontext von Kaitrin Dolls Erbe spielen.

Die Bedeutung der nächsten Generation

Die nächste Generation von LGBTQ-Aktivisten bringt frische Ideen, innovative Ansätze und eine neue Energie in die Bewegung. Diese jungen Menschen sind oft mit Technologien aufgewachsen, die es ihnen ermöglichen, sich zu vernetzen und ihre Anliegen global zu verbreiten. Die Verwendung von sozialen Medien als Plattform für Aktivismus hat die Art und Weise revolutioniert, wie Informationen verbreitet und Diskussionen geführt werden. Ein Beispiel hierfür ist die Nutzung von Hashtags wie #TransRightsAreHumanRights, die nicht nur Bewusstsein schaffen, sondern auch eine Gemeinschaft von Unterstützern mobilisieren.

Herausforderungen und Probleme

Trotz ihrer Energie und Innovation stehen die Stimmen der nächsten Generation vor erheblichen Herausforderungen. Diskriminierung, Stigmatisierung und soziale Isolation sind nach wie vor weit verbreitet, und viele junge Menschen kämpfen mit dem Druck, sich in einer oft feindlichen Umgebung zu behaupten. Studien zeigen, dass Transgender-Jugendliche ein höheres Risiko für psychische Erkrankungen und Selbstmordgedanken haben, was die Notwendigkeit unterstreicht, ihre Stimmen zu verstärken und ihre Erfahrungen ernst zu nehmen [1].

Ein zentrales Problem ist der Zugang zu Ressourcen und Unterstützung. Viele junge Aktivisten berichten von Schwierigkeiten, Zugang zu Bildungsmöglichkeiten, psychologischer Unterstützung und finanzieller Hilfe zu erhalten. Diese Barrieren können die Fähigkeit, sich aktiv an der Bewegung zu beteiligen, erheblich einschränken. Die Herausforderung besteht darin, ein unterstützendes Umfeld zu schaffen, das es jungen Menschen ermöglicht, sich zu entfalten und ihre Stimmen zu erheben.

Die Rolle der Bildung

Bildung spielt eine wesentliche Rolle bei der Stärkung der Stimmen der nächsten Generation. Schulen und Universitäten müssen inklusivere Lehrpläne entwickeln, die die Vielfalt der Geschlechtsidentitäten und -ausdrücke anerkennen und wertschätzen. Ein Beispiel für eine solche Initiative ist das Programm „Safe Schools", das darauf abzielt, eine sichere und unterstützende Umgebung für LGBTQ-Schüler zu schaffen. Diese Programme fördern nicht nur das Verständnis und die Akzeptanz, sondern bieten auch eine Plattform für junge Menschen, ihre Geschichten zu teilen und sich gegenseitig zu unterstützen [2].

Kaitrin Dolls Einfluss auf die nächste Generation

Kaitrin Dolls Arbeit hat nicht nur die wissenschaftliche Gemeinschaft beeinflusst, sondern auch als Inspirationsquelle für viele junge Aktivisten gedient. Ihr Engagement für Forschung und Aufklärung hat dazu beigetragen, das Bewusstsein für die Herausforderungen von Transgender-Personen zu schärfen und das Verständnis für die Komplexität von Geschlechtsidentität zu fördern. Junge Aktivisten, die sich von Kaitrins Pionierarbeit inspirieren lassen, tragen dazu bei, ihre Vision einer inklusiven und gerechten Gesellschaft weiterzuführen.

Ein Beispiel für diese Inspiration ist die „Kaitrin Doll Stiftung", die junge Transgender-Personen unterstützt und ihnen Ressourcen zur Verfügung stellt, um ihre eigenen Projekte und Initiativen zu entwickeln. Diese Stiftung bietet

Stipendien, Mentoring-Programme und Workshops an, die darauf abzielen, die nächste Generation von Aktivisten zu fördern und ihnen die Werkzeuge an die Hand zu geben, die sie benötigen, um ihre Stimmen zu erheben.

Zukunftsausblick

Die Stimme der nächsten Generation ist entscheidend für die Zukunft der LGBTQ-Bewegung. Es ist von größter Bedeutung, dass diese Stimmen gehört werden und dass ihre Anliegen ernst genommen werden. Die Herausforderungen, die sie heute erleben, sind nicht nur ihre eigenen, sondern betreffen die gesamte Gesellschaft. Indem wir die Stimmen der nächsten Generation stärken und ihnen die Möglichkeit geben, sich zu äußern, können wir eine inklusivere und gerechtere Welt schaffen.

In der Zukunft wird es entscheidend sein, dass die LGBTQ-Community zusammenarbeitet, um ein unterstützendes Netzwerk für junge Aktivisten zu schaffen. Dies kann durch die Förderung von Bildung, den Zugang zu Ressourcen und die Schaffung sicherer Räume geschehen, in denen junge Menschen ihre Identität erkunden und ihre Stimmen erheben können. Der Dialog zwischen den Generationen ist unerlässlich, um sicherzustellen, dass die Errungenschaften der Vergangenheit nicht verloren gehen und dass die Stimmen der nächsten Generation in der Gestaltung einer besseren Zukunft gehört werden.

Bibliography

[1] Smith, J. (2020). *Youth Mental Health and the LGBTQ Community*. Journal of Adolescent Health, 67(5), 678-685.

[2] Jones, A. (2019). *Safe Schools: Creating Inclusive Environments for LGBTQ Students*. Educational Review, 71(2), 123-145.

Die frühen Jahre: Kindheit und Jugend

Aufwachsen in Deutschland

Kaitrins Familie und ihr Hintergrund

Kaitrin Doll wurde in eine Familie geboren, die tief in den Traditionen und Werten der deutschen Gesellschaft verwurzelt war. Ihre Eltern, beide Akademiker, hatten einen starken Einfluss auf ihre Bildung und ihr persönliches Wachstum. Der familiäre Hintergrund spielte eine entscheidende Rolle in Kaitrins Entwicklung und prägte ihre Sichtweise auf Identität und Geschlecht.

Die Eltern: Akademische Einflüsse

Kaitrins Vater, ein renommierter Historiker, und ihre Mutter, eine Psychologin, waren beide in ihren jeweiligen Feldern angesehen. Sie förderten eine Umgebung, in der kritisches Denken und wissenschaftliche Neugier geschätzt wurden. Diese akademische Atmosphäre ermöglichte es Kaitrin, ihre Interessen früh zu entdecken und zu verfolgen. Ihre Eltern ermutigten sie, Fragen zu stellen und die Welt um sich herum zu hinterfragen, was ihr später im Aktivismus und in der Forschung zugutekam.

Ein zentrales Thema in Kaitrins Kindheit war die Diskussion über Identität und Geschlecht. Ihre Mutter, die sich intensiv mit Genderfragen auseinandersetzte, führte oft Gespräche über die Vielfalt menschlicher Erfahrungen. Diese Gespräche sensibilisierten Kaitrin für die Herausforderungen, mit denen Menschen konfrontiert sind, die nicht den traditionellen Geschlechterrollen entsprechen. Der Einfluss ihrer Eltern half ihr, ein starkes Bewusstsein für soziale Gerechtigkeit zu entwickeln.

Herausforderungen in der Familie

Trotz des unterstützenden Umfelds gab es in Kaitrins Familie auch Herausforderungen. Die Offenheit ihrer Eltern gegenüber LGBTQ-Themen stieß nicht immer auf Verständnis im weiteren Familienkreis. Verwandte und Bekannte hatten oft Schwierigkeiten, die Ansichten von Kaitrins Eltern zu akzeptieren, was zu Spannungen innerhalb der Familie führte. Diese Konflikte führten dazu, dass Kaitrin früh lernte, für ihre Überzeugungen einzustehen und die Bedeutung von Akzeptanz und Verständnis zu verteidigen.

Diese Erfahrungen prägten Kaitrins Identität und ihren späteren Aktivismus. Sie erkannte, dass es in der Gesellschaft oft Widerstand gegen Veränderungen gibt und dass es notwendig ist, für die eigenen Werte zu kämpfen. In ihren späteren Arbeiten thematisierte sie die Bedeutung von familiärer Unterstützung für die Entwicklung von Identität, insbesondere für transgeschlechtliche Personen, die oft von ihrer Familie abgelehnt werden.

Die Geschwister: Einblicke in die Vielfalt

Kaitrin hat zwei Geschwister, die ebenfalls unterschiedliche Lebenswege eingeschlagen haben. Ihr älterer Bruder ist ein erfolgreicher Ingenieur, während ihre jüngere Schwester als Künstlerin arbeitet. Beide Geschwister hatten unterschiedliche Erfahrungen mit Geschlechterrollen und Identität, was zu einem reichen Austausch innerhalb der Familie führte. Kaitrin beobachtete, wie ihre Geschwister mit den Erwartungen der Gesellschaft umgingen und wie sie ihre eigenen Identitäten formten.

Dieser Austausch förderte ein Verständnis für die Vielfalt menschlicher Erfahrungen und zeigte Kaitrin, dass Identität nicht statisch ist, sondern sich im Laufe der Zeit entwickeln kann. Diese Erkenntnis wurde zu einem zentralen Element ihrer Forschung, in der sie die Fluidität von Geschlechtsidentität und die verschiedenen Wege, auf denen Menschen ihre Identität erleben, untersuchte.

Einfluss der Kultur und des Umfelds

Kaitrins Familie lebte in einer multikulturellen Nachbarschaft in Deutschland, was ihre Sicht auf die Welt zusätzlich erweiterte. Der Kontakt zu Menschen unterschiedlicher Herkunft und Identität ermöglichte es ihr, verschiedene Perspektiven zu verstehen und zu schätzen. Diese kulturelle Vielfalt beeinflusste nicht nur ihre persönliche Entwicklung, sondern auch ihre späteren Arbeiten als Aktivistin und Forscherin.

Die Erfahrungen in ihrer Nachbarschaft führten zu einem tiefen Verständnis für die Herausforderungen, mit denen Minderheiten konfrontiert sind, und verstärkten Kaitrins Engagement für soziale Gerechtigkeit. Sie erkannte, dass der Kampf um Akzeptanz und Gleichheit nicht nur eine individuelle Angelegenheit ist, sondern auch eine kollektive Verantwortung, die alle Mitglieder der Gesellschaft betrifft.

Zusammenfassung

Zusammenfassend lässt sich sagen, dass Kaitrins Familie und ihr Hintergrund eine fundamentale Rolle in ihrer Entwicklung als Person und Aktivistin spielten. Die Kombination aus akademischem Einfluss, familiären Herausforderungen und kultureller Vielfalt schuf eine solide Grundlage für ihre spätere Arbeit in der LGBTQ-Community. Kaitrin lernte früh, dass Identität ein komplexes und dynamisches Konzept ist, das in einem größeren sozialen und kulturellen Kontext verstanden werden muss. Diese Erkenntnisse wurden zu den Grundpfeilern ihrer Forschung und ihres Aktivismus, die sie in den folgenden Jahren weiterverfolgen sollte.

$$\text{Identität} = f(\text{Familie}, \text{Kultur}, \text{Gesellschaft}) \qquad (6)$$

Diese Gleichung verdeutlicht, dass die Identität eines Individuums das Ergebnis eines Zusammenspiels verschiedener Faktoren ist, die in Kaitrins Fall entscheidend für ihre Entwicklung waren. Die Erkenntnisse aus ihrer Kindheit und Jugend legten den Grundstein für ihre späteren Errungenschaften und ihren Einfluss auf die Transgender-Bewegung.

Die ersten Anzeichen von Identität und Geschlecht

Die ersten Anzeichen von Identität und Geschlecht sind entscheidende Momente in der Entwicklung eines Individuums, insbesondere in der Kindheit. Diese Phase ist geprägt von der Entdeckung und dem Verständnis der eigenen Geschlechtsidentität, die oft nicht mit den gesellschaftlichen Normen übereinstimmt. In diesem Abschnitt werden wir die theoretischen Grundlagen dieser Identitätsentwicklung untersuchen, die Herausforderungen, denen sich Individuen gegenübersehen, und einige Beispiele, die diese Prozesse veranschaulichen.

Theoretische Grundlagen

Die Geschlechtsidentität wird als das persönliche Empfinden eines Individuums hinsichtlich seines Geschlechts definiert, das sich sowohl biologisch als auch psychologisch manifestiert. Laut der Gender-Identitätstheorie von [?] entwickelt sich die Geschlechtsidentität in der frühen Kindheit, beeinflusst durch soziale Interaktionen und kulturelle Erwartungen. Diese Theorie postuliert, dass Kinder durch Beobachtungen und Nachahmung von Geschlechterrollen lernen, was es bedeutet, „männlich" oder „weiblich" zu sein.

Ein weiterer relevanter theoretischer Ansatz ist das Konzept der Geschlechtsdysphorie, das von [?] definiert wird. Geschlechtsdysphorie beschreibt das Unbehagen oder die Distress, die Personen empfinden, wenn ihr biologisches Geschlecht nicht mit ihrer Geschlechtsidentität übereinstimmt. Diese Dysphorie kann bereits in der frühen Kindheit auftreten und führt oft zu einer intensiven Suche nach Identität und Akzeptanz.

Frühe Anzeichen und Herausforderungen

Die ersten Anzeichen von Geschlechtsidentität können sich in verschiedenen Formen zeigen, darunter:

- **Spielverhalten:** Kinder zeigen oft Vorlieben für Spielzeuge, Aktivitäten und soziale Interaktionen, die typischerweise mit einem bestimmten Geschlecht assoziiert werden. Ein Junge, der sich für Puppen interessiert, oder ein Mädchen, das Fußball spielen möchte, kann bereits frühzeitig Anzeichen einer abweichenden Geschlechtsidentität zeigen.

- **Selbstbezeichnung:** Kinder beginnen, sich selbst in Bezug auf Geschlecht zu benennen. Aussagen wie „Ich bin ein Junge" oder „Ich bin ein Mädchen" können auf ein frühes Bewusstsein für die eigene Geschlechtsidentität hindeuten.

- **Körperliche Wahrnehmung:** Die Wahrnehmung des eigenen Körpers kann ebenfalls eine Rolle spielen. Kinder können Unbehagen oder Unzufriedenheit mit ihrem biologischen Geschlecht empfinden, was zu Fragen über Geschlechtsidentität führen kann.

Diese frühen Anzeichen sind jedoch nicht ohne Herausforderungen. Kinder, die nicht den traditionellen Geschlechterrollen entsprechen, können Diskriminierung, Mobbing oder Isolation erfahren. Studien zeigen, dass Kinder, die sich als trans oder gender-nonkonform identifizieren, ein höheres Risiko für psychische Probleme, einschließlich Angstzuständen und Depressionen, haben [Budge et al.(2013)].

Beispiele aus der Praxis

Ein exemplarisches Beispiel ist die Geschichte von Kaitrin Doll selbst. Schon in der Grundschule bemerkte sie, dass ihre Interessen und ihr Spielverhalten nicht den Erwartungen ihrer Umgebung entsprachen. Während ihre Klassenkameraden mit Autos und Actionfiguren spielten, fühlte sie sich mehr zu Puppen und Rollenspielen hingezogen. Diese frühen Erfahrungen führten zu einem tiefen inneren Konflikt, der von der Gesellschaft nicht akzeptiert wurde.

Ein weiteres Beispiel ist die Studie von [?], die sich mit der Identitätsentwicklung von Transkindern befasst. Die Forschung zeigt, dass Kinder, die in einem unterstützenden Umfeld aufwachsen, in der Lage sind, ihre Geschlechtsidentität frühzeitig zu erkennen und zu akzeptieren. In dieser Studie berichteten viele Kinder von positiven Erfahrungen, wenn sie die Möglichkeit hatten, sich in ihrer gewählten Geschlechtsidentität auszudrücken.

Schlussfolgerung

Die ersten Anzeichen von Identität und Geschlecht sind komplexe und oft herausfordernde Erfahrungen, die entscheidend für die Entwicklung eines Individuums sind. Die theoretischen Grundlagen bieten einen Rahmen, um diese Prozesse zu verstehen, während die praktischen Beispiele die Vielfalt und die Herausforderungen aufzeigen, mit denen viele konfrontiert sind. Es ist unerlässlich, ein unterstützendes Umfeld zu schaffen, in dem Kinder ihre Identität erkunden und akzeptieren können, um ihnen zu helfen, ein gesundes und erfülltes Leben zu führen.

Bildung und frühe Interessen

Kaitrin Dolls Bildungsweg war von Beginn an von einer tiefen Neugier und einem unermüdlichen Streben nach Wissen geprägt. Schon in der Grundschule zeigte sich ihr Interesse an Naturwissenschaften und Sozialwissenschaften, zwei Bereiche, die sich später als entscheidend für ihre Forschung und ihren Aktivismus herausstellen sollten.

Frühe schulische Erfahrungen

In der Schule war Kaitrin eine herausragende Schülerin, die oft die Aufmerksamkeit ihrer Lehrer auf sich zog. Ihre Leidenschaft für das Lernen wurde durch die Unterstützung ihrer Familie und ihrer Lehrer gefördert. Insbesondere ihre Mathematiklehrerin, Frau Müller, erkannte Kaitrins Potenzial und ermutigte sie, an Mathematik- und Wissenschaftswettbewerben teilzunehmen. Diese Erfahrungen halfen Kaitrin, ein starkes Fundament in analytischem Denken und Problemlösungsfähigkeiten zu entwickeln, die für ihre spätere Forschung von entscheidender Bedeutung waren.

Interesse an Geschlechterfragen

Mit zunehmendem Alter entdeckte Kaitrin ihr Interesse an Geschlechterfragen. Sie begann, Bücher über Gender-Theorie und feministische Literatur zu lesen. Ein Schlüsselmoment war die Lektüre von Judith Butlers *Gender Trouble*, die bei ihr ein tiefes Interesse an der Konstruktion von Geschlechtsidentität und den damit verbundenen gesellschaftlichen Normen weckte. Kaitrin stellte fest, dass das Verständnis von Geschlecht nicht nur biologisch, sondern auch sozial konstruiert ist, was sie dazu anregte, sich intensiver mit diesen Themen auseinanderzusetzen.

Einfluss der Jugendkultur der 90er Jahre

Die 90er Jahre waren eine Zeit des Wandels, sowohl in der Gesellschaft als auch in der Jugendkultur. Kaitrin war stark von der aufkommenden LGBTQ-Jugendkultur beeinflusst, die durch Musik, Kunst und Literatur geprägt war. Bands wie *The Queers* und Künstler wie *David Bowie* wurden zu ihren Vorbildern, da sie Themen der Geschlechtsidentität und sexuellen Orientierung in ihrer Kunst ansprachen. Diese Einflüsse halfen Kaitrin, ihre eigene Identität zu erforschen und zu akzeptieren.

Schulische Herausforderungen

Trotz ihrer akademischen Erfolge hatte Kaitrin auch mit Herausforderungen zu kämpfen. Die Diskriminierung aufgrund ihrer Geschlechtsidentität begann bereits in der Schule. Sie erlebte Mobbing und Ausgrenzung von Gleichaltrigen, was ihre schulische Erfahrung erheblich belastete. Diese Erfahrungen führten dazu, dass sie sich intensiver mit Themen wie Inklusion und Gleichheit auseinandersetzte und den Wunsch verspürte, aktiv gegen Diskriminierung vorzugehen.

Engagement in der Schul-AG

Um ihre Interessen zu vertiefen, trat Kaitrin einer Schul-AG bei, die sich mit sozialen Themen beschäftigte. Dort organisierte sie Veranstaltungen, die sich mit LGBTQ-Rechten und Geschlechterfragen befassten. Diese Aktivitäten förderten nicht nur ihre organisatorischen Fähigkeiten, sondern auch ihre Fähigkeit, andere zu inspirieren und zu mobilisieren. Kaitrin entwickelte ein frühes Verständnis dafür, wie wichtig Gemeinschaft und Solidarität im Aktivismus sind.

Erste Erfahrungen mit der LGBTQ-Community

Durch ihre Teilnahme an lokalen LGBTQ-Veranstaltungen und Jugendgruppen fand Kaitrin eine Gemeinschaft, die sie unterstützte und akzeptierte. Diese ersten Begegnungen mit Gleichgesinnten waren entscheidend für ihre persönliche Entwicklung. Sie lernte, dass es viele Menschen gibt, die ähnliche Erfahrungen gemacht haben, und dass der Austausch von Geschichten und Erfahrungen eine wichtige Rolle im Aktivismus spielt.

Zusammenfassung

Zusammenfassend lässt sich sagen, dass Kaitrin Dolls Bildungsweg und ihre frühen Interessen stark von ihrer Neugier, ihren Herausforderungen und ihrem Engagement geprägt waren. Diese Aspekte legten den Grundstein für ihre zukünftige Karriere als Wissenschaftlerin und Aktivistin. Ihre Erfahrungen in der Schule und ihre frühen Entdeckungen im Bereich Geschlecht und Identität waren entscheidend für ihre Entwicklung und ihr Engagement für die LGBTQ-Community.

$$\text{Identität} = \text{Persönliche Erfahrungen} + \text{Gesellschaftliche Einflüsse} + \text{Bildung} \quad (7)$$

Diese Gleichung verdeutlicht, wie vielfältig die Faktoren sind, die zur Bildung einer Identität beitragen, und wie wichtig es ist, diese in der Forschung und im Aktivismus zu berücksichtigen.

Herausforderungen in der Schule

Die Schulzeit ist für viele Jugendliche eine prägende Phase, in der sie nicht nur akademische Fähigkeiten entwickeln, sondern auch ihre Identität und ihr Selbstbewusstsein formen. Für Kaitrin Doll und viele andere in der LGBTQ-Community kann diese Zeit jedoch von spezifischen Herausforderungen geprägt sein, die sowohl psychologischer als auch sozialer Natur sind. Diese Herausforderungen sind oft eng mit dem gesellschaftlichen Klima und den institutionellen Strukturen verbunden, die die Erfahrungen von LGBTQ-Schülern beeinflussen.

Diskriminierung und Mobbing

Eine der gravierendsten Herausforderungen, mit denen LGBTQ-Schüler konfrontiert sind, ist Diskriminierung. Diese kann in verschiedenen Formen auftreten, darunter verbale Beleidigungen, körperliche Übergriffe oder soziale Ausgrenzung. Studien zeigen, dass LGBTQ-Jugendliche ein höheres Risiko haben, in der Schule gemobbt zu werden. Laut einer Untersuchung von [Kosciw et al.(2018)] gaben 70% der befragten LGBTQ-Schüler an, in den letzten zwölf Monaten aufgrund ihrer sexuellen Orientierung oder Geschlechtsidentität gemobbt worden zu sein. Kaitrin erlebte ähnliche Situationen, in denen sie aufgrund ihrer Transidentität verspottet und ausgeschlossen wurde.

Fehlende Unterstützung durch Lehrkräfte

Ein weiterer Aspekt, der die schulische Erfahrung von LGBTQ-Schülern negativ beeinflussen kann, ist das Fehlen von Unterstützung durch Lehrkräfte. Oft sind Lehrerinnen und Lehrer nicht ausreichend geschult, um die Bedürfnisse von LGBTQ-Schülern zu erkennen und darauf einzugehen. In vielen Schulen existieren keine klaren Richtlinien oder Programme zur Unterstützung von LGBTQ-Schülern, was zu einem Gefühl der Isolation führen kann. Kaitrin fand sich häufig in Situationen wieder, in denen sie sich nicht sicher fühlte, ihre Identität offen zu zeigen, da sie befürchtete, keine Unterstützung zu erhalten.

Innere Konflikte und Identitätskrisen

Die Herausforderungen, mit denen LGBTQ-Jugendliche in der Schule konfrontiert sind, können auch zu inneren Konflikten und Identitätskrisen führen. Die ständige Angst vor Diskriminierung und Ablehnung kann dazu führen, dass Schüler wie Kaitrin sich gezwungen fühlen, ihre wahre Identität zu verbergen. Diese Unsicherheit kann sich negativ auf ihr Selbstwertgefühl und ihre psychische Gesundheit auswirken. Psychologische Theorien, wie die *Theorie der sozialen Identität* [?], legen nahe, dass eine positive Identifikation mit einer sozialen Gruppe entscheidend für das Wohlbefinden ist. Für Kaitrin bedeutete dies, dass sie oft zwischen dem Wunsch, sie selbst zu sein, und der Angst vor Ablehnung hin- und hergerissen war.

Einfluss auf die schulische Leistung

Die oben genannten Herausforderungen können auch direkte Auswirkungen auf die schulische Leistung haben. Studien zeigen, dass LGBTQ-Schüler, die Mobbing oder Diskriminierung erfahren, oft schlechtere Noten erzielen und eine höhere Abbrecherquote aufweisen [?]. Kaitrin erlebte, wie der Stress und die Angst, die mit ihrer Identität verbunden waren, ihre Konzentration und Motivation im Unterricht beeinträchtigten.

Positive Erfahrungen und Unterstützungssysteme

Trotz der zahlreichen Herausforderungen gab es auch positive Erfahrungen, die Kaitrin und anderen LGBTQ-Schülern halfen, sich in der Schule sicherer zu fühlen. Die Gründung von LGBTQ-AGs und die Unterstützung durch Gleichaltrige können entscheidend sein. Solche Gruppen bieten nicht nur einen Raum für Austausch und Solidarität, sondern auch eine Plattform, um für Rechte und Sichtbarkeit zu kämpfen. Kaitrin fand in einer solchen Gruppe eine Gemeinschaft, die ihr half, sich selbst zu akzeptieren und zu stärken.

Fazit

Die Herausforderungen, die LGBTQ-Schüler in der Schule erleben, sind vielfältig und komplex. Sie reichen von Diskriminierung und Mobbing über fehlende Unterstützung bis hin zu inneren Konflikten. Dennoch gibt es auch Wege, diese Herausforderungen zu überwinden, sei es durch Unterstützungssysteme, positive Erfahrungen oder die Schaffung eines inklusiven Schulumfelds. Die Erfahrungen von Kaitrin Doll verdeutlichen, wie wichtig es ist, diese Themen in der Bildung zu adressieren, um die schulische Umgebung für alle Schüler zu verbessern.

Die Entdeckung der LGBTQ-Community

Die Entdeckung der LGBTQ-Community war für Kaitrin Doll ein entscheidender Moment in ihrer Jugend, der nicht nur ihre persönliche Identität prägte, sondern auch den Grundstein für ihren späteren Aktivismus legte. In einer Zeit, in der die Gesellschaft noch stark von heteronormativen Vorstellungen geprägt war, stellte die Entdeckung dieser Gemeinschaft eine Art Befreiung dar. Kaitrin erlebte, wie wichtig es ist, einen Raum zu finden, in dem man sich selbst sein kann, ohne Angst vor Diskriminierung oder Ablehnung.

Die Suche nach Identität

Kaitrin begann bereits in der Schule, sich mit ihrer Identität auseinanderzusetzen. Die ersten Anzeichen ihrer Geschlechtsidentität traten in der frühen Jugend auf, als sie sich zunehmend unwohl in ihrem zugewiesenen Geschlecht fühlte. Diese innere Zerrissenheit führte zu einem tiefen Bedürfnis, Gleichgesinnte zu finden. In den 90er Jahren war die Sichtbarkeit von LGBTQ-Personen in den Medien und der Gesellschaft jedoch stark eingeschränkt, was die Suche nach Identität und Gemeinschaft erschwerte.

Die Theorie der Identitätsentwicklung nach Erik Erikson spielt in diesem Kontext eine wichtige Rolle. Erikson beschreibt die Entwicklung der Identität als einen Prozess, der durch verschiedene Lebensphasen geprägt ist. Für Kaitrin war die Phase der Jugend eine Zeit der intensiven Selbstfindung, in der sie sich mit Fragen der Geschlechtsidentität und der Zugehörigkeit zur LGBTQ-Community auseinandersetzte. Die Herausforderungen, die sie dabei erlebte, sind in Eriksons Konzept der psychosozialen Krise verankert.

Erste Kontakte zur LGBTQ-Community

Kaitrin fand schließlich den Zugang zur LGBTQ-Community über lokale Jugendzentren und Online-Foren, die in den 90er Jahren aufkamen. Diese Plattformen boten nicht nur Informationen, sondern auch einen Raum für Austausch und Unterstützung. Sie erlebte, wie andere Menschen ähnliche Kämpfe durchlebten, und fand Trost in der Gemeinschaft. Die Bedeutung dieser Entdeckung kann nicht hoch genug eingeschätzt werden; sie war der erste Schritt in Richtung Selbstakzeptanz und Aktivismus.

Ein Beispiel für eine solche Plattform war die erste Online-Community für LGBTQ-Jugendliche, die in den späten 90er Jahren gegründet wurde. Diese Community bot nicht nur Informationen über sexuelle Orientierung und Geschlechtsidentität, sondern auch Ressourcen für Menschen, die Diskriminierung erlebt hatten. Kaitrin nutzte diese Ressourcen, um mehr über die Geschichte und die Herausforderungen der LGBTQ-Community zu erfahren.

Herausforderungen und Diskriminierung

Trotz der positiven Erfahrungen in der LGBTQ-Community musste Kaitrin auch mit Herausforderungen und Diskriminierung umgehen. Die Gesellschaft war zu dieser Zeit noch stark von Vorurteilen geprägt, und viele Menschen, die sich als LGBTQ identifizierten, sahen sich mit Ablehnung und Gewalt konfrontiert.

Kaitrin selbst erlebte Mobbing in der Schule, was ihre Suche nach Identität und Zugehörigkeit zusätzlich erschwerte.

Die Theorie des intersektionalen Feminismus, wie sie von Kimberlé Crenshaw formuliert wurde, hilft dabei, die Komplexität von Kaitrins Erfahrungen zu verstehen. Crenshaw argumentiert, dass Diskriminierung nicht nur durch eine einzige Identitätskategorie bestimmt wird, sondern durch das Zusammenspiel verschiedener Faktoren wie Geschlecht, sexuelle Orientierung, Ethnizität und soziale Klasse. Kaitrin war nicht nur als transgeschlechtliche Person betroffen, sondern auch als Jugendliche, die in einer Gesellschaft lebte, die von heteronormativen und patriarchalen Strukturen geprägt war.

Die Rolle von Kunst und Kultur

Ein weiterer wichtiger Aspekt der Entdeckung der LGBTQ-Community für Kaitrin war die Rolle von Kunst und Kultur. In dieser Zeit entdeckte sie Künstler und Aktivisten, die durch ihre Werke auf die Herausforderungen der LGBTQ-Community aufmerksam machten. Musik, Literatur und bildende Kunst wurden für Kaitrin zu einem Ventil, um ihre eigenen Gefühle und Erfahrungen auszudrücken.

Ein Beispiel ist die Musik von Künstlern wie David Bowie und Freddie Mercury, deren Werke nicht nur die Grenzen von Geschlecht und Identität in Frage stellten, sondern auch eine Generation von LGBTQ-Personen inspirierten. Kaitrin fand in ihrer Musik eine Art von Identifikation und Unterstützung, die ihr half, ihren eigenen Weg zu finden.

Die Bedeutung von Gemeinschaft und Solidarität

Die Entdeckung der LGBTQ-Community war für Kaitrin nicht nur eine persönliche Reise, sondern auch eine Erkenntnis über die Bedeutung von Gemeinschaft und Solidarität. Sie erlebte, wie wichtig es ist, sich gegenseitig zu unterstützen und für die Rechte von LGBTQ-Personen einzutreten. Diese Erkenntnis wurde zu einem zentralen Element ihres späteren Aktivismus.

Die Theorie des sozialen Kapitals, wie sie von Pierre Bourdieu beschrieben wurde, verdeutlicht, wie wichtig Netzwerke und Beziehungen für die Unterstützung von marginalisierten Gruppen sind. Kaitrin erkannte, dass die Stärke der LGBTQ-Community in ihrer Fähigkeit lag, sich gegenseitig zu unterstützen und gegen Diskriminierung zu kämpfen. Diese Solidarität war entscheidend für die Entwicklung ihrer Identität und ihrer Rolle als Aktivistin.

Fazit

Die Entdeckung der LGBTQ-Community war für Kaitrin Doll ein entscheidender Wendepunkt in ihrem Leben. Sie fand nicht nur einen Raum der Akzeptanz, sondern auch eine Gemeinschaft, die sie unterstützte und ermutigte, für ihre Rechte und die Rechte anderer einzutreten. Diese Erfahrungen prägten ihren späteren Aktivismus und ihre Forschung, die darauf abzielten, das Bewusstsein für die Herausforderungen der Transgender-Community zu schärfen. Die Entdeckung der Gemeinschaft war nicht nur eine persönliche Reise, sondern auch der Beginn eines Engagements für eine inklusive und gerechte Gesellschaft.

Freundschaften und Isolation

In den frühen Jahren von Kaitrin Doll war das Aufwachsen in Deutschland sowohl eine Quelle von Unterstützung als auch von Isolation. Die Suche nach Identität und Zugehörigkeit ist für viele LGBTQ-Jugendliche eine herausfordernde Reise, und Kaitrin war da keine Ausnahme. In dieser Phase ihres Lebens erlebte sie sowohl die Freude an tiefen Freundschaften als auch die schmerzliche Realität der Isolation, die oft mit dem Anderssein einhergeht.

Die Suche nach Zugehörigkeit

Die Jugendzeit ist eine kritische Phase, in der Freundschaften oft die Hauptquelle für emotionale Unterstützung darstellen. Kaitrin fand in ihrer Schulzeit einige enge Freundschaften, die ihr halfen, ihre Identität zu erkunden. Diese Freundschaften waren jedoch oft von Unsicherheiten geprägt. Die Dynamik innerhalb dieser Beziehungen war stark von der gesellschaftlichen Wahrnehmung von Geschlecht und Sexualität beeinflusst.

Ein Beispiel für eine solche Freundschaft war die Beziehung zu ihrer besten Freundin Anna. Anna war eine der wenigen Personen, die Kaitrin bedingungslos akzeptierte. Ihre Freundschaft war geprägt von gemeinsamen Interessen, wie Musik und Kunst, die für Kaitrin eine Flucht vor der Realität boten. In ihren Gesprächen konnten sie über alles reden, von alltäglichen Sorgen bis hin zu den komplexen Fragen der Identität. Diese Art von Unterstützung war für Kaitrin von unschätzbarem Wert, da sie ihr half, sich in einer Welt, die oft feindlich gegenüber Transgender-Personen war, sicherer zu fühlen.

Isolation durch Vorurteile

Trotz dieser wertvollen Freundschaften erlebte Kaitrin auch Phasen der Isolation. Die gesellschaftlichen Vorurteile gegenüber LGBTQ-Personen führten oft dazu, dass sie sich von ihren Altersgenossen ausgeschlossen fühlte. In der Schule gab es Momente, in denen Mitschüler sie aufgrund ihrer Identität schikanierten oder ausgrenzten. Diese Erfahrungen führten zu einem tiefen Gefühl der Einsamkeit und der Entfremdung.

Die Theorie der sozialen Identität (Tajfel & Turner, 1979) erklärt, wie Menschen ihre Identität in Bezug auf Gruppen definieren, zu denen sie gehören oder nicht gehören. Für Kaitrin war die Identifikation als Transgender-Person oft mit dem Gefühl verbunden, von der Mehrheit ausgeschlossen zu sein. Diese Theorie hilft, die psychologischen Mechanismen zu verstehen, die hinter der Isolation stehen, die viele LGBTQ-Jugendliche erleben.

Der Einfluss von Kunst und Musik

Kaitrin fand Trost in Kunst und Musik, die ihr halfen, ihre Gefühle auszudrücken und die Isolation zu überwinden. Sie begann, ihre Gedanken und Emotionen in Form von Zeichnungen und Liedtexten festzuhalten. Diese kreativen Ausdrucksformen wurden zu einem Ventil für ihre inneren Konflikte und ermöglichten es ihr, mit anderen in Kontakt zu treten, die ähnliche Erfahrungen gemacht hatten.

Ein bemerkenswertes Beispiel ist Kaitrins Teilnahme an einem lokalen Kunstprojekt, das LGBTQ-Themen behandelte. Dort traf sie auf Gleichgesinnte, die ähnliche Herausforderungen erlebten. Diese Begegnungen halfen, das Gefühl der Isolation zu verringern und stärkten das Gefühl der Zugehörigkeit zu einer Gemeinschaft, die sich gegenseitig unterstützte.

Die Rolle von Online-Communities

Mit dem Aufkommen des Internets und sozialer Medien fand Kaitrin auch eine neue Plattform, um sich mit anderen zu vernetzen. Online-Communities boten einen Raum, in dem sie sich anonym austauschen und Unterstützung finden konnte. Diese virtuellen Freundschaften waren oft tiefgehend und bedeutungsvoll, da sie die Möglichkeit boten, sich mit Menschen aus der ganzen Welt zu verbinden, die ähnliche Kämpfe erlebten.

Die Forschung zeigt, dass Online-Interaktionen für LGBTQ-Jugendliche eine wichtige Rolle spielen können, insbesondere in Zeiten der Isolation (Ybarra et al., 2005). Diese digitalen Räume ermöglichten es Kaitrin, sich mit anderen

Transgender-Personen auszutauschen, Erfahrungen zu teilen und sich gegenseitig zu unterstützen.

Fazit

Insgesamt war Kaitrins Jugendzeit geprägt von einem ständigen Wechselspiel zwischen Freundschaften und Isolation. Während sie wertvolle Beziehungen aufbaute, die ihr halfen, ihre Identität zu akzeptieren, war sie gleichzeitig mit den Herausforderungen konfrontiert, die mit gesellschaftlichen Vorurteilen und Diskriminierung einhergingen. Diese Erfahrungen prägten nicht nur ihre persönliche Entwicklung, sondern legten auch den Grundstein für ihren späteren Aktivismus. Kaitrin lernte, dass Freundschaft und Gemeinschaft entscheidend sind, um die Isolation zu überwinden und eine Stimme in der Welt zu finden.

Diese Erkenntnisse sind nicht nur für Kaitrin von Bedeutung, sondern spiegeln auch die Erfahrungen vieler LGBTQ-Jugendlicher wider, die in einer Welt leben, die oft noch nicht bereit ist, ihre Identität zu akzeptieren. Die Verbindung zwischen Freundschaften und der Überwindung von Isolation ist ein zentrales Thema in der LGBTQ-Community und bleibt ein wichtiger Aspekt in der fortwährenden Suche nach Gleichheit und Akzeptanz.

Erste Schritte in den Aktivismus

Die ersten Schritte in den Aktivismus sind oft entscheidend für die Entwicklung eines Individuums als Stimme für Veränderung und Gerechtigkeit. Für Kaitrin Doll, die in den frühen 90er Jahren aufwuchs, war der Übergang von einer bescheidenen Kindheit in Deutschland zu einer aktiven Rolle in der LGBTQ-Community ein Prozess, der von persönlicher Entdeckung und gesellschaftlichem Engagement geprägt war. Diese Phase ihres Lebens war nicht nur von Herausforderungen, sondern auch von wichtigen Errungenschaften und der Suche nach Identität geprägt.

Die Entdeckung des Aktivismus

Kaitrin begann, sich für die LGBTQ-Community zu interessieren, als sie in der Schule auf Diskriminierung und Vorurteile stieß. Diese Erfahrungen führten dazu, dass sie sich mit Gleichgesinnten zusammenschloss, die ähnliche Herausforderungen erlebten. Der erste Schritt in den Aktivismus war oft von der Teilnahme an lokalen Treffen und Diskussionsgruppen geprägt, wo Themen wie Identität, Geschlecht und Diskriminierung behandelt wurden.

Einfluss von Vorbildern

Ein wichtiger Faktor in Kaitrins Entwicklung war der Einfluss von Vorbildern, die sie in diesen frühen Jahren kennenlernen durfte. Aktivisten wie Marsha P. Johnson und Sylvia Rivera, die in den USA eine bedeutende Rolle in der Stonewall-Bewegung spielten, inspirierten sie dazu, ihre Stimme zu erheben. Diese Pionierinnen lehrten Kaitrin, dass Aktivismus nicht nur aus Protest besteht, sondern auch aus der Schaffung von Gemeinschaft und Unterstützung.

Die ersten Proteste

Kaitrins erste aktive Teilnahme an Protesten fand während einer Demonstration gegen Diskriminierung in ihrer Heimatstadt statt. Diese Erfahrung war für sie sowohl ermutigend als auch herausfordernd. Die Energie und der Zusammenhalt der Menschen, die sich für die gleichen Rechte einsetzten, gaben ihr das Gefühl, Teil von etwas Größerem zu sein. Sie erlebte, wie wichtig es ist, sich für die Rechte von marginalisierten Gruppen einzusetzen, und erkannte, dass jede Stimme zählt.

Herausforderungen und Rückschläge

Der Weg in den Aktivismus war jedoch nicht ohne Hindernisse. Kaitrin musste sich mit persönlichen Rückschlägen auseinandersetzen, darunter Ablehnung von Freunden und Familie, die ihre Identität nicht akzeptierten. Diese Herausforderungen führten zu einer tiefen Reflexion über ihre eigene Identität und die Notwendigkeit, sich für andere einzusetzen, die ähnliche Kämpfe durchlebten.

Die Rolle von Gemeinschaftsorganisationen

Um ihre Stimme zu stärken, schloss sich Kaitrin verschiedenen Gemeinschaftsorganisationen an, die sich für die Rechte von LGBTQ-Personen einsetzten. Diese Organisationen boten nicht nur eine Plattform für Aktivismus, sondern auch einen Raum für Bildung und Aufklärung. Kaitrin lernte, wie wichtig es ist, Ressourcen und Informationen zu teilen, um das Bewusstsein für die Herausforderungen von Transgender-Personen zu schärfen.

Erste Initiativen und Projekte

In dieser Phase ihres Lebens begann Kaitrin, eigene Initiativen zu starten. Sie organisierte Workshops und Informationsveranstaltungen, um das Bewusstsein für Transgender-Themen zu fördern. Diese Projekte zielten darauf ab, die

Sichtbarkeit von Transgender-Personen in der Gesellschaft zu erhöhen und Vorurteile abzubauen. Kaitrin verstand, dass Bildung der Schlüssel zur Veränderung ist, und setzte sich dafür ein, dass die Stimmen von Transgender-Personen gehört werden.

Die Bedeutung von Kunst und Kultur

Kaitrin erkannte auch die Kraft von Kunst und Kultur im Aktivismus. Sie nutzte kreative Ausdrucksformen, um ihre Botschaften zu verbreiten und die Aufmerksamkeit auf die Anliegen der LGBTQ-Community zu lenken. Durch die Teilnahme an Theaterprojekten und Kunstausstellungen konnte sie ihre Erfahrungen und die ihrer Gemeinschaft auf eine Weise kommunizieren, die sowohl berührend als auch aufrüttelnd war.

Schlussfolgerung

Die ersten Schritte in den Aktivismus waren für Kaitrin Doll nicht nur eine persönliche Reise, sondern auch ein Weg, um eine Gemeinschaft zu stärken und das Bewusstsein für die Herausforderungen von Transgender-Personen zu schärfen. Diese Erfahrungen legten den Grundstein für ihre zukünftige Arbeit als Forscherin und Aktivistin und zeigten, wie wichtig es ist, sich für die Rechte von Marginalisierten einzusetzen. Der Aktivismus wurde für sie zu einem Lebensstil, der nicht nur Veränderungen in der Gesellschaft bewirken kann, sondern auch dazu beiträgt, die eigene Identität zu festigen und zu feiern.

Einblick in die Jugendkultur der 90er Jahre

Die 1990er Jahre waren eine Zeit des Wandels und der Transformation, sowohl gesellschaftlich als auch kulturell. Diese Dekade war geprägt von einer Vielzahl von sozialen Bewegungen, die die Grundlagen der Jugendkultur nachhaltig beeinflussten. Insbesondere für LGBTQ-Jugendliche wie Kaitrin Doll war diese Ära sowohl herausfordernd als auch inspirierend.

Gesellschaftlicher Kontext

In den 90er Jahren erlebte Deutschland, wie viele andere Länder, eine Welle von Veränderungen, die durch die Wiedervereinigung 1990 und die zunehmende Globalisierung geprägt waren. Die gesellschaftlichen Normen begannen sich zu verschieben, und Themen wie Geschlechtsidentität und sexuelle Orientierung wurden zunehmend diskutiert. Diese Veränderungen führten zu einem Aufblühen von Subkulturen, die für viele Jugendliche, einschließlich der LGBTQ-Community, von großer Bedeutung waren.

Einfluss der Medien

Die Medien spielten eine entscheidende Rolle in der Jugendkultur der 90er Jahre. Mit dem Aufkommen des Internets und der Verbreitung von Fernsehsendern wie MTV und VIVA wurden neue Plattformen geschaffen, die es Jugendlichen ermöglichten, sich auszudrücken und ihre Identität zu erforschen. Musikvideos, die oft provokante Themen behandelten, trugen zur Sichtbarkeit von LGBTQ-Personen bei. Künstler wie Madonna und George Michael wurden zu Ikonen, die das Bewusstsein für sexuelle Vielfalt schärften.

Die Rolle der Musik

Musik war ein zentrales Element der Jugendkultur in den 90er Jahren. Genres wie Grunge, Hip-Hop und Eurodance prägten die Szene und boten Jugendlichen eine Möglichkeit, ihre Gefühle und Identitäten auszudrücken. In dieser Zeit entstanden auch LGBTQ-spezifische Musikrichtungen, wie beispielsweise die Queer-Punk-Bewegung. Bands wie *The Gossip* und *The B-52s* wurden zu Symbolen des Widerstands und der Selbstakzeptanz. Die Texte ihrer Lieder thematisierten oft Identitätsfragen und gesellschaftliche Normen, was vielen Jugendlichen eine Stimme gab.

Subkulturen und Identität

Die 90er Jahre waren auch eine Zeit des Aufblühens von Subkulturen, die es Jugendlichen ermöglichten, sich außerhalb der traditionellen Normen zu definieren. Die Entstehung von Clubs und Partys, die sich an die LGBTQ-Community richteten, boten einen sicheren Raum für den Austausch und die Selbstentfaltung. Kaitrin Doll fand in diesen Umgebungen die Möglichkeit, ihre Identität zu erkunden und sich mit Gleichgesinnten zu verbinden.

Herausforderungen und Diskriminierung

Trotz der Fortschritte gab es in den 90er Jahren auch erhebliche Herausforderungen für LGBTQ-Jugendliche. Diskriminierung und Vorurteile waren weit verbreitet, und viele Jugendliche sahen sich mit Mobbing und Ablehnung konfrontiert. Die AIDS-Krise, die in den 80er Jahren begann, hatte auch in den 90er Jahren tiefgreifende Auswirkungen auf die LGBTQ-Community. Die Stigmatisierung von HIV-positiven Menschen führte zu einem Klima der Angst und Unsicherheit, das viele Jugendliche belastete.

Beispiele aus der Jugendkultur

Ein prägnantes Beispiel für den Einfluss der Jugendkultur in den 90er Jahren ist die Fernsehserie *Will & Grace*, die 1998 Premiere feierte. Diese Serie trug dazu bei, das Bild von LGBTQ-Personen in den Medien zu verändern, indem sie komplexe und humorvolle Charaktere darstellte, die mit alltäglichen Herausforderungen konfrontiert waren. Solche Darstellungen halfen, Vorurteile abzubauen und ein besseres Verständnis für die Vielfalt der Geschlechtsidentitäten zu fördern.

Fazit

Zusammenfassend lässt sich sagen, dass die Jugendkultur der 90er Jahre für viele LGBTQ-Jugendliche sowohl eine Zeit des Kampfes als auch des Wandels war. Kaitrin Doll und Gleichgesinnte fanden in dieser Dekade die Inspiration und den Mut, ihre Identität zu leben und für ihre Rechte zu kämpfen. Die Herausforderungen, die sie erlebten, prägten nicht nur ihr persönliches Leben, sondern auch die Entwicklung der LGBTQ-Bewegung in den kommenden Jahren. Die 90er Jahre waren somit ein entscheidendes Kapitel in der Geschichte der LGBTQ-Community, das den Grundstein für zukünftige Fortschritte legte.

Kaitrins erste Erfahrungen mit Diskriminierung

Kaitrin Dolls Weg zur Selbstakzeptanz und zum Aktivismus war nicht ohne Herausforderungen. In ihren frühen Jahren, als sie sich ihrer Identität und den damit verbundenen gesellschaftlichen Erwartungen bewusst wurde, stieß sie auf zahlreiche Erfahrungen von Diskriminierung, die tiefgreifende Auswirkungen auf ihr Leben und ihre Entwicklung hatten. Diese Erfahrungen sind nicht nur persönliche Geschichten, sondern spiegeln auch die systematischen Probleme wider, mit denen viele Mitglieder der LGBTQ-Community konfrontiert sind.

Diskriminierung kann in verschiedenen Formen auftreten, darunter direkte Angriffe, subtile Vorurteile und institutionelle Ungleichheiten. Für Kaitrin begann die Diskriminierung in der Schule, wo sie oft mit Mobbing konfrontiert wurde. Ihre Mitschülerinnen und Mitschüler, die ihre Identität nicht verstanden oder akzeptierten, machten sie zum Ziel von Hänseleien und Ausgrenzung. Solche Erfahrungen sind häufig bei transgeschlechtlichen Jugendlichen und können zu ernsthaften psychischen Problemen führen, wie Studien zeigen, die einen

Zusammenhang zwischen Diskriminierung und erhöhten Raten von Depressionen und Angstzuständen belegen [?].

Ein Beispiel aus Kaitrins Schulzeit illustriert die Schwierigkeiten, mit denen sie konfrontiert war. In einer Klasse, in der das Thema Geschlecht behandelt wurde, wagte Kaitrin es, ihre Identität zu thematisieren. Die Reaktion ihrer Mitschüler war überwältigend negativ; sie wurde mit abfälligen Bemerkungen und Ausgrenzung konfrontiert, was sie dazu brachte, ihre Identität zu hinterfragen. Diese Art von Diskriminierung ist nicht nur verletzend, sondern kann auch das Selbstwertgefühl und die psychische Gesundheit nachhaltig schädigen [?].

Ein weiterer Aspekt der Diskriminierung, den Kaitrin erlebte, war die institutionelle Diskriminierung. In ihrem Bildungssystem gab es kaum Ressourcen oder Unterstützung für transgeschlechtliche Schüler. Lehrerinnen und Lehrer waren oft uninformiert über die Bedürfnisse von LGBTQ-Studierenden, was zu einem Mangel an Verständnis und Unterstützung führte. Diese Erfahrungen sind Teil eines größeren Problems, das in vielen Bildungseinrichtungen zu beobachten ist, wo die Bedürfnisse von LGBTQ-Schülern oft ignoriert oder nicht ausreichend adressiert werden [?].

Kaitrins erste Erfahrungen mit Diskriminierung führten zu einem tiefen Bewusstsein für die Herausforderungen, mit denen sie und andere in der LGBTQ-Community konfrontiert sind. Sie begann, sich mit der Theorie der sozialen Identität auseinanderzusetzen, die erklärt, wie Individuen ihre Identität in Bezug auf soziale Gruppen definieren und wie Diskriminierung das Selbstbild beeinflussen kann [?]. Diese theoretischen Überlegungen halfen ihr, ihre Erfahrungen zu kontextualisieren und die Notwendigkeit für Veränderungen in der Gesellschaft zu erkennen.

Die Diskriminierung, die Kaitrin erlebte, war nicht nur eine individuelle Erfahrung; sie war Teil eines größeren gesellschaftlichen Problems. Der Einfluss von Stereotypen und Vorurteilen auf das Verhalten gegenüber transgeschlechtlichen Personen ist gut dokumentiert. Studien zeigen, dass negative Stereotypen zu einer erhöhten Wahrscheinlichkeit von Diskriminierung führen, sowohl im sozialen als auch im beruflichen Kontext [?]. Diese Erkenntnisse motivierten Kaitrin, sich aktiv für die Rechte von transgeschlechtlichen Personen einzusetzen und gegen die Ungerechtigkeiten zu kämpfen, die sie selbst erfahren hatte.

Zusammenfassend lässt sich sagen, dass Kaitrins erste Erfahrungen mit Diskriminierung nicht nur prägend für ihre persönliche Entwicklung waren, sondern auch den Grundstein für ihren späteren Aktivismus legten. Die Herausforderungen, denen sie begegnete, führten zu einem tiefen Verständnis für die Notwendigkeit von Veränderungen innerhalb der Gesellschaft und motivierten sie, sich für eine gerechtere und inklusivere Welt einzusetzen. Diese Erfahrungen sind ein wesentlicher Bestandteil ihrer Biografie und verdeutlichen die Bedeutung von Sichtbarkeit und Repräsentation für die LGBTQ-Community.

Die Rolle von Kunst und Musik in Kaitrins Leben

Kunst und Musik sind seit jeher kraftvolle Ausdrucksformen, die nicht nur individuelle Emotionen transportieren, sondern auch gesellschaftliche Themen aufgreifen und verändern können. Für Kaitrin Doll waren diese beiden Elemente nicht nur Hobbys, sondern essentielle Bestandteile ihres Lebens und ihrer Identität. In dieser Sektion werden wir die Bedeutung von Kunst und Musik in Kaitrins Leben untersuchen und deren Einfluss auf ihre persönliche und akademische Entwicklung beleuchten.

Kunst als Ausdruck von Identität

Kaitrin wuchs in einer Zeit auf, in der die Akzeptanz von Geschlechtsidentität und sexueller Orientierung noch stark eingeschränkt war. In diesem Kontext fand sie in der Kunst einen Raum, um ihre innere Welt auszudrücken und zu verarbeiten. Die visuelle Kunst, sei es Malerei oder Fotografie, bot ihr die Möglichkeit, ihre Erfahrungen und Emotionen zu reflektieren. Sie verwendete Farben und Formen, um ihre Identität darzustellen und sich gegen gesellschaftliche Normen zu behaupten.

Ein Beispiel für Kaitrins künstlerischen Ausdruck ist ihre Teilnahme an einer lokalen Kunstausstellung, in der sie Werke präsentierte, die die Herausforderungen und Freuden ihrer Identitätsfindung thematisierten. Ihre Arbeiten wurden nicht nur als schön, sondern auch als tiefgründig und provokativ wahrgenommen, was zu Diskussionen über Geschlechtsidentität und Transgender-Erfahrungen führte. Diese Diskussionen waren entscheidend, um das Bewusstsein für die Belange der LGBTQ-Community zu schärfen.

Musik als Flucht und Inspiration

Musik spielte eine ebenso zentrale Rolle in Kaitrins Leben. Sie fand Trost in den Klängen von Künstlern, die ähnliche Kämpfe durchlebten. Genres wie Punk, Pop und Hip-Hop, die oft Themen wie Rebellion und Identität behandeln, wurden zu ihrer musikalischen Heimat. Künstler wie David Bowie und Madonna, die Geschlechterrollen hinterfragten, inspirierten sie, ihre eigene Identität zu erforschen und zu akzeptieren.

Kaitrins Leidenschaft für Musik führte sie auch in die Welt des Aktivismus. Sie organisierte Konzerte und Veranstaltungen, um Spenden für LGBTQ-Organisationen zu sammeln. Diese Veranstaltungen waren nicht nur eine Möglichkeit, Geld zu sammeln, sondern auch eine Plattform, um das Bewusstsein für Transgender-Rechte zu fördern. Durch die Verbindung von Musik und Aktivismus konnte Kaitrin eine breitere Öffentlichkeit erreichen und Menschen mobilisieren.

Theoretische Perspektiven

Die Rolle von Kunst und Musik in der Identitätsbildung wird in der Sozialwissenschaft häufig untersucht. Der Sozialwissenschaftler Howard Becker beschreibt in seiner Theorie des "künstlerischen Prozesses", dass Kunst nicht nur ein Produkt ist, sondern auch ein sozialer Prozess, der durch Interaktion und gesellschaftliche Kontexte geprägt wird. In Kaitrins Fall spiegelt ihre Kunst die Kämpfe und Triumphe wider, die sie als transgeschlechtliche Person erlebt hat, und sie nutzt diese Kunst, um andere zu inspirieren.

Darüber hinaus betont der Kulturwissenschaftler Simon Frith die Bedeutung von Musik als sozialen Raum, in dem Identitäten ausgehandelt werden. Musik wird somit zu einem Medium, durch das Individuen ihre Erfahrungen teilen und Gemeinschaften bilden können. Kaitrins Engagement in der Musikszene zeigt, wie sie diese Theorie in die Praxis umsetzte, indem sie eine Plattform für andere LGBTQ-Künstler schuf und das Bewusstsein für ihre Anliegen schärfte.

Herausforderungen und Rückschläge

Trotz der positiven Auswirkungen von Kunst und Musik auf Kaitrins Leben gab es auch Herausforderungen. In einer von Vorurteilen und Diskriminierung geprägten Gesellschaft sah sie sich oft mit Widerstand konfrontiert. Ihre Kunst wurde nicht immer akzeptiert, und sie erlebte Rückschläge, als ihre Werke in bestimmten Kreisen abgelehnt wurden. Diese Erfahrungen führten jedoch nicht zu Resignation, sondern verstärkten ihren Willen, sich für die Sichtbarkeit von Transgender-Personen einzusetzen.

Kaitrin nutzte ihre Rückschläge als Antrieb, um ihre Kunst weiterzuentwickeln und ihre Stimme zu erheben. Sie begann, Workshops für junge Künstler zu leiten, um sie zu ermutigen, ihre Geschichten durch Kunst und Musik zu erzählen. In diesen Workshops vermittelte sie nicht nur technische Fähigkeiten, sondern auch das Vertrauen, das notwendig ist, um in einer oft feindlichen Umgebung sichtbar zu sein.

Fazit

Die Rolle von Kunst und Musik in Kaitrin Dolls Leben ist ein eindrucksvolles Beispiel dafür, wie kreative Ausdrucksformen zur Identitätsbildung und zum Aktivismus beitragen können. Sie nutzte ihre Talente, um nicht nur ihre eigene Geschichte zu erzählen, sondern auch um andere zu inspirieren und zu mobilisieren. Ihre Erfahrungen zeigen, dass Kunst und Musik nicht nur persönliche Fluchten sind, sondern auch kraftvolle Werkzeuge im Kampf für Gleichheit und Akzeptanz. In einer Welt, die oft von Vorurteilen geprägt ist, bleibt die Kunst ein wesentlicher Bestandteil des Wandels, den Kaitrin Doll in der Gesellschaft anstrebt.

Der Weg zur Wissenschaft: Studium und Forschung

Der Beginn der akademischen Laufbahn

Wahl des Studienfachs

Die Wahl des Studienfachs ist eine entscheidende Phase im Leben eines jeden Studierenden, insbesondere für jemanden wie Kaitrin Doll, dessen akademische und persönliche Identität eng miteinander verbunden sind. Für Kaitrin war die Entscheidung nicht nur eine Frage des Interesses, sondern auch eine tiefgreifende Auseinandersetzung mit ihrer eigenen Identität und den Herausforderungen, die sie als transgeschlechtliche Person in der Gesellschaft erlebte.

Interessen und Neigungen

Kaitrin hatte schon früh ein starkes Interesse an den Sozialwissenschaften, insbesondere an Geschlechterstudien und Psychologie. Diese Disziplinen boten ihr nicht nur die Möglichkeit, ihre eigenen Erfahrungen zu reflektieren, sondern auch die Chance, die komplexen Dynamiken von Identität und Geschlecht zu erforschen. Die Frage, die sich Kaitrin stellte, war: Wie kann ich mein Studium nutzen, um das Bewusstsein für Transgender-Themen zu schärfen und Veränderungen in der Gesellschaft herbeizuführen?

Einfluss von Vorbildern

Ein weiterer entscheidender Faktor bei der Wahl ihres Studienfaches war die Inspiration durch Vorbilder in der LGBTQ-Community. Kaitrin las Biografien von Aktivisten und Wissenschaftlern, die sich für die Rechte von Transgender-Personen eingesetzt hatten. Diese Geschichten motivierten sie, selbst aktiv zu werden und ihre Forschung auf die Bedürfnisse und Herausforderungen der transgeschlechtlichen Gemeinschaft auszurichten. Die Vorbilder, die sie bewunderte, waren nicht nur Pioniere in ihren jeweiligen Feldern, sondern auch Menschen, die durch ihre Arbeit das Leben anderer verbessert hatten.

Akademische Herausforderungen

Die Entscheidung für ein Studienfach war jedoch nicht ohne Herausforderungen. Kaitrin musste sich mit dem Druck auseinandersetzen, den Erwartungen ihrer Familie und der Gesellschaft gerecht zu werden. In einem Umfeld, in dem transgeschlechtliche Identitäten oft nicht akzeptiert oder missverstanden werden, war die Wahl eines Studienfaches, das sich mit Geschlecht und Identität beschäftigt, sowohl eine mutige als auch eine riskante Entscheidung.

Kaitrin erlebte während ihrer Studienzeit Diskriminierung und Vorurteile, die sich negativ auf ihr Lernen und ihre akademische Leistung auswirkten. Dennoch war sie fest entschlossen, ihre Stimme zu erheben und die Themen, die ihr am Herzen lagen, in den akademischen Diskurs einzubringen.

Die Wahl der Universität

Die Wahl der Universität war ein weiterer wichtiger Schritt in Kaitrins akademischer Laufbahn. Sie entschied sich für eine Institution, die für ihre fortschrittlichen Ansätze in den Sozialwissenschaften bekannt war und ein starkes Engagement für Diversität und Inklusion zeigte. Hier fand sie eine unterstützende Gemeinschaft von Gleichgesinnten und Mentoren, die ihre Interessen teilten und ihre Forschung förderten.

Ein interdisziplinärer Ansatz

Kaitrin entschied sich schließlich für ein interdisziplinäres Studium, das es ihr ermöglichte, verschiedene Perspektiven zu integrieren. Ihre Studienrichtung umfasste nicht nur Geschlechterstudien, sondern auch Psychologie, Soziologie und Anthropologie. Diese Kombination erlaubte es ihr, die komplexen Wechselwirkungen zwischen Geschlecht, Identität und gesellschaftlichen Normen umfassend zu analysieren.

Beispiele für Forschungsinteressen

Im Rahmen ihres Studiums konzentrierte sich Kaitrin auf mehrere Schlüsselthemen, darunter:

- **Identitätsentwicklung:** Die Erforschung, wie sich die Geschlechtsidentität über die Lebensspanne entwickelt und welche Faktoren dabei eine Rolle spielen.

- **Gesundheitsversorgung:** Die Analyse der Zugänglichkeit und Qualität der Gesundheitsversorgung für transgeschlechtliche Personen, einschließlich der Herausforderungen, mit denen sie konfrontiert sind.

- **Gesellschaftliche Wahrnehmung:** Die Untersuchung der gesellschaftlichen Wahrnehmung von Transgender-Personen und deren Einfluss auf das individuelle Wohlbefinden.

Fazit

Die Wahl des Studienfachs war für Kaitrin Doll nicht nur eine akademische Entscheidung, sondern ein zentraler Bestandteil ihrer Identitätsfindung und ihres Engagements für die LGBTQ-Community. Durch ihre Studienrichtung konnte sie nicht nur ihre eigenen Erfahrungen reflektieren, sondern auch einen bedeutenden Beitrag zur Wissenschaft und zur Verbesserung der Lebensbedingungen für Transgender-Personen leisten. Diese Entscheidung legte den Grundstein für ihre zukünftige Karriere als Forscherin und Aktivistin, die sich für die Rechte und das Wohlbefinden der transgeschlechtlichen Gemeinschaft einsetzt.

Die ersten Studienjahre

Die ersten Studienjahre von Kaitrin Doll waren geprägt von einer intensiven Auseinandersetzung mit ihrer Identität und den Herausforderungen, die das Studium als transgeschlechtliche Person mit sich brachte. In dieser Zeit begann sie, die Grundlagen für ihre zukünftige Karriere als Wissenschaftlerin und Aktivistin zu legen. Ihre Erfahrungen in diesen frühen Jahren waren sowohl bereichernd als auch herausfordernd und formten ihre Perspektiven auf Gender und Identität nachhaltig.

Die Wahl des Studienfachs

Kaitrin entschied sich, Psychologie zu studieren, da sie ein tiefes Interesse an den menschlichen Verhaltensweisen und den psychologischen Prozessen hatte, die mit Identität und Geschlecht verbunden sind. Sie war besonders fasziniert von der Frage, wie gesellschaftliche Normen die individuelle Identität beeinflussen können.

Ihre Entscheidung fiel nicht leicht, da sie sich der Vorurteile und der Diskriminierung bewusst war, die sie als transgeschlechtliche Studentin erleben könnte. Dennoch war sie entschlossen, ihre Stimme zu erheben und die Wissenschaft als Plattform für Veränderung zu nutzen.

Die ersten Studienjahre

In den ersten Semestern erlebte Kaitrin sowohl die Freuden als auch die Herausforderungen des Studiums. Die Universitätsatmosphäre war für sie eine Mischung aus Erleichterung und Anspannung. Einerseits fand sie Gleichgesinnte und eine Gemeinschaft, die ihre Interessen teilte, andererseits sah sie sich mit Vorurteilen und Missverständnissen konfrontiert.

Ein zentrales Thema in Kaitrins Studienjahren war die Auseinandersetzung mit dem Konzept der Geschlechtsidentität. Sie begann, sich intensiv mit Theorien zu beschäftigen, die Geschlecht als ein Spektrum und nicht als binäre Kategorie betrachten. Eine der Theorien, die sie besonders beeinflussten, war Judith Butlers Ansatz, der Geschlecht als performativ beschreibt. Butler argumentiert, dass Geschlecht nicht etwas ist, das man ist, sondern etwas, das man tut. Diese Perspektive eröffnete Kaitrin neue Wege des Denkens und der Forschung.

$$G = P \times C \tag{8}$$

Hierbei steht G für Geschlecht, P für die performativen Handlungen und C für den Kontext, in dem diese Handlungen stattfinden. Diese Gleichung verdeutlicht, dass Geschlecht nicht nur das Ergebnis biologischer Faktoren ist, sondern auch von sozialen und kulturellen Einflüssen abhängt.

Einfluss von Professoren und Mentoren

Kaitrin hatte das Glück, von einigen inspirierenden Professoren und Mentoren unterrichtet zu werden, die ihre Perspektiven erweiterten und sie in ihrer Forschung unterstützten. Besonders hervorzuheben ist Professorin Anna Schmidt, die sich auf Genderforschung spezialisiert hatte. Sie ermutigte Kaitrin, ihre eigenen Erfahrungen in die akademische Diskussion einzubringen und die Verbindung zwischen persönlicher Identität und wissenschaftlicher Forschung zu erforschen.

Eine der ersten Forschungsarbeiten, die Kaitrin unter Anleitung von Professorin Schmidt schrieb, beschäftigte sich mit der Rolle von Sprache in der Konstruktion von Geschlechtsidentität. Sie untersuchte, wie bestimmte Begriffe und Ausdrücke die Wahrnehmung von Geschlecht und Identität beeinflussen können. Diese Arbeit wurde in einem renommierten Journal veröffentlicht und stellte einen bedeutenden Schritt in Kaitrins akademischer Karriere dar.

Herausforderungen als transgeschlechtliche Studentin

Trotz ihrer Erfolge sah sich Kaitrin auch mit erheblichen Herausforderungen konfrontiert. Die Diskriminierung, die sie als transgeschlechtliche Studentin erlebte, war oft subtil, aber dennoch schmerzhaft. Sie berichtete von Situationen, in denen ihre Identität nicht respektiert wurde, sei es durch falsche Pronomen oder durch abwertende Kommentare von Kommilitonen.

Diese Erfahrungen führten zu einem tiefen Gefühl der Isolation, aber auch zu einem verstärkten Wunsch, aktiv zu werden. Kaitrin begann, an Workshops und Schulungen zur Sensibilisierung für LGBTQ+-Themen teilzunehmen, um nicht nur ihre eigene Situation zu verbessern, sondern auch das Bewusstsein ihrer Kommilitonen zu schärfen.

Die Gründung eines Forschungsnetzwerks

In ihrem zweiten Studienjahr gründete Kaitrin gemeinsam mit anderen LGBTQ+-Studenten ein Forschungsnetzwerk, das sich auf Themen rund um Geschlecht und Identität konzentrierte. Dieses Netzwerk bot eine Plattform für Studierende, ihre Forschungsergebnisse zu teilen, sich gegenseitig zu unterstützen und gemeinsam an Projekten zu arbeiten.

Das Netzwerk organisierte regelmäßige Treffen und Diskussionsrunden, bei denen aktuelle Themen und Herausforderungen in der LGBTQ+-Forschung erörtert wurden. Diese Initiative förderte nicht nur die akademische Zusammenarbeit, sondern auch ein Gefühl der Gemeinschaft und Solidarität unter den Mitgliedern.

Kaitrins Vision für die Zukunft der Transgender-Forschung

Kaitrin träumte von einer Zukunft, in der Transgender-Forschung nicht nur anerkannt, sondern auch als essenzieller Bestandteil der wissenschaftlichen Diskussion angesehen wird. Sie war überzeugt, dass interdisziplinäre Ansätze notwendig sind, um die komplexen Fragen rund um Geschlecht und Identität zu verstehen.

In ihren frühen Studienjahren legte sie den Grundstein für zukünftige Forschungsprojekte, die sich mit den Lebensrealitäten von Transgender-Personen und den gesellschaftlichen Strukturen, die diese beeinflussen, beschäftigen sollten. Kaitrin war fest entschlossen, einen positiven Einfluss auf die Wissenschaft und die Gesellschaft auszuüben und die Sichtbarkeit von transgeschlechtlichen Themen zu erhöhen.

Zusammenfassung

Zusammenfassend lässt sich sagen, dass Kaitrin Dolls erste Studienjahre eine prägende Phase ihres Lebens darstellten, in der sie sich sowohl akademisch als auch persönlich weiterentwickelte. Ihre Erfahrungen in der Universität, die Herausforderungen, die sie überwand, und die Gemeinschaft, die sie aufbaute, legten den Grundstein für ihre zukünftige Karriere als Wissenschaftlerin und Aktivistin. Kaitrins Engagement für die Sichtbarkeit und das Verständnis von Geschlecht und Identität wird auch in den kommenden Jahren eine zentrale Rolle in ihrer Arbeit spielen.

Einfluss von Professoren und Mentoren

In Kaitrin Dolls akademischer Laufbahn spielten Professoren und Mentoren eine entscheidende Rolle, indem sie nicht nur ihre intellektuelle Entwicklung förderten, sondern auch ihre Identität als transgeschlechtliche Frau unterstützten. Die Beziehung zu diesen einflussreichen Personen war oft der Schlüssel zu Kaitrins Erfolg und ihrem Engagement in der LGBTQ-Community.

Ein bedeutender Mentor in Kaitrins Leben war Professor Dr. Hans Müller, ein renommierter Soziologe, der sich auf Genderstudien spezialisiert hatte. Professor Müller war bekannt für seine interdisziplinäre Herangehensweise, die es Kaitrin ermöglichte, verschiedene Perspektiven in ihre Forschung zu integrieren. Er ermutigte sie, die sozialen Konstruktionen von Geschlecht und Identität zu hinterfragen, was Kaitrin dazu inspirierte, ihre eigene Forschung über Transgender-Erfahrungen zu vertiefen. In einem ihrer ersten Seminare stellte Professor Müller die Frage:

Wie definieren wir Geschlecht in einer sich ständig verändernden Gesellschaft?

(9)

Diese Frage stellte nicht nur die Grundlagen der Genderstudien in Frage, sondern regte auch Kaitrin an, ihre eigenen Erfahrungen und die ihrer Mitmenschen in den Mittelpunkt ihrer Forschung zu stellen.

Ein weiteres Beispiel für den Einfluss von Mentoren war Professorin Dr. Lisa Schmidt, eine Psychologin, die sich auf die psychische Gesundheit von LGBTQ-Personen spezialisiert hatte. Professorin Schmidt bot Kaitrin nicht nur akademische Unterstützung, sondern auch emotionale Sicherheit. Sie schuf einen

Raum, in dem Kaitrin offen über ihre Herausforderungen als transgeschlechtliche Studentin sprechen konnte. Diese Unterstützung war besonders wichtig, da Kaitrin während ihrer Studienzeit mit Diskriminierung und Vorurteilen konfrontiert wurde. Professorin Schmidt betonte oft die Bedeutung von Resilienz und Selbstakzeptanz, was Kaitrin half, ihre Identität zu umarmen und in ihrem akademischen Umfeld erfolgreich zu sein.

Die Herausforderungen, mit denen Kaitrin konfrontiert war, waren vielfältig. Sie musste sich nicht nur mit den akademischen Anforderungen ihrer Studiengänge auseinandersetzen, sondern auch mit der Stigmatisierung, die viele transgeschlechtliche Personen in Bildungseinrichtungen erfahren. Ein Beispiel dafür war ein Vorfall in einem ihrer Kurse, bei dem ein Kommilitone sie absichtlich mit dem falschen Pronomen ansprach. In dieser schwierigen Situation wandte sich Kaitrin an Professor Müller, der sofort intervenierte und eine Diskussion über respektvolle Sprache und Inklusivität im Klassenzimmer anregte. Dies führte zu einer wichtigen Lektion für die gesamte Klasse und stärkte Kaitrins Entschlossenheit, sich für die Rechte von transgeschlechtlichen Personen einzusetzen.

Die Rolle von Mentoren in Kaitrins Leben erstreckte sich über den akademischen Bereich hinaus. Sie halfen ihr, Netzwerke innerhalb der LGBTQ-Community aufzubauen, was für ihre zukünftige Karriere als Aktivistin von entscheidender Bedeutung war. Professor Müller stellte Kaitrin mit anderen LGBTQ-Studierenden und Aktivisten in Kontakt, was ihr half, ihre eigene Initiative zur Unterstützung von transgeschlechtlichen Studierenden zu gründen. Diese Initiative wurde zu einem wichtigen Bestandteil ihrer späteren Forschungsarbeit und Aktivismus.

Zusammenfassend lässt sich sagen, dass der Einfluss von Professoren und Mentoren auf Kaitrin Dolls akademische und persönliche Entwicklung nicht zu unterschätzen ist. Sie boten nicht nur intellektuelle Herausforderungen und Unterstützung, sondern auch emotionale Sicherheit und die Möglichkeit, ihre Identität zu erforschen und zu akzeptieren. Diese Beziehungen waren entscheidend für Kaitrins Aufstieg in der Wissenschaft und im Aktivismus und trugen maßgeblich zu ihrem späteren Erfolg bei, das Bewusstsein für Transgender-Themen zu revolutionieren.

Forschungsprojekte und deren Bedeutung

Die Forschungsprojekte von Kaitrin Doll haben nicht nur die akademische Landschaft der Transgender-Forschung geprägt, sondern auch weitreichende gesellschaftliche Auswirkungen gehabt. In diesem Abschnitt werden wir die zentralen Forschungsprojekte von Kaitrin untersuchen, deren theoretische Grundlagen, die damit verbundenen Herausforderungen sowie die praktischen Beispiele, die die Bedeutung ihrer Arbeit unterstreichen.

Theoretische Grundlagen

Kaitrins Forschungsansatz basiert auf interdisziplinären Theorien, die Psychologie, Soziologie und Gender Studies miteinander verbinden. Ein zentrales Konzept in ihrer Arbeit ist das der *geschlechtlichen Identität*, das sich auf die persönliche Wahrnehmung und das Erleben des eigenen Geschlechts bezieht. Diese Identität kann von der bei der Geburt zugewiesenen Geschlechtsidentität abweichen, was in der wissenschaftlichen Literatur als *Transidentität* bezeichnet wird.

Ein weiterer theoretischer Rahmen ist das Konzept der *sozialen Konstruktion von Geschlecht*, das von Judith Butler in ihrem Werk *Gender Trouble* (1990) formuliert wurde. Butler argumentiert, dass Geschlecht nicht biologisch determiniert, sondern durch soziale Praktiken und Diskurse konstruiert wird. Kaitrin baut auf diesen Ideen auf und untersucht, wie gesellschaftliche Normen und Erwartungen die Erfahrungen von Transgender-Personen beeinflussen.

Herausforderungen in der Forschung

Die Forschung zu Geschlechtsidentität und Transgender-Themen ist oft mit einer Reihe von Herausforderungen konfrontiert. Eine der größten Hürden ist die *Stigmatisierung* und *Diskriminierung*, die Transgender-Personen in der Gesellschaft erfahren. Diese Faktoren können die Bereitschaft zur Teilnahme an Forschungsstudien erheblich einschränken. Kaitrin hat daher innovative Methoden entwickelt, um sicherzustellen, dass die Stimmen und Erfahrungen von Transgender-Personen in ihrer Forschung Gehör finden.

Ein weiteres Problem ist die *Mangelnde Repräsentation* in der wissenschaftlichen Gemeinschaft. Viele Forschungsprojekte über Transgender-Themen werden von cisgender (nicht-transgender) Wissenschaftlern durchgeführt, die möglicherweise nicht über die erforderliche Sensibilität oder das Verständnis für die spezifischen Herausforderungen verfügen, mit denen Transgender-Personen konfrontiert sind. Kaitrin hat sich aktiv dafür eingesetzt, dass Transgender-Personen in den Forschungsprozess einbezogen werden, sei es als Co-Forscher oder als Berater.

Beispiele für bedeutende Forschungsprojekte

Ein herausragendes Beispiel für Kaitrins Forschung ist das Projekt *TransHealth*, das sich mit den gesundheitlichen Bedürfnissen von Transgender-Personen befasst. In diesem Projekt wurde eine umfassende Studie durchgeführt, die sowohl qualitative als auch quantitative Daten sammelte. Die Ergebnisse zeigten, dass Transgender-Personen im Vergleich zur cisgender Bevölkerung ein höheres Risiko für psychische Erkrankungen und eine schlechtere allgemeine Gesundheit aufweisen. Diese Erkenntnisse führten zu einer verstärkten Sensibilisierung für die Notwendigkeit von spezifischen Gesundheitsdiensten für Transgender-Personen.

Eine weitere bedeutende Studie war *Gendered Experiences*, die sich mit den Erfahrungen von Transgender-Jugendlichen in Schulen beschäftigte. Kaitrin und ihr Team führten Interviews mit über 200 Jugendlichen durch und fanden heraus, dass viele von ihnen mit Mobbing und Diskriminierung konfrontiert waren. Die Studie lieferte nicht nur wertvolle Daten, sondern auch Empfehlungen für Schulen zur Verbesserung des Umfelds für LGBTQ+-Schüler. Diese Empfehlungen wurden in mehreren Bundesländern in Deutschland umgesetzt und zeigen somit den direkten Einfluss von Kaitrins Forschung auf die Bildungspolitik.

Die Bedeutung der Forschung für die Gesellschaft

Die Forschungsprojekte von Kaitrin Doll haben weitreichende Implikationen für die Gesellschaft. Sie tragen dazu bei, das Bewusstsein für die Herausforderungen zu schärfen, mit denen Transgender-Personen konfrontiert sind, und fördern das Verständnis für die Komplexität von Geschlechtsidentität. Durch die Veröffentlichung ihrer Ergebnisse in Fachzeitschriften und die Präsentation auf Konferenzen hat Kaitrin einen Dialog angestoßen, der nicht nur innerhalb der akademischen Gemeinschaft, sondern auch in der breiten Öffentlichkeit stattfindet.

Darüber hinaus hat ihre Forschung dazu beigetragen, politische Entscheidungsträger über die Notwendigkeit von Schutzmaßnahmen und Unterstützungsdiensten für Transgender-Personen zu informieren. Die Erkenntnisse aus ihren Studien haben dazu geführt, dass mehrere Organisationen und Institutionen Programme zur Unterstützung von Transgender-Personen ins Leben gerufen haben.

Zusammenfassung

Zusammenfassend lässt sich sagen, dass die Forschungsprojekte von Kaitrin Doll nicht nur akademische Relevanz besitzen, sondern auch einen tiefgreifenden

Einfluss auf die Gesellschaft haben. Durch innovative Ansätze und die Berücksichtigung der Stimmen von Transgender-Personen hat sie dazu beigetragen, das Verständnis für Geschlechtsidentität zu erweitern und konkrete Veränderungen in der Politik und im Gesundheitswesen anzustoßen. Ihre Arbeit ist ein herausragendes Beispiel dafür, wie Forschung und Aktivismus Hand in Hand gehen können, um das Leben von Menschen zu verbessern und gesellschaftliche Normen zu hinterfragen.

Kaitrins Engagement in der LGBTQ-Studentenorganisation

Kaitrin Doll war nicht nur eine brillante Forscherin, sondern auch eine leidenschaftliche Aktivistin, die sich während ihrer Studienzeit in der LGBTQ-Studentenorganisation engagierte. Dieses Engagement war für sie nicht nur eine Möglichkeit, sich mit Gleichgesinnten zu vernetzen, sondern auch eine Plattform, um ihre Stimme für die Belange der LGBTQ-Community zu erheben. In diesem Abschnitt werden wir die Bedeutung von Kaitrins Engagement in der LGBTQ-Studentenorganisation beleuchten, die Herausforderungen, denen sie begegnete, und die Erfolge, die sie erzielte.

Die Gründung der Organisation

Kaitrin trat der LGBTQ-Studentenorganisation an ihrer Universität bei, als sie bemerkte, dass es an ihrer Institution an einem Raum für die Diskussion von Themen, die die LGBTQ-Community betreffen, mangelte. Zusammen mit anderen engagierten Studierenden initiierte sie die Gründung einer neuen Organisation, die nicht nur als Unterstützungssystem für LGBTQ-Studierende fungieren sollte, sondern auch als Plattform für Aufklärung und Aktivismus.

Ziele und Visionen

Die Hauptziele der Organisation umfassten:

- **Aufklärung und Sensibilisierung:** Kaitrin und ihr Team organisierten Workshops und Informationsveranstaltungen, um das Bewusstsein für LGBTQ-Themen zu schärfen und Vorurteile abzubauen.

- **Unterstützung und Vernetzung:** Die Organisation bot einen sicheren Raum für LGBTQ-Studierende, in dem sie ihre Erfahrungen teilen und sich gegenseitig unterstützen konnten.

DER BEGINN DER AKADEMISCHEN LAUFBAHN

- **Aktivismus:** Kaitrin wollte nicht nur innerhalb der Universität Veränderungen bewirken, sondern auch auf lokaler und nationaler Ebene aktiv werden, um die Rechte von LGBTQ-Personen zu fördern.

Herausforderungen im Engagement

Kaitrin sah sich während ihres Engagements in der LGBTQ-Studentenorganisation mit verschiedenen Herausforderungen konfrontiert:

- **Widerstand innerhalb der Universität:** Obwohl die Universität eine Vielzahl von Studierenden aus verschiedenen Hintergründen beherbergte, gab es immer noch Vorurteile und Widerstand gegen LGBTQ-Themen. Kaitrin musste oft gegen Stereotypen und Fehlinformationen ankämpfen, um ihre Botschaft zu verbreiten.

- **Mangelnde Ressourcen:** Die Organisation hatte oft Schwierigkeiten, finanzielle Mittel und Ressourcen zu finden, um ihre Veranstaltungen und Programme zu unterstützen. Kaitrin setzte sich aktiv dafür ein, Sponsoren zu gewinnen und Fundraising-Events zu organisieren.

- **Persönliche Herausforderungen:** Als transgeschlechtliche Frau erlebte Kaitrin selbst Diskriminierung und Vorurteile, was ihre Fähigkeit, sich auf ihre Arbeit zu konzentrieren, manchmal beeinträchtigte. Dennoch ließ sie sich nicht entmutigen und nutzte ihre persönlichen Erfahrungen, um andere zu inspirieren.

Erfolge und Errungenschaften

Trotz dieser Herausforderungen erzielte Kaitrin bemerkenswerte Erfolge während ihrer Zeit in der LGBTQ-Studentenorganisation:

- **Erhöhung der Sichtbarkeit:** Durch ihre Veranstaltungen und Kampagnen gelang es der Organisation, die Sichtbarkeit von LGBTQ-Themen an der Universität erheblich zu erhöhen. Dies führte dazu, dass mehr Studierende sich trauten, ihre Identität offen zu leben.

- **Bildungsprogramme:** Kaitrin initiierte mehrere Bildungsprogramme, die nicht nur LGBTQ-Studierenden, sondern auch der gesamten Universität zugänglich waren. Diese Programme trugen dazu bei, Vorurteile abzubauen und ein besseres Verständnis für Geschlechtsidentität und sexuelle Orientierung zu fördern.

- **Netzwerkbildung:** Die Organisation half vielen Studierenden, wertvolle Kontakte zu knüpfen, die ihnen in ihrer akademischen und beruflichen Laufbahn zugutekamen. Kaitrin selbst fand Mentoren und Unterstützer, die ihr halfen, ihre Forschung voranzutreiben.

Einfluss auf Kaitrins Forschung

Das Engagement in der LGBTQ-Studentenorganisation hatte auch einen tiefgreifenden Einfluss auf Kaitrins Forschung. Die Erfahrungen, die sie dort sammelte, flossen direkt in ihre wissenschaftlichen Arbeiten ein. Sie konnte empirische Studien durchführen, die die Lebensrealitäten von LGBTQ-Studierenden untersuchten, und ihre Ergebnisse trugen dazu bei, die akademische Diskussion über Geschlechtsidentität und sexuelle Orientierung zu bereichern.

Fazit

Kaitrins Engagement in der LGBTQ-Studentenorganisation war ein entscheidender Schritt auf ihrem Weg zur Pionierin in der Transgender-Forschung. Es ermöglichte ihr, nicht nur ihre eigene Identität zu erforschen und zu verstehen, sondern auch anderen zu helfen, sich selbst zu finden und ihre Stimmen zu erheben. Ihr Einsatz für die LGBTQ-Community während dieser Zeit legte den Grundstein für ihre zukünftigen Errungenschaften und machte sie zu einer wichtigen Figur in der wissenschaftlichen und aktivistischen Landschaft.

Erste Veröffentlichungen und deren Rezeption

Kaitrin Dolls erste Veröffentlichungen markieren einen entscheidenden Wendepunkt in ihrer akademischen Laufbahn und im Diskurs über Transgender-Themen. Diese Arbeiten waren nicht nur für ihre persönliche Entwicklung von Bedeutung, sondern auch für die wissenschaftliche Gemeinschaft, die zunehmend begann, sich mit Fragen der Geschlechtsidentität und -dynamik auseinanderzusetzen.

Die erste Veröffentlichung: Ein Meilenstein

Kaitrins erste bedeutende Veröffentlichung, *„Identität jenseits der Binärgrenzen: Ein interdisziplinärer Ansatz zur Geschlechtsidentität"*, erschien in einer renommierten Fachzeitschrift für Genderstudien. In dieser Arbeit argumentierte sie, dass traditionelle binäre Geschlechtskategorien nicht ausreichen, um die komplexen Erfahrungen von Transgender-Personen zu erfassen. Sie führte eine qualitative Analyse durch, die auf Interviews mit 30 transgeschlechtlichen Individuen basierte. Die Ergebnisse zeigten, dass viele Befragte sich nicht in den klassischen Kategorien „männlich" oder „weiblich" wiederfanden, sondern eine Vielzahl von Identitäten und Erfahrungen lebten.

$$\text{Identität} = f(\text{Geschlecht, Kultur, Individuum}) \qquad (10)$$

Diese Gleichung verdeutlicht, dass die Geschlechtsidentität nicht isoliert betrachtet werden kann, sondern von verschiedenen Faktoren beeinflusst wird. Kaitrins Ansatz war revolutionär, da er die Notwendigkeit einer multidimensionalen Betrachtung der Geschlechtsidentität forderte.

Rezeption in der wissenschaftlichen Gemeinschaft

Die Rezeption ihrer ersten Veröffentlichung war überwältigend positiv, jedoch nicht ohne Kontroversen. Viele Wissenschaftler lobten ihren interdisziplinären Ansatz und die Verwendung qualitativer Methoden, die oft in der Genderforschung vernachlässigt wurden. Kritiker hingegen äußerten Bedenken hinsichtlich der Validität ihrer Ergebnisse, da sie argumentierten, dass die kleine Stichprobengröße nicht repräsentativ sei. Diese Kritik führte zu einer intensiven Diskussion über die Methodik in der Transgender-Forschung.

Einfluss auf die Diskussion über Geschlechtsidentität

Kaitrins Arbeiten trugen dazu bei, das Bewusstsein für die Komplexität von Geschlechtsidentität zu schärfen. Sie regten eine Vielzahl von Folgeuntersuchungen an, die sich mit ähnlichen Themen beschäftigten. Beispielsweise wurde eine Studie von Müller und Schmidt (2018) veröffentlicht, die Kaitrins Ansatz aufgreift und eine größere Stichprobe von 200 transgeschlechtlichen Personen einbezieht. Diese Studie bestätigte viele von Kaitrins ursprünglichen Annahmen und erweiterte sie um neue Perspektiven.

Die Rolle von Peer-Review und Feedback

Ein entscheidender Aspekt von Kaitrins Publikationen war der Peer-Review-Prozess. Während einige ihrer Arbeiten in hochrangigen Fachzeitschriften veröffentlicht wurden, erhielt sie auch wertvolles Feedback von anderen Forschern, das sie in zukünftigen Arbeiten berücksichtigte. Dies führte zu einer kontinuierlichen Verbesserung ihrer Methodik und Argumentation, was sich in ihrer zweiten Veröffentlichung, *„Transgender und Gesundheit: Ein interdisziplinärer Überblick"*, widerspiegelte. In dieser Arbeit untersuchte sie die gesundheitlichen Herausforderungen, mit denen Transgender-Personen konfrontiert sind, und forderte eine stärkere Berücksichtigung dieser Aspekte in der medizinischen Ausbildung.

Kritische Stimmen und Widerstand

Trotz des positiven Feedbacks gab es auch kritische Stimmen, die Kaitrins Arbeiten als zu subjektiv und emotional belastet bezeichneten. Einige Kritiker aus der traditionellen Wissenschaft argumentierten, dass ihre Ansätze nicht den strengen wissenschaftlichen Standards entsprachen. Diese Widerstände führten zu einer intensiven Debatte über die Grenzen und Möglichkeiten der Genderforschung. Kaitrin nahm diese Kritik ernst und integrierte zunehmend quantitative Methoden in ihre Forschung, um ihre Argumente zu untermauern.

Fazit: Ein Grundstein für zukünftige Forschung

Die ersten Veröffentlichungen von Kaitrin Doll sind nicht nur ein persönlicher Erfolg, sondern auch ein bedeutender Beitrag zur wissenschaftlichen Diskussion über Geschlechtsidentität. Sie legten den Grundstein für eine Vielzahl von zukünftigen Forschungen und trugen dazu bei, das Verständnis von Transgender-Themen in der akademischen Welt zu erweitern. Kaitrin selbst reflektierte oft über die Bedeutung ihrer Arbeit und betonte, dass jede Veröffentlichung ein Schritt in Richtung einer inklusiveren und gerechteren Gesellschaft sei.

Insgesamt zeigt die Rezeption ihrer ersten Arbeiten, dass Kaitrin Doll nicht nur eine Forscherin, sondern auch eine Pionierin im Bereich der Transgender-Forschung ist. Ihre Fähigkeit, komplexe Themen in verständlicher Form darzustellen und gleichzeitig die wissenschaftliche Methodik zu respektieren, hat dazu beigetragen, eine breitere Diskussion über Geschlechtsidentität zu fördern und das Bewusstsein für die Herausforderungen der Transgender-Community zu schärfen.

Der Einfluss von persönlichen Erfahrungen auf die Forschung

Die Forschung im Bereich der Transgender-Identität und -Erfahrungen wird oft durch die persönlichen Erlebnisse der Forscherinnen und Forscher geprägt. Kaitrin Doll ist ein herausragendes Beispiel dafür, wie individuelle Identität und

Erfahrungen nicht nur die Perspektive eines Wissenschaftlers beeinflussen, sondern auch die Richtung und die Ergebnisse der Forschung selbst. In diesem Abschnitt werden wir untersuchen, wie Kaitrins persönliche Erfahrungen als transgeschlechtliche Frau ihre wissenschaftliche Arbeit beeinflusst haben und welche theoretischen Ansätze dabei eine Rolle spielen.

Theoretische Grundlagen

Die Verbindung zwischen persönlichen Erfahrungen und Forschung wird in der Sozialwissenschaft häufig durch die Konzepte der *reflexiven Forschung* und der *subjektiven Positionierung* erklärt. Reflexive Forschung erfordert von den Wissenschaftlern, sich ihrer eigenen Identität, ihrer Vorurteile und ihrer sozialen Position bewusst zu sein und diese in den Forschungsprozess einzubeziehen. Dies geschieht oft durch *Autoethnographie*, eine Methode, die persönliche Erlebnisse als Datenquelle nutzt, um tiefere Einsichten in soziale Phänomene zu gewinnen.

Ein zentraler theoretischer Rahmen, der Kaitrins Forschung beeinflusste, ist die *Queer-Theorie*. Diese Theorie hinterfragt traditionelle Vorstellungen von Geschlecht und Identität und betont die fluiden und oft widersprüchlichen Naturen von Geschlechtsidentitäten. Kaitrin nutzte diese theoretischen Ansätze, um ihre eigenen Erfahrungen in den Kontext größerer gesellschaftlicher Strukturen zu stellen und um zu untersuchen, wie Diskriminierung und Vorurteile gegen Transgender-Personen systematisch reproduziert werden.

Einfluss persönlicher Erfahrungen

Kaitrins persönliche Erfahrungen, insbesondere ihre Herausforderungen und Erfolge als transgeschlechtliche Frau, haben ihre Forschung auf verschiedene Weisen beeinflusst:

- **Empathie und Verständnis:** Kaitrins eigene Erfahrungen mit Diskriminierung und Isolation ermöglichten es ihr, eine tiefere Empathie für die Lebensrealitäten von Transgender-Personen zu entwickeln. Diese Empathie führte zu einer sensitiveren und nuancierteren Forschung, die oft über quantitative Daten hinausging und qualitative Aspekte der Erfahrungen von Transgender-Personen in den Fokus stellte.

- **Forschungsschwerpunkte:** Ihre persönlichen Herausforderungen beeinflussten die Themen, die sie in ihrer Forschung behandelte. So konzentrierte sie sich auf die Bereiche, die für sie von Bedeutung waren, wie etwa die Auswirkungen von Diskriminierung auf die psychische Gesundheit und die Bedeutung von Unterstützungssystemen innerhalb der LGBTQ-Community.

+ **Motivation und Engagement:** Kaitrins eigene Reise als Aktivistin motivierte sie, ihre Forschung nicht nur als akademische Übung, sondern als Mittel zur Veränderung der gesellschaftlichen Wahrnehmung von Transgender-Personen zu betrachten. Sie sah ihre Arbeit als Teil eines größeren Aktivismus und strebte danach, durch ihre Forschung praktische Lösungen für die Herausforderungen zu finden, mit denen Transgender-Personen konfrontiert sind.

+ **Kritische Reflexion:** Kaitrin war sich der Herausforderungen bewusst, die mit der Subjektivität in der Forschung einhergehen. Ihre Reflexion über ihre eigenen Vorurteile und Erfahrungen half ihr, eine kritische Distanz zu wahren und sicherzustellen, dass ihre Forschungsergebnisse die Vielfalt der Erfahrungen innerhalb der Transgender-Community widerspiegeln.

Beispiele aus Kaitrins Forschung

Ein Beispiel für den Einfluss ihrer persönlichen Erfahrungen auf die Forschung ist Kaitrins Studie über die psychischen Auswirkungen von Diskriminierung auf Transgender-Personen. In dieser Studie verwendete sie sowohl quantitative als auch qualitative Methoden, um die Erfahrungen von Transgender-Personen zu erfassen. Die quantitative Komponente umfasste Umfragen, die statistische Daten über das Ausmaß der Diskriminierung und deren Auswirkungen auf die psychische Gesundheit erfassten. Die qualitative Komponente beinhaltete Interviews, in denen Transgender-Personen ihre persönlichen Geschichten und Erfahrungen teilten.

Kaitrins eigene Erfahrungen flossen in die Gestaltung der Interviewfragen ein. Sie stellte sicher, dass die Fragen nicht nur die physischen Aspekte von Diskriminierung erfassten, sondern auch die emotionalen und psychologischen Auswirkungen. Durch diese Herangehensweise konnte sie tiefere Einsichten gewinnen, die oft in der bestehenden Literatur fehlten.

Ein weiteres Beispiel ist ihre Arbeit zur Rolle von Unterstützungsnetzwerken für Transgender-Personen. Kaitrin erkannte, wie wichtig Gemeinschaft und Unterstützung für ihre eigene Reise waren und entschied sich, diese Aspekte in ihre Forschung zu integrieren. Sie untersuchte, wie unterschiedliche Unterstützungsstrukturen – von Freunden und Familie bis hin zu formellen Organisationen – die Lebensqualität und das Wohlbefinden von Transgender-Personen beeinflussen können. Ihre Ergebnisse zeigten, dass starke

Unterstützungsnetzwerke signifikant zur Resilienz und zum psychischen Wohlbefinden beitragen können.

Herausforderungen und Chancen

Trotz der positiven Auswirkungen persönlicher Erfahrungen auf die Forschung gibt es auch Herausforderungen. Eine der größten Herausforderungen ist die Gefahr der *Subjektivität*. Während persönliche Erfahrungen wertvolle Einsichten bieten können, besteht die Gefahr, dass sie die Objektivität der Forschung beeinträchtigen. Kaitrin musste ständig darauf achten, ihre persönlichen Erfahrungen von den Erfahrungen anderer zu unterscheiden und sicherzustellen, dass ihre Forschung die Vielfalt der Perspektiven innerhalb der Transgender-Community widerspiegelt.

Ein weiteres Problem ist die Möglichkeit von *Voreingenommenheit*. Wenn Forscherinnen und Forscher stark in die Themen involviert sind, die sie untersuchen, können sie unbewusst ihre eigenen Meinungen und Überzeugungen in die Forschung einfließen lassen. Kaitrin war sich dieser Herausforderung bewusst und bemühte sich, durch Peer-Reviews und kritische Rückmeldungen von Kolleginnen und Kollegen eine ausgewogene Perspektive zu gewährleisten.

Insgesamt zeigt Kaitrin Dolls Forschung, wie persönliche Erfahrungen die wissenschaftliche Arbeit bereichern können, indem sie neue Perspektiven und Einsichten bieten. Durch die Integration ihrer eigenen Erfahrungen in ihre Forschung hat Kaitrin nicht nur zur wissenschaftlichen Diskussion beigetragen, sondern auch das Bewusstsein für die Herausforderungen und Bedürfnisse von Transgender-Personen geschärft.

Fazit

Der Einfluss von persönlichen Erfahrungen auf die Forschung ist ein komplexes und vielschichtiges Thema. Kaitrin Dolls Arbeit illustriert, wie persönliche Identität und Erfahrungen nicht nur die Forschungsperspektive formen, sondern auch das Potenzial haben, bedeutende Veränderungen in der Gesellschaft herbeizuführen. Indem sie ihre eigene Geschichte in den Forschungsprozess integrierte, hat Kaitrin nicht nur ihre eigene Stimme gefunden, sondern auch die Stimmen anderer Transgender-Personen gestärkt und die Sichtbarkeit ihrer Erfahrungen erhöht. Ihre Forschung ist ein Beispiel dafür, wie persönliche Erlebnisse als Katalysator für sozialen Wandel dienen können, und unterstreicht die Notwendigkeit, die Verbindung zwischen Forschung und aktivistischem Engagement zu erkennen und zu fördern.

Herausforderungen als transgeschlechtliche Studentin

Die akademische Laufbahn kann für transgeschlechtliche Studierende mit einer Vielzahl von Herausforderungen verbunden sein, die sowohl auf institutioneller als auch auf individueller Ebene auftreten. Diese Herausforderungen können sich negativ auf das Lernen, das Wohlbefinden und die akademische Leistung auswirken. In diesem Abschnitt werden die häufigsten Schwierigkeiten beleuchtet, mit denen transgeschlechtliche Studierende konfrontiert sind, und es werden relevante Theorien und Beispiele angeführt, um das Verständnis für diese Problematik zu vertiefen.

Diskriminierung und Stigmatisierung

Eine der größten Herausforderungen, mit denen transgeschlechtliche Studierende konfrontiert sind, ist Diskriminierung. Laut einer Studie von [Grant et al.(2011)] erfahren bis zu 60% der transgeschlechtlichen Personen in Bildungseinrichtungen Diskriminierung aufgrund ihrer Geschlechtsidentität. Diese Diskriminierung kann sich in verschiedenen Formen äußern, darunter:

- **Mobbing:** Transgeschlechtliche Studierende sind häufig Ziel von Mobbing durch Kommilitonen. Dies kann in Form von verbalen Angriffen, sozialer Isolation oder sogar physischer Gewalt geschehen.

- **Mangelnde Unterstützung:** Viele Bildungseinrichtungen bieten nicht die notwendigen Ressourcen oder Unterstützung für transgeschlechtliche Studierende, was zu einem Gefühl der Isolation führt.

- **Fehlende Anerkennung der Geschlechtsidentität:** Oftmals werden die gewählten Namen und Pronomen nicht respektiert, was das Gefühl der Entfremdung verstärkt.

Psychische Gesundheit

Die psychische Gesundheit von transgeschlechtlichen Studierenden ist ein weiteres wichtiges Thema. Studien haben gezeigt, dass transgeschlechtliche Personen ein höheres Risiko für psychische Erkrankungen wie Depressionen und Angststörungen haben [Budge et al.(2013)]. Stressfaktoren, die zur psychischen Belastung beitragen, sind unter anderem:

- **Identitätskonflikte:** Der Kampf um die Akzeptanz der eigenen Geschlechtsidentität kann zu inneren Konflikten führen.

- **Soziale Isolation:** Die Angst vor Diskriminierung kann dazu führen, dass transgeschlechtliche Studierende sich von sozialen Aktivitäten und Gemeinschaften zurückziehen.

- **Zugang zu Ressourcen:** Der Zugang zu psychologischer Unterstützung ist oft eingeschränkt, insbesondere in ländlichen oder konservativen Gebieten.

Akademische Herausforderungen

Transgeschlechtliche Studierende sehen sich auch spezifischen akademischen Herausforderungen gegenüber, die ihre Studienleistung beeinträchtigen können. Diese Herausforderungen umfassen:

- **Unzureichende Bildungsressourcen:** Viele Lehrpläne berücksichtigen nicht die Bedürfnisse von transgeschlechtlichen Studierenden, was zu einem Mangel an relevanten Informationen und Unterstützung führt.

- **Fehlende Vorbilder:** Ein Mangel an sichtbaren transgeschlechtlichen Akademikern kann dazu führen, dass Studierende sich nicht repräsentiert fühlen und Schwierigkeiten haben, ihre eigenen Ziele zu visualisieren.

- **Überforderung durch Aktivismus:** Während einige transgeschlechtliche Studierende in den Aktivismus eintauchen, kann die zusätzliche Belastung, die mit dem Eintreten für die Rechte der eigenen Community verbunden ist, die akademische Leistung beeinträchtigen.

Rechtliche und institutionelle Hürden

Die rechtlichen Rahmenbedingungen für transgeschlechtliche Studierende variieren stark, was zu Unsicherheiten führen kann. Wichtige Aspekte sind:

- **Namensänderungen:** Der Prozess zur Änderung des Namens und Geschlechts in offiziellen Dokumenten kann langwierig und kompliziert sein, was zu Verwirrung und Diskriminierung führen kann.

- **Zugang zu sanitären Einrichtungen:** Viele transgeschlechtliche Studierende berichten von Schwierigkeiten beim Zugang zu geschlechtergerechten sanitären Einrichtungen, was ihre Sicherheit und ihr Wohlbefinden beeinträchtigen kann.

- **Mangelnde Richtlinien:** Einige Bildungseinrichtungen haben keine klaren Richtlinien zum Schutz der Rechte von transgeschlechtlichen Studierenden, was zu einem Gefühl der Unsicherheit und Verletzlichkeit führt.

Fazit

Die Herausforderungen, mit denen transgeschlechtliche Studierende konfrontiert sind, sind vielfältig und komplex. Um die akademische Erfahrung für diese Studierenden zu verbessern, ist es entscheidend, dass Bildungseinrichtungen proaktive Maßnahmen ergreifen, um ein unterstützendes und inklusives Umfeld zu schaffen. Dies kann durch Schulungen für das Personal, die Einführung klarer Richtlinien und die Bereitstellung von Ressourcen geschehen, die speziell auf die Bedürfnisse von transgeschlechtlichen Studierenden zugeschnitten sind. Nur durch das Verständnis und die Anerkennung dieser Herausforderungen können wir sicherstellen, dass alle Studierenden, unabhängig von ihrer Geschlechtsidentität, die gleichen Chancen auf Erfolg haben.

Die Gründung eines Forschungsnetzwerks

Die Gründung eines Forschungsnetzwerks stellt einen entscheidenden Schritt in Kaitrin Dolls akademischer Laufbahn dar. Dieses Netzwerk war nicht nur ein Raum für den Austausch von Ideen und Ressourcen, sondern auch ein Katalysator für die Entwicklung innovativer Ansätze in der Transgender-Forschung. In diesem Abschnitt werden die Motivation, die Herausforderungen und die Auswirkungen der Gründung dieses Netzwerks beleuchtet.

Motivation zur Gründung

Kaitrin erkannte früh, dass die Transgender-Forschung oft isoliert und fragmentiert war. Viele Forscher und Aktivisten arbeiteten unabhängig voneinander, was zu einem Mangel an kohärenten Theorien und Strategien führte. Die Idee eines Forschungsnetzwerks entstand aus dem Bedürfnis heraus, eine Plattform zu schaffen, die den interdisziplinären Austausch fördert und die Sichtbarkeit von Transgender-Themen in der Wissenschaft erhöht.

Ein zentrales Ziel war es, verschiedene Disziplinen wie Psychologie, Soziologie, Medizin und Rechtswissenschaften zusammenzubringen. Kaitrin war überzeugt, dass ein interdisziplinärer Ansatz notwendig ist, um die komplexen Lebensrealitäten von Transgender-Personen zu verstehen. Dies spiegelte sich in der Gründung des Netzwerks wider, das Forscher, Praktiker und Aktivisten vereinte.

Herausforderungen bei der Gründung

Die Gründung eines solchen Netzwerks war jedoch nicht ohne Herausforderungen. Eine der größten Hürden war die Finanzierung. Kaitrin musste kreative Lösungen finden, um Gelder für die Durchführung von Konferenzen, Workshops und Forschungsprojekten zu sichern. Durch die Beantragung von Stipendien und die Zusammenarbeit mit LGBTQ-Organisationen konnte sie schließlich die notwendigen Ressourcen mobilisieren.

Ein weiteres Problem war die Skepsis innerhalb der wissenschaftlichen Gemeinschaft. Einige etablierte Wissenschaftler waren der Meinung, dass das Thema Transgender nicht genügend wissenschaftliche Relevanz habe. Kaitrin begegnete dieser Skepsis mit empirischen Daten und überzeugenden Argumenten, die die Notwendigkeit und Wichtigkeit ihrer Forschung untermauerten.

Struktur des Forschungsnetzwerks

Das Forschungsnetzwerk wurde als eine offene und inklusive Plattform konzipiert, die es Mitgliedern ermöglichte, ihre Forschungsergebnisse zu teilen und Feedback zu erhalten. Die Struktur des Netzwerks umfasste:

- **Regelmäßige Konferenzen:** Diese Veranstaltungen boten eine Gelegenheit, aktuelle Forschungsergebnisse zu präsentieren und zu diskutieren.

- **Arbeitsgruppen:** Kleinere Gruppen konzentrierten sich auf spezifische Themen wie medizinische Versorgung, rechtliche Fragen oder psychosoziale Aspekte von Transgender-Erfahrungen.

- **Online-Ressourcen:** Die Schaffung einer digitalen Plattform ermöglichte den Austausch von Artikeln, Studien und anderen relevanten Materialien, die für die Mitglieder zugänglich waren.

Wirkung des Netzwerks

Die Auswirkungen des Forschungsnetzwerks waren weitreichend. Es trug dazu bei, die Sichtbarkeit von Transgender-Themen in der wissenschaftlichen Diskussion zu erhöhen und förderte die Entwicklung neuer Theorien und Methoden. Ein Beispiel hierfür ist die Einführung von interdisziplinären Forschungsprojekten, die verschiedene Perspektiven zusammenbrachten und zu bahnbrechenden Ergebnissen führten.

Ein konkretes Ergebnis war die Veröffentlichung einer gemeinsamen Studie über die psychische Gesundheit von Transgender-Personen, die in einer renommierten Fachzeitschrift veröffentlicht wurde. Diese Studie kombinierte Erkenntnisse aus der Psychologie, Soziologie und Medizin und stellte fest, dass

Diskriminierung und soziale Isolation signifikante Risikofaktoren für psychische Erkrankungen sind.

Zukunftsperspektiven

Kaitrin Dolls Forschungsnetzwerk hat nicht nur die Grundlagen für die Transgender-Forschung gelegt, sondern auch einen Raum für zukünftige Generationen von Forschern und Aktivisten geschaffen. Die Vision für die Zukunft des Netzwerks umfasst:

- **Erweiterung der Mitgliedschaft:** Die Einbeziehung von mehr internationalen Stimmen und Perspektiven, um die Forschung noch vielfältiger zu gestalten.

- **Förderung von Nachwuchswissenschaftlern:** Stipendien und Mentorenprogramme sollen jungen Forschern helfen, ihre eigenen Projekte zu entwickeln.

- **Stärkung der Verbindung zur Community:** Durch Partnerschaften mit LGBTQ-Organisationen wird sichergestellt, dass die Forschung direkt auf die Bedürfnisse der Community reagiert.

Insgesamt zeigt die Gründung des Forschungsnetzwerks, wie Kaitrin Doll nicht nur als Wissenschaftlerin, sondern auch als Aktivistin agierte. Sie schuf einen Raum für Dialog, Zusammenarbeit und Innovation, der die Transgender-Forschung nachhaltig beeinflusste und die Sichtbarkeit von Transgender-Personen in der Wissenschaft und Gesellschaft erhöhte.

Kaitrins Vision für die Zukunft der Transgender-Forschung

Kaitrin Doll hat sich nicht nur als Pionierin in der Transgender-Forschung etabliert, sondern auch eine klare Vision für die Zukunft dieser Disziplin formuliert. Ihre Überzeugung ist, dass die Transgender-Forschung sich über die traditionellen Grenzen hinaus entwickeln muss, um die komplexen und vielfältigen Erfahrungen von Transgender-Personen zu erfassen und zu verstehen. In diesem Abschnitt werden wir die wesentlichen Aspekte ihrer Vision beleuchten, einschließlich der theoretischen Grundlagen, der bestehenden Herausforderungen und der praktischen Beispiele, die ihre Ansätze untermauern.

Interdisziplinarität als Schlüssel

Eine der zentralen Ideen in Kaitrins Vision ist die Notwendigkeit einer interdisziplinären Herangehensweise. Sie argumentiert, dass die Transgender-Forschung nicht isoliert betrachtet werden kann, sondern im Kontext von Soziologie, Psychologie, Medizin, Gender Studies und anderen Disziplinen stehen muss. Diese interdisziplinäre Perspektive ermöglicht es, die verschiedenen Dimensionen der Geschlechtsidentität zu erfassen und zu analysieren.

Ein Beispiel für diese interdisziplinäre Herangehensweise ist Kaitrins eigene Forschung, die qualitative Interviews mit Transgender-Personen kombiniert mit quantitativen Umfragen, um ein umfassendes Bild der Lebensrealitäten zu zeichnen. Sie verwendet Methoden der Sozialwissenschaften, um die sozialen und kulturellen Kontexte zu untersuchen, während sie gleichzeitig medizinische Daten analysiert, um die gesundheitlichen Bedürfnisse dieser Gemeinschaft zu verstehen.

Inklusive Forschungspraktiken

Kaitrin betont auch die Notwendigkeit, inklusive Forschungspraktiken zu etablieren, die die Stimmen von Transgender-Personen selbst in den Mittelpunkt stellen. Dies bedeutet, dass Transgender-Personen nicht nur als Objekte der Forschung betrachtet werden sollten, sondern als aktive Teilnehmer, die ihre eigenen Erfahrungen und Perspektiven einbringen.

Um dies zu erreichen, schlägt Kaitrin vor, partizipative Forschungstechniken zu verwenden, bei denen die Teilnehmer in den Forschungsprozess eingebunden werden. Ein Beispiel hierfür ist die Entwicklung von Fokusgruppen, in denen Transgender-Personen ihre Erfahrungen und Bedürfnisse teilen können. Diese Ansätze fördern nicht nur die Relevanz der Forschung, sondern stärken auch das Vertrauen zwischen Forschern und der Gemeinschaft.

Technologische Innovationen

Ein weiterer Aspekt von Kaitrins Vision ist die Nutzung technologischer Innovationen zur Verbesserung der Transgender-Forschung. Sie sieht großes Potenzial in der Verwendung von digitalen Plattformen und sozialen Medien, um Daten zu sammeln und das Bewusstsein für Transgender-Themen zu schärfen.

Ein Beispiel dafür ist die Entwicklung von Apps, die es Transgender-Personen ermöglichen, ihre Erfahrungen anonym zu dokumentieren und Feedback zu geben. Solche Technologien können nicht nur zur Datensammlung dienen, sondern auch als Werkzeug für die Selbsthilfe und die Bildung von Gemeinschaften genutzt werden.

Globale Perspektiven

Kaitrin betont zudem die Bedeutung einer globalen Perspektive in der Transgender-Forschung. Sie erkennt an, dass die Erfahrungen von Transgender-Personen stark von kulturellen, sozialen und politischen Kontexten beeinflusst werden. Daher ist es entscheidend, die Forschung auf internationaler Ebene zu betreiben und verschiedene kulturelle Perspektiven zu integrieren.

Ein praktisches Beispiel hierfür ist Kaitrins Zusammenarbeit mit internationalen Forschungsnetzwerken, die sich auf die Untersuchung von Geschlechtsidentität in verschiedenen Ländern konzentrieren. Diese Zusammenarbeit ermöglicht es, die Vielfalt der Erfahrungen zu dokumentieren und zu analysieren, was zu einem umfassenderen Verständnis der Transgender-Thematik führt.

Herausforderungen und Lösungen

Trotz dieser vielversprechenden Ansätze sieht Kaitrin auch zahlreiche Herausforderungen, die es zu bewältigen gilt. Eine der größten Herausforderungen ist der anhaltende gesellschaftliche Widerstand gegen Transgender-Rechte und -Forschung. Um diesem Widerstand entgegenzuwirken, schlägt sie vor, die Forschungsergebnisse in verständlicher Form der breiten Öffentlichkeit zugänglich zu machen und Aufklärungsarbeit zu leisten.

Ein Beispiel für eine solche Aufklärungsinitiative ist die Organisation von Workshops und öffentlichen Vorträgen, bei denen Forschungsergebnisse vorgestellt und diskutiert werden. Diese Initiativen sollen dazu beitragen, Vorurteile abzubauen und ein besseres Verständnis für die Bedürfnisse von Transgender-Personen zu fördern.

Fazit

Kaitrin Dolls Vision für die Zukunft der Transgender-Forschung ist von einem klaren Engagement für Inklusion, Interdisziplinarität und gesellschaftliche Verantwortung geprägt. Durch die Kombination von innovativen Forschungsansätzen, technologischen Möglichkeiten und einem globalen Blickwinkel setzt sie sich für eine Forschung ein, die nicht nur akademisch relevant, sondern auch sozial bedeutsam ist. Ihr Ansatz könnte nicht nur die Wissenschaft voranbringen, sondern auch dazu beitragen, die Lebensqualität von Transgender-Personen weltweit zu verbessern.

In einer Zeit, in der die Sichtbarkeit und die Rechte von Transgender-Personen zunehmend in den Fokus rücken, ist Kaitrins Vision ein wichtiger Schritt in die richtige Richtung. Sie fordert uns alle auf, die Grenzen der Forschung zu erweitern und eine inklusive, respektvolle und gerechte Gesellschaft zu fördern.

Die Aktivistin: Der Aufstieg zur Bekanntheit

Die ersten Schritte im Aktivismus

Teilnahme an Protesten und Demonstrationen

Die Teilnahme an Protesten und Demonstrationen stellt einen zentralen Aspekt des Aktivismus dar, insbesondere innerhalb der LGBTQ-Community. Diese Form des Ausdrucks ermöglicht es Individuen, ihre Stimmen zu erheben und auf Missstände aufmerksam zu machen. In diesem Abschnitt werden wir die Bedeutung der Teilnahme an Protesten sowie die Herausforderungen, die damit verbunden sind, untersuchen und Beispiele für prägende Ereignisse anführen.

Die Bedeutung von Protesten

Proteste sind nicht nur ein Mittel zur Darstellung von Unzufriedenheit, sondern auch ein Weg, um Gemeinschaft und Solidarität zu fördern. Sie bieten eine Plattform, auf der Stimmen gehört werden können, die oft marginalisiert sind. Die Teilnahme an solchen Veranstaltungen kann das Bewusstsein für spezifische Themen schärfen und Druck auf Entscheidungsträger ausüben, um Veränderungen herbeizuführen.

Ein Beispiel für einen bedeutenden Protest ist die *Stonewall-Unruhen* von 1969 in New York City. Diese Ereignisse gelten als Wendepunkt in der Geschichte der LGBTQ-Bewegung und führten zur Entstehung des *Pride*-Parades. Die Unruhen entstanden als Reaktion auf wiederholte Polizeirazzien in der Stonewall Inn, einem beliebten Treffpunkt für die LGBTQ-Community. Die aggressive Reaktion der Polizei führte zu einem Aufstand, der das kollektive Bewusstsein für die Rechte von LGBTQ-Personen schärfte.

Herausforderungen bei der Teilnahme

Trotz der positiven Aspekte gibt es auch Herausforderungen, die mit der Teilnahme an Protesten verbunden sind. Aktivisten sehen sich oft mit Widerstand von außen konfrontiert, sei es durch gesellschaftliche Vorurteile oder durch gewaltsame Auseinandersetzungen mit der Polizei. Diese Herausforderungen können sowohl physischer als auch psychologischer Natur sein.

Ein Beispiel ist der *Pride Month* in vielen Städten, wo LGBTQ-Aktivisten oft mit Gegenprotesten konfrontiert werden. Diese Gegenbewegungen können von extremen politischen Gruppen organisiert werden, die gegen die Rechte der LGBTQ-Community sind. Solche Spannungen können nicht nur die Sicherheit der Teilnehmer gefährden, sondern auch den emotionalen und psychologischen Druck erhöhen, was zu einem Rückgang der Teilnahmebereitschaft führen kann.

Kaitrin Dolls Engagement

Kaitrin Doll war in ihrer frühen Aktivistenkarriere häufig bei Protesten und Demonstrationen anzutreffen. Sie erkannte die Bedeutung dieser Veranstaltungen, um auf die Herausforderungen hinzuweisen, mit denen die Transgender-Community konfrontiert ist. Ihr erstes bedeutendes Engagement fand während einer Demonstration für die Rechte von Transgender-Personen in Berlin statt, wo sie ihre Stimme gegen Diskriminierung und Gewalt erhob.

In ihren Reden betonte Kaitrin die Notwendigkeit, dass die Stimmen von Transgender-Personen gehört werden müssen, um die gesellschaftliche Akzeptanz zu fördern. Sie nutzte diese Plattform, um auf wissenschaftliche Erkenntnisse hinzuweisen, die die Lebensrealitäten von Transgender-Personen beleuchten. Ein Beispiel für eine ihrer zentralen Botschaften war die Gleichung:

$$\text{Gesellschaftliche Akzeptanz} = \text{Bildung} + \text{Sichtbarkeit} \qquad (11)$$

Diese Gleichung verdeutlicht, dass die Akzeptanz in der Gesellschaft nicht nur durch Aufklärung, sondern auch durch die Sichtbarkeit von Transgender-Personen in den Medien und im Alltag gefördert werden kann.

Erfolge und Auswirkungen

Die Teilnahme an Protesten hat nicht nur unmittelbare Auswirkungen auf das Bewusstsein, sondern kann auch langfristige Veränderungen in der Gesetzgebung und der gesellschaftlichen Wahrnehmung bewirken. Ein Beispiel ist die *Transgender Equality Act*, der in mehreren Ländern eingeführt wurde, um

Diskriminierung aufgrund der Geschlechtsidentität zu verbieten. Solche Gesetze sind oft das Ergebnis jahrelanger Proteste und des Engagements von Aktivisten wie Kaitrin.

Zusammenfassend lässt sich sagen, dass die Teilnahme an Protesten und Demonstrationen für Aktivisten wie Kaitrin Doll von entscheidender Bedeutung ist. Sie bietet die Möglichkeit, auf Missstände aufmerksam zu machen, Gemeinschaft zu bilden und letztlich Veränderungen in der Gesellschaft herbeizuführen. Trotz der Herausforderungen bleibt der Aktivismus ein unverzichtbarer Bestandteil des Kampfes für Gleichheit und Akzeptanz.

Die Gründung einer eigenen Initiative

Kaitrin Dolls Weg zur Gründung einer eigenen Initiative ist ein faszinierendes Beispiel für den Einfluss von individuellem Engagement und Kreativität im Aktivismus. In den frühen 2000er Jahren, als die Sichtbarkeit von Transgender-Personen in der Gesellschaft allmählich zunahm, erkannte Kaitrin die dringende Notwendigkeit, eine Plattform zu schaffen, die nicht nur die Stimmen von Transgender-Personen hörbar machte, sondern auch deren Bedürfnisse und Herausforderungen in den Vordergrund stellte.

Die Motivation hinter der Initiative

Die Gründung der Initiative, die den Namen *TransForm* erhielt, war nicht nur eine Reaktion auf die gesellschaftlichen Missstände, sondern auch ein Ausdruck von Kaitrins persönlicher Erfahrung als transgeschlechtliche Frau. Ihre eigenen Herausforderungen und die Diskriminierung, die sie erlebte, motivierten sie, eine Organisation zu schaffen, die andere unterstützte und ermutigte. Sie wollte eine Gemeinschaft fördern, in der Transgender-Personen sich sicher fühlen und ihre Identität ohne Angst vor Vorurteilen ausleben konnten.

Die ersten Schritte

Der erste Schritt zur Gründung von *TransForm* war die Mobilisierung von Gleichgesinnten. Kaitrin organisierte ein Treffen in einem kleinen Café in Berlin, zu dem sie Freunde, Unterstützer und andere Aktivisten einlud. In diesem informellen Rahmen diskutierten sie über die Herausforderungen, mit denen die Transgender-Community konfrontiert war, und entwickelten gemeinsam Ideen für die Initiative.

Ein zentrales Problem, das in diesem Treffen angesprochen wurde, war die mangelnde Sichtbarkeit von Transgender-Personen in den Medien und der

Gesellschaft. Die Teilnehmer erkannten, dass eine Plattform benötigt wurde, um Geschichten zu teilen und Aufklärung zu leisten. Sie beschlossen, *TransForm* als eine Organisation zu gründen, die sich auf Bildung, Advocacy und Unterstützung konzentrieren würde.

Die Struktur von TransForm

Die Struktur von *TransForm* wurde demokratisch gestaltet, um sicherzustellen, dass alle Stimmen innerhalb der Organisation gehört wurden. Kaitrin und ihre Mitstreiter entwickelten ein Leitbild, das die Ziele und Werte der Initiative festlegte. Zu den Hauptzielen gehörten:

- **Aufklärung:** Durchführung von Workshops und Informationsveranstaltungen, um das Bewusstsein für Transgender-Themen zu schärfen.

- **Unterstützung:** Bereitstellung von Ressourcen und Unterstützung für Transgender-Personen, die mit Diskriminierung und anderen Herausforderungen konfrontiert sind.

- **Advocacy:** Lobbyarbeit für rechtliche und gesellschaftliche Veränderungen, die die Rechte von Transgender-Personen stärken.

Die Initiative wurde von einem Vorstand geleitet, der aus Mitgliedern der Transgender-Community bestand. Diese Struktur stellte sicher, dass die Führung der Organisation die Perspektiven und Bedürfnisse der Community widerspiegelte.

Herausforderungen und Widerstände

Die Gründung von *TransForm* war nicht ohne Herausforderungen. Kaitrin und ihr Team sahen sich von Anfang an mit Widerständen konfrontiert, sowohl innerhalb als auch außerhalb der LGBTQ-Community. Einige Mitglieder der Community äußerten Bedenken hinsichtlich der Relevanz und Notwendigkeit einer neuen Initiative, während andere die Ansätze von *TransForm* als nicht radikal genug empfanden.

Ein weiteres Problem war die Finanzierung. Kaitrin musste kreative Wege finden, um Gelder zu akquirieren, um die Initiative am Laufen zu halten. Sie wandte sich an lokale Unternehmen, Stiftungen und sogar an Crowdfunding-Plattformen, um die notwendigen Mittel zu beschaffen. Diese

DIE ERSTEN SCHRITTE IM AKTIVISMUS 77

finanziellen Herausforderungen führten zu einer intensiven Diskussion innerhalb des Teams über die Ethik der Finanzierung und die potenziellen Kompromisse, die damit einhergehen könnten.

Erste Erfolge

Trotz der Herausforderungen, mit denen *TransForm* konfrontiert war, erzielte die Initiative schnell erste Erfolge. Die Organisation veranstaltete ihre erste große Konferenz im Jahr 2005, die sich mit den Themen Sichtbarkeit, Identität und Unterstützung für Transgender-Personen befasste. Diese Konferenz zog zahlreiche Teilnehmer an und erhielt viel Aufmerksamkeit in den Medien.

Ein Beispiel für den Erfolg der Initiative war die Einführung eines Mentorenprogramms, das Transgender-Personen mit erfahrenen Aktivisten und Fachleuten verband. Dieses Programm half vielen, ihre eigenen Stimmen zu finden und sich aktiv in die Community einzubringen.

Die Rolle der sozialen Medien

Die Nutzung von sozialen Medien spielte eine entscheidende Rolle bei der Bekanntmachung von *TransForm*. Kaitrin und ihr Team erkannten frühzeitig das Potenzial von Plattformen wie Facebook und Twitter, um ihre Botschaften zu verbreiten und eine breitere Öffentlichkeit zu erreichen. Durch gezielte Kampagnen und die Verwendung von Hashtags konnten sie Diskussionen anstoßen und das Bewusstsein für Transgender-Themen erhöhen.

Ein Beispiel für eine erfolgreiche Kampagne war die #TransRightsNow-Initiative, die im Jahr 2010 ins Leben gerufen wurde. Diese Kampagne forderte die Gleichstellung von Transgender-Personen in verschiedenen Bereichen, einschließlich Gesundheit, Bildung und Beschäftigung. Die Resonanz war überwältigend, und die Initiative erhielt Unterstützung von prominenten Persönlichkeiten und anderen Aktivisten.

Langfristige Vision

Kaitrin hatte eine langfristige Vision für *TransForm*. Sie wollte nicht nur eine Organisation schaffen, die kurzfristige Unterstützung bietet, sondern auch eine Bewegung ins Leben rufen, die langfristige Veränderungen in der Gesellschaft bewirken kann. Sie glaubte fest daran, dass Bildung der Schlüssel zu einem besseren Verständnis und einer besseren Akzeptanz von Transgender-Personen ist.

In den folgenden Jahren entwickelte *TransForm* Programme, die sich auf die Schulbildung konzentrierten. Workshops in Schulen und Universitäten wurden organisiert, um junge Menschen über Geschlechtsidentität und die Herausforderungen, mit denen Transgender-Personen konfrontiert sind, aufzuklären.

Schlussfolgerung

Die Gründung von *TransForm* war ein entscheidender Schritt in Kaitrin Dolls Karriere als Aktivistin und Wissenschaftlerin. Die Initiative bot nicht nur eine Plattform für die Stimmen von Transgender-Personen, sondern trug auch dazu bei, das Bewusstsein in der Gesellschaft zu schärfen und langfristige Veränderungen zu fördern. Kaitrins Engagement und ihre visionäre Führung machten *TransForm* zu einem wichtigen Akteur in der Transgender-Bewegung in Deutschland und darüber hinaus. Ihr Erbe lebt in den vielen Menschen weiter, die durch ihre Arbeit inspiriert wurden, aktiv zu werden und sich für die Rechte von Transgender-Personen einzusetzen.

Zusammenarbeit mit anderen Aktivisten

Die Zusammenarbeit mit anderen Aktivisten ist ein zentraler Aspekt des LGBTQ-Aktivismus, insbesondere in der Transgender-Bewegung. Kaitrin Doll erkannte früh, dass der Austausch von Ideen und Strategien mit Gleichgesinnten nicht nur die Reichweite ihrer eigenen Botschaft erweiterte, sondern auch zu einer stärkeren und einheitlicheren Front gegen Diskriminierung und Ungerechtigkeit führte.

Theoretische Grundlagen der Zusammenarbeit

Die Theorie der sozialen Bewegungen legt nahe, dass kollektives Handeln oft effektiver ist als individuelles Handeln. Nach dem Ansatz von Tilly und Tarrow (2007) sind soziale Bewegungen durch kollektive Identitäten und gemeinsame Ziele gekennzeichnet, die durch Netzwerke von Aktivisten gefördert werden. Diese Netzwerke ermöglichen den Austausch von Ressourcen, Informationen und Unterstützung.

Ein zentraler Aspekt der Zusammenarbeit ist das Konzept des *Solidaritätsnetzwerks*. Diese Netzwerke bieten nicht nur Unterstützung, sondern auch eine Plattform für den Austausch von Strategien und Taktiken. Die Theorie des sozialen Kapitals von Bourdieu (1986) beschreibt, wie Beziehungen und

DIE ERSTEN SCHRITTE IM AKTIVISMUS

Netzwerke als Ressourcen fungieren, die den Aktivisten helfen, ihre Ziele zu erreichen.

Praktische Beispiele der Zusammenarbeit

Kaitrin Doll war nicht nur eine Einzelkämpferin, sondern suchte aktiv den Kontakt zu anderen Aktivisten und Organisationen. Ein Beispiel für eine erfolgreiche Zusammenarbeit war ihre Initiative zur Gründung eines interdisziplinären Forums, das sich mit den Herausforderungen der Transgender-Community auseinandersetzte. Dieses Forum brachte Wissenschaftler, Aktivisten und Betroffene zusammen, um gemeinsam Lösungen zu entwickeln und die Sichtbarkeit von Transgender-Anliegen zu erhöhen.

Ein weiteres Beispiel war ihre Zusammenarbeit mit internationalen Organisationen wie *Transgender Europe* und *ILGA* (International Lesbian, Gay, Bisexual, Trans and Intersex Association). Durch diese Partnerschaften konnte Kaitrin nicht nur lokale Anliegen auf eine globale Bühne bringen, sondern auch von den Erfahrungen anderer Länder lernen. Dies führte zu einem Austausch bewährter Praktiken, der es ermöglichte, Strategien zu entwickeln, die auf die spezifischen Bedürfnisse der deutschen Transgender-Community zugeschnitten waren.

Herausforderungen in der Zusammenarbeit

Trotz der vielen Vorteile gibt es auch Herausforderungen bei der Zusammenarbeit mit anderen Aktivisten. Unterschiedliche Ansichten über Strategien und Ziele können zu Spannungen führen. In einigen Fällen gab es innerhalb der LGBTQ-Community Debatten über den besten Ansatz zur Förderung der Rechte von Transgender-Personen. Während einige Aktivisten einen eher konfrontativen Ansatz bevorzugten, plädierten andere für einen dialogorientierten Ansatz. Diese Differenzen können die Effektivität der Zusammenarbeit beeinträchtigen und zu Fragmentierung führen.

Ein Beispiel für solche Spannungen war die Debatte über die Verwendung von Gender-neutralen Pronomen. Einige Aktivisten argumentierten, dass die Verwendung von Gender-neutralen Pronomen die Sichtbarkeit und Anerkennung von nicht-binären Identitäten fördere, während andere der Meinung waren, dass dies die Diskussion um binäre Geschlechtsidentitäten verwässern könnte. Diese internen Konflikte verdeutlichen, wie wichtig es ist, einen Raum für Dialog und Diskussion zu schaffen, um gemeinsame Ziele zu definieren und Missverständnisse auszuräumen.

Strategien zur Förderung der Zusammenarbeit

Um die Zusammenarbeit zu fördern, setzte Kaitrin auf mehrere Strategien. Zunächst initiierte sie regelmäßige Treffen, bei denen Aktivisten ihre Erfahrungen austauschen und gemeinsame Projekte planen konnten. Diese Treffen boten einen Raum, um sowohl Erfolge als auch Herausforderungen zu diskutieren und voneinander zu lernen.

Zweitens nutzte Kaitrin soziale Medien, um ein breiteres Publikum zu erreichen und die Zusammenarbeit zu fördern. Durch Online-Plattformen konnten Aktivisten aus verschiedenen Regionen und mit unterschiedlichen Hintergründen miteinander kommunizieren und Ressourcen teilen. Dies führte zu einer stärkeren Vernetzung und einem besseren Verständnis der Bedürfnisse der Community.

Darüber hinaus engagierte sich Kaitrin in der Ausbildung und Sensibilisierung von neuen Aktivisten. Sie hielt Workshops und Seminare, um Wissen über die besten Praktiken im Aktivismus zu vermitteln und den Austausch von Ideen zu fördern. Diese Bildungsinitiativen trugen dazu bei, das Engagement und die Effektivität der Gemeinschaft zu stärken.

Fazit

Die Zusammenarbeit mit anderen Aktivisten ist von entscheidender Bedeutung für den Erfolg des LGBTQ-Aktivismus. Kaitrin Dolls Ansatz, Netzwerke zu bilden und den Austausch von Ideen zu fördern, hat nicht nur ihre eigene Arbeit bereichert, sondern auch die gesamte Bewegung gestärkt. Trotz der Herausforderungen, die mit der Zusammenarbeit einhergehen, zeigt das Beispiel von Kaitrin, wie wichtig es ist, Brücken zu bauen und gemeinsame Ziele zu verfolgen, um den Wandel in der Gesellschaft voranzutreiben. Nur durch vereinte Anstrengungen kann die Transgender-Community die Sichtbarkeit und Anerkennung erreichen, die sie verdient.

Medienpräsenz und Interviews

Die Medienpräsenz von Kaitrin Doll stellte einen entscheidenden Wendepunkt in ihrer Karriere als Aktivistin dar. In einer Zeit, in der das Thema Transgender in der Gesellschaft oft tabuisiert oder missverstanden wurde, nutzte Kaitrin die Macht der Medien, um ihre Botschaft zu verbreiten und das Bewusstsein für die Herausforderungen und Errungenschaften der Transgender-Community zu schärfen.

Der Einfluss der Medien auf den Aktivismus

Die Medien spielen eine zentrale Rolle im Aktivismus, indem sie Informationen verbreiten, Diskussionen anstoßen und die öffentliche Wahrnehmung beeinflussen. Kaitrin verstand früh, dass die Sichtbarkeit in den Medien nicht nur ihre eigene Stimme verstärken, sondern auch die Stimmen anderer Transgender-Personen hörbar machen konnte. Ihre Interviews und öffentlichen Auftritte ermöglichten es ihr, komplexe Themen in einfacher Sprache zu erklären und Vorurteile abzubauen.

Ein Beispiel für diesen Einfluss ist Kaitrins Auftritt in einer beliebten Talkshow, in der sie über die Herausforderungen sprach, mit denen Transgender-Personen konfrontiert sind, insbesondere in Bezug auf medizinische Versorgung und gesellschaftliche Akzeptanz. Ihre eloquente und einfühlsame Art, diese Themen zu behandeln, trug dazu bei, das Verständnis für Transgender-Anliegen zu fördern und das Publikum zu ermutigen, sich mit diesen Fragen auseinanderzusetzen.

Interviews und deren Rezeption

Kaitrin führte zahlreiche Interviews in verschiedenen Medienformaten, von Print über Radio bis hin zu Fernsehen und sozialen Medien. Diese Interviews waren nicht nur Gelegenheiten, ihre Forschung und ihre Ansichten zu teilen, sondern auch Plattformen, um die Geschichten von Transgender-Personen zu erzählen, die oft nicht gehört werden.

In einem besonders prägnanten Interview erläuterte Kaitrin die psychologischen und sozialen Auswirkungen von Diskriminierung auf Transgender-Personen. Sie zitierte Studien, die zeigten, dass Diskriminierung zu erhöhten Raten von Depressionen und Angstzuständen führt, und forderte eine gesellschaftliche Veränderung, um diese Probleme zu adressieren. Ihre Fähigkeit, empirische Daten mit persönlichen Geschichten zu verknüpfen, machte ihre Argumente überzeugend und nachvollziehbar.

Herausforderungen in der Medienberichterstattung

Trotz ihrer Erfolge sah sich Kaitrin auch mit Herausforderungen in der Medienberichterstattung konfrontiert. Oftmals wurden ihre Aussagen aus dem Kontext gerissen oder sensationalistisch dargestellt, was zu Missverständnissen und Fehlinformationen führen konnte. Diese Probleme sind nicht ungewöhnlich für LGBTQ-Aktivisten, die in der Öffentlichkeit stehen.

Ein Beispiel hierfür war ein Artikel in einer großen Tageszeitung, der Kaitrin als „radikale Aktivistin" bezeichnete, ohne den Kontext ihrer Arbeit und die wissenschaftlichen Grundlagen ihrer Argumente zu berücksichtigen. Solche Darstellungen können dazu führen, dass das Publikum eine verzerrte Sicht auf die Realität der Transgender-Community erhält und die Wichtigkeit von Kaitrins Forschung und Aktivismus nicht erkennt.

Strategien zur Verbesserung der Medienpräsenz

Um diesen Herausforderungen zu begegnen, entwickelte Kaitrin Strategien, um ihre Medienpräsenz zu optimieren. Sie arbeitete eng mit PR-Profis zusammen, um sicherzustellen, dass ihre Botschaften klar und präzise kommuniziert wurden. Zudem nutzte sie soziale Medien, um direkt mit ihrem Publikum zu interagieren und Missverständnisse in Echtzeit zu klären.

Kaitrin ermutigte auch andere Aktivisten, sich in der Medienlandschaft zu engagieren und ihre eigenen Geschichten zu erzählen. Sie glaubte fest daran, dass die Vielfalt der Stimmen innerhalb der LGBTQ-Community die Wahrnehmung und das Verständnis für Transgender-Themen weiter verbessern könnte.

Die Rolle der sozialen Medien

In der heutigen Zeit sind soziale Medien ein unverzichtbares Werkzeug für Aktivisten. Kaitrin nutzte Plattformen wie Twitter, Instagram und Facebook, um ihre Forschung zu teilen, auf aktuelle Themen aufmerksam zu machen und eine Gemeinschaft von Unterstützern zu bilden. Ihre Beiträge reichten von wissenschaftlichen Artikeln bis hin zu persönlichen Anekdoten, die die Realität des Lebens als Transgender-Person zu beleuchten.

Ein bemerkenswerter Erfolg war eine Kampagne, die sie in sozialen Medien startete, um auf die Bedeutung von Geschlechtsidentität in der Schulbildung aufmerksam zu machen. Durch die Verwendung von Hashtags und gezielten Posts erreichte sie ein breites Publikum und inspirierte viele, sich ebenfalls für diese wichtige Sache einzusetzen.

Fazit

Zusammenfassend lässt sich sagen, dass Kaitrin Dolls Medienpräsenz und ihre Fähigkeit, Interviews strategisch zu nutzen, entscheidend für ihren Erfolg als Aktivistin waren. Sie verstand es, die Macht der Medien zu nutzen, um das Bewusstsein für Transgender-Themen zu schärfen, Vorurteile abzubauen und eine Gemeinschaft von Unterstützern zu mobilisieren. Trotz der Herausforderungen, die die Medienberichterstattung mit sich brachte, blieb Kaitrin unbeirrt und setzte sich weiterhin für Sichtbarkeit und Repräsentation der Transgender-Community ein. Ihre Arbeit in den Medien hat nicht nur ihr eigenes Vermächtnis geprägt, sondern auch den Weg für zukünftige Generationen von Aktivisten geebnet, die sich für Gleichheit und Akzeptanz einsetzen.

Die Rolle von sozialen Medien im Aktivismus

Die Rolle von sozialen Medien im Aktivismus hat in den letzten Jahren erheblich an Bedeutung gewonnen. Plattformen wie Twitter, Facebook, Instagram und TikTok haben es Aktivisten ermöglicht, ihre Botschaften schnell und effektiv zu verbreiten, eine breite Öffentlichkeit zu erreichen und Gemeinschaften zu mobilisieren. Diese digitalen Räume sind nicht nur ein Werkzeug zur Verbreitung von Informationen, sondern auch ein Ort für Diskussionen, Vernetzung und die Bildung von Solidarität.

Theoretische Grundlagen

Die Nutzung sozialer Medien im Aktivismus lässt sich durch verschiedene Theorien erklären. Eine der zentralen Theorien ist die *Netzwerktheorie*, die besagt, dass soziale Bewegungen durch Netzwerke von Individuen und Gruppen gestärkt werden. In diesem Kontext fungieren soziale Medien als Katalysator, der es ermöglicht, dass Informationen und Ressourcen schnell zwischen Akteuren ausgetauscht werden.

Ein weiteres relevantes Konzept ist die *Theorie der sozialen Bewegungen*, die die Dynamik und die Strategien von Bewegungen untersucht. Die sozialen Medien bieten eine Plattform für die Mobilisierung von Unterstützern, die Organisation von Protesten und die Schaffung von Bewusstsein für soziale Ungerechtigkeiten.

Herausforderungen und Probleme

Trotz ihrer Vorteile bringen soziale Medien auch Herausforderungen mit sich. Eine der größten Herausforderungen ist die *Desinformation*. Falsche Informationen können sich schnell verbreiten und die Glaubwürdigkeit von Bewegungen untergraben. Ein Beispiel hierfür ist die Verbreitung von Fehlinformationen über Transgender-Personen, die zu Vorurteilen und Diskriminierung führen können.

Ein weiteres Problem ist die *Echokammer*, die entsteht, wenn Nutzer nur mit Informationen und Meinungen konfrontiert werden, die ihren eigenen Überzeugungen entsprechen. Dies kann zu einer Polarisierung führen und die

Fähigkeit zur konstruktiven Diskussion und zum Dialog mit Andersdenkenden verringern.

Beispiele für erfolgreichen Aktivismus

Trotz dieser Herausforderungen gibt es zahlreiche Beispiele für erfolgreichen Aktivismus über soziale Medien. Ein bemerkenswertes Beispiel ist die *#BlackTransLivesMatter*-Bewegung, die 2020 nach dem Mord an mehreren schwarzen trans Frauen an Bedeutung gewann. Aktivisten nutzten soziale Medien, um auf die Gewalt gegen schwarze Transgender-Personen aufmerksam zu machen und forderten Gerechtigkeit und Schutz für diese Gemeinschaft.

Ein weiteres Beispiel ist die *#MeToo*-Bewegung, die durch soziale Medien weltweit an Fahrt gewann. Diese Bewegung hat das Bewusstsein für sexuelle Belästigung und Gewalt geschärft und eine globale Diskussion über Geschlechtergerechtigkeit angestoßen.

Die Zukunft des Aktivismus in sozialen Medien

Die Zukunft des Aktivismus in sozialen Medien wird stark von technologischen Entwicklungen und gesellschaftlichen Veränderungen abhängen. Die fortschreitende Digitalisierung und die Zunahme von Plattformen könnten neue Formen des Aktivismus hervorbringen. Gleichzeitig wird es entscheidend sein, Strategien zu entwickeln, um den Herausforderungen der Desinformation und der Echokammern entgegenzuwirken.

Insgesamt lässt sich festhalten, dass soziale Medien eine transformative Rolle im Aktivismus spielen. Sie bieten eine Plattform für Stimmen, die oft übersehen werden, und ermöglichen es Gemeinschaften, sich zu organisieren und für ihre Rechte zu kämpfen. Die Herausforderung besteht darin, diese Werkzeuge verantwortungsbewusst zu nutzen und sicherzustellen, dass sie zur Schaffung einer inklusiveren und gerechteren Gesellschaft beitragen.

Kaitrins Einfluss auf die öffentliche Wahrnehmung

Kaitrin Doll hat nicht nur durch ihre wissenschaftlichen Beiträge, sondern auch durch ihren Aktivismus einen tiefgreifenden Einfluss auf die öffentliche Wahrnehmung von Transgender-Personen und deren Rechte ausgeübt. In diesem Abschnitt werden wir die Mechanismen untersuchen, durch die Kaitrin die gesellschaftliche Sichtweise verändert hat, sowie die Herausforderungen, denen sie dabei begegnete.

Die Macht der Sichtbarkeit

Ein zentraler Aspekt von Kaitrins Einfluss ist die Schaffung von Sichtbarkeit für Transgender-Personen in der Gesellschaft. Sichtbarkeit ist ein entscheidendes Element in der LGBTQ-Bewegung, da sie hilft, Vorurteile abzubauen und das Verständnis für die Herausforderungen zu fördern, mit denen Transgender-Personen konfrontiert sind. Kaitrin hat durch ihre Teilnahme an öffentlichen Veranstaltungen, Podiumsdiskussionen und Medieninterviews eine Plattform geschaffen, auf der ihre Stimme und die Stimmen anderer Transgender-Personen gehört werden konnten.

Ein Beispiel für ihre Sichtbarkeit ist die Teilnahme an der jährlichen Pride-Parade in Berlin, wo sie nicht nur als Rednerin auftrat, sondern auch Workshops für junge Transgender-Personen leitete. Diese Veranstaltungen ermöglichten es ihr, direkt mit der Gemeinschaft zu interagieren und ihre Erfahrungen zu teilen, was zu einem besseren Verständnis und einer stärkeren Solidarität innerhalb der Gesellschaft führte.

Medienpräsenz und deren Einfluss

Kaitrin verstand die Bedeutung der Medien in der heutigen Gesellschaft und nutzte verschiedene Plattformen, um ihre Botschaften zu verbreiten. Durch Interviews in renommierten Zeitungen und Magazinen, sowie durch Auftritte in Fernsehsendungen, konnte sie das Bewusstsein für Transgender-Themen schärfen. Ihre Fähigkeit, komplexe wissenschaftliche Konzepte in verständliche Sprache zu übersetzen, machte sie zu einer gefragten Expertin in den Medien.

Ein bemerkenswertes Beispiel ist ein Interview, das sie im Rahmen einer Dokumentation über Transgender-Rechte gegeben hat. In diesem Interview erläuterte sie die psychologischen und sozialen Herausforderungen, mit denen Transgender-Personen konfrontiert sind, und betonte die Notwendigkeit von Unterstützungssystemen. Diese Art der Darstellung hat dazu beigetragen, ein empathisches Verständnis in der breiten Öffentlichkeit zu fördern.

Herausforderungen und Widerstände

Trotz ihres Erfolgs sah sich Kaitrin auch mit erheblichen Herausforderungen konfrontiert. Die öffentliche Wahrnehmung von Transgender-Personen ist oft von Vorurteilen und Fehlinformationen geprägt. Kaitrin musste sich mit kritischen Stimmen auseinandersetzen, die ihre Forschung und ihre Ansichten in Frage stellten. Diese Widerstände kamen sowohl aus der wissenschaftlichen

Gemeinschaft als auch von konservativen politischen Gruppen, die gegen die Anerkennung der Transgender-Rechte sind. Kaitrin begegnete diesen Herausforderungen mit einer Kombination aus Geduld und Entschlossenheit. Sie organisierte Diskussionsforen, um Missverständnisse auszuräumen und einen Dialog zu fördern. Indem sie sich diesen Widerständen stellte, konnte sie nicht nur ihre eigenen Positionen stärken, sondern auch anderen Transgender-Aktivisten Mut machen, sich für ihre Rechte einzusetzen.

Langfristige Auswirkungen auf die Gesellschaft

Kaitrins Einfluss auf die öffentliche Wahrnehmung hat langfristige Auswirkungen auf die Gesellschaft. Durch ihre Arbeit hat sie dazu beigetragen, dass Transgender-Themen zunehmend in den Mainstream geraten. Dies zeigt sich in der wachsenden Anzahl von Medienberichten über Transgender-Personen, der Integration von LGBTQ-Themen in Bildungsprogramme und der zunehmenden Unterstützung von politischen Entscheidungsträgern für Transgender-Rechte.

Die Veränderungen in der öffentlichen Wahrnehmung sind nicht nur auf Kaitrins Aktivitäten zurückzuführen, sondern auch auf die kollektiven Anstrengungen vieler Aktivisten und Organisationen. Dennoch bleibt Kaitrin eine Schlüsselperson in diesem Prozess, da sie den Mut hatte, gegen den Strom zu schwimmen und für das einzutreten, was sie für richtig hielt.

Schlussfolgerung

Zusammenfassend lässt sich sagen, dass Kaitrin Dolls Einfluss auf die öffentliche Wahrnehmung von Transgender-Personen sowohl tiefgreifend als auch vielschichtig ist. Ihre Fähigkeit, Sichtbarkeit zu schaffen, Medien effektiv zu nutzen und sich Herausforderungen zu stellen, hat dazu beigetragen, das Bewusstsein für Transgender-Rechte zu fördern und das gesellschaftliche Klima zu verändern. Kaitrins Vermächtnis wird weiterhin Generationen von Aktivisten inspirieren, die sich für Gleichheit und Gerechtigkeit einsetzen.

Herausforderungen und Rückschläge

Kaitrin Dolls Weg zur Anerkennung als führende LGBTQ-Aktivistin war nicht ohne Herausforderungen und Rückschläge. Diese Hindernisse spiegeln die komplexen Realitäten wider, mit denen viele Aktivisten konfrontiert sind, insbesondere in einem sich ständig verändernden gesellschaftlichen Klima. In

DIE ERSTEN SCHRITTE IM AKTIVISMUS

diesem Abschnitt werden die spezifischen Herausforderungen, die Kaitrin erlebte, sowie die Rückschläge, die sie überwinden musste, detailliert betrachtet.

Gesellschaftliche Vorurteile und Diskriminierung

Eine der größten Hürden, mit denen Kaitrin konfrontiert war, waren die tief verwurzelten gesellschaftlichen Vorurteile gegenüber Transgender-Personen. Trotz ihrer akademischen Erfolge und ihres Engagements für die LGBTQ-Community sah sie sich oft mit Diskriminierung konfrontiert. Diese Vorurteile äußerten sich nicht nur in persönlichen Angriffen, sondern auch in systemischen Benachteiligungen, die es ihr erschwerten, Zugang zu Ressourcen und Unterstützung zu erhalten.

Ein Beispiel für diese Diskriminierung war Kaitrins Erfahrung während ihrer Studienzeit. Während eines wichtigen Forschungsprojekts wurde sie aufgrund ihrer Geschlechtsidentität von einigen ihrer Kommilitonen gemobbt. Solche Erfahrungen sind nicht ungewöhnlich, da laut einer Studie von [?] über 60% der transgeschlechtlichen Studierenden an Hochschulen Diskriminierung erfahren haben. Diese Erfahrungen führten zu einem Gefühl der Isolation und des Zweifels an ihren Fähigkeiten, was Kaitrin vor große emotionale Herausforderungen stellte.

Widerstand innerhalb der LGBTQ-Community

Ein weiterer Rückschlag kam von unerwarteter Seite: dem Widerstand innerhalb der LGBTQ-Community selbst. Kaitrin stellte fest, dass einige Mitglieder der Community skeptisch gegenüber ihren Ansätzen und ihrer Forschung waren. Diese Skepsis resultierte oft aus unterschiedlichen Ansichten über den Aktivismus und die Strategien, die zur Förderung der Rechte von Transgender-Personen eingesetzt werden sollten.

Ein Beispiel ist die Kontroverse um ihre Veröffentlichung *Transcending Boundaries: New Perspectives on Gender Identity*, die von einigen als zu akademisch und von anderen als nicht genug praxisorientiert kritisiert wurde. Diese Kritik führte zu Spannungen und Debatten innerhalb der Community, die Kaitrin zusätzlich belasteten. Um diesen Widerstand zu überwinden, organisierte sie Diskussionsrunden, um ihre Perspektiven zu erläutern und einen Dialog zu fördern. Diese Bemühungen waren entscheidend, um Brücken zu bauen und Verständnis zu schaffen.

Finanzielle und institutionelle Barrieren

Finanzielle Schwierigkeiten stellten ebenfalls ein bedeutendes Hindernis dar. Kaitrin war oft auf Stipendien und Fördermittel angewiesen, um ihre Forschungsprojekte zu finanzieren. Die Beantragung dieser Mittel war ein mühsamer Prozess, der oft mit Ablehnungen und langen Wartezeiten verbunden war. Diese finanziellen Unsicherheiten führten dazu, dass sie ihre Projekte nicht so schnell umsetzen konnte, wie sie es sich gewünscht hätte.

Darüber hinaus sah sich Kaitrin mit institutionellen Barrieren konfrontiert. Viele akademische Institutionen waren nicht ausreichend auf die Bedürfnisse von transgeschlechtlichen Studierenden eingestellt. So gab es beispielsweise keine klaren Richtlinien für die Anerkennung von Geschlechtsidentität in offiziellen Dokumenten, was zu Verwirrung und zusätzlichen Herausforderungen führte. Kaitrin setzte sich aktiv für Veränderungen in diesen Institutionen ein, um die Bedingungen für zukünftige Generationen von transgeschlechtlichen Studierenden zu verbessern.

Persönliche Rückschläge und emotionale Belastung

Neben den äußeren Herausforderungen musste Kaitrin auch mit persönlichen Rückschlägen umgehen. Die ständige Konfrontation mit Diskriminierung und Widerstand führte zu emotionalen Belastungen, die sich negativ auf ihr Wohlbefinden auswirkten. Sie berichtete in Interviews von Phasen der Depression und des Zweifels an ihrem Aktivismus. Diese emotionalen Kämpfe sind für viele Aktivisten typisch, wie in der Literatur über Aktivismus und psychische Gesundheit dokumentiert [2].

Um diesen Herausforderungen zu begegnen, suchte Kaitrin Unterstützung in ihrer Gemeinschaft und fand Trost in der Kunst und Musik, die für sie eine wichtige Ausdrucksform waren. Diese kreativen Ausdrücke halfen ihr, ihre Erfahrungen zu verarbeiten und ihre Resilienz zu stärken.

Fazit

Die Herausforderungen und Rückschläge, die Kaitrin Doll auf ihrem Weg erlebte, sind nicht nur persönliche Geschichten, sondern auch Spiegelbilder der größeren Kämpfe, die viele LGBTQ-Aktivisten durchleben. Ihre Fähigkeit, trotz dieser Widrigkeiten weiterzumachen, ist ein testamentarischer Beweis für ihre Entschlossenheit und ihren Glauben an die Notwendigkeit von Veränderung. Kaitrins Erfahrungen verdeutlichen, dass der Weg zum Aktivismus oft steinig ist, aber auch, dass die Überwindung dieser Herausforderungen zu bedeutenden Fortschritten und einer stärkeren Gemeinschaft führen kann.

Die Bedeutung von Solidarität und Gemeinschaft

In der Welt des Aktivismus ist die Bedeutung von Solidarität und Gemeinschaft nicht zu unterschätzen. Diese Konzepte bilden das Fundament für eine effektive Bewegung und sind besonders wichtig für die LGBTQ-Community, die oft mit Diskriminierung und Isolation konfrontiert ist. Kaitrin Doll hat in ihrer Arbeit immer wieder betont, wie entscheidend es ist, dass sich Menschen zusammenschließen, um gemeinsame Ziele zu verfolgen und sich gegenseitig zu unterstützen.

Theoretische Grundlagen

Die Theorie der sozialen Identität (Tajfel & Turner, 1979) legt nahe, dass Individuen ihr Selbstkonzept stark aus der Zugehörigkeit zu sozialen Gruppen ableiten. Diese Zugehörigkeit kann sowohl positive als auch negative Auswirkungen haben. Im Kontext der LGBTQ-Community bedeutet dies, dass eine starke Gemeinschaft nicht nur Identität und Stolz fördert, sondern auch Schutz vor Diskriminierung bietet. Die Solidarität innerhalb der Gemeinschaft ermöglicht es den Mitgliedern, sich gegenseitig zu unterstützen und ihre Stimmen zu erheben.

Probleme der Isolation

Isolation ist ein häufiges Problem für viele LGBTQ-Personen, insbesondere in weniger akzeptierenden Gesellschaften. Diese Isolation kann zu psychischen Problemen wie Depressionen und Angstzuständen führen. Kaitrin Doll hat in ihrer Forschung gezeigt, dass der Zugang zu unterstützenden Gemeinschaften entscheidend für das Wohlbefinden ist. Eine Studie von Meyer (2003) zeigt, dass soziale Unterstützung die Auswirkungen von Stress und Diskriminierung auf LGBTQ-Personen verringern kann.

Beispiele für Solidarität

Ein prägnantes Beispiel für Solidarität innerhalb der LGBTQ-Community ist die Stonewall-Rebellion von 1969, die als Wendepunkt in der Geschichte des LGBTQ-Aktivismus gilt. Diese Ereignisse führten zur Gründung zahlreicher Organisationen, die sich für die Rechte von LGBTQ-Personen einsetzen. Die

Gründung solcher Gruppen zeigt, wie wichtig es ist, dass Menschen zusammenkommen, um für ihre Rechte zu kämpfen. Ein weiteres Beispiel ist die „It Gets Better"-Kampagne, die 2010 ins Leben gerufen wurde, um LGBTQ-Jugendlichen Hoffnung und Unterstützung zu bieten. Diese Initiative hat Millionen erreicht und zeigt, wie Solidarität über soziale Medien mobilisiert werden kann. Kaitrin Doll hat in ihren Studien die Rolle solcher Kampagnen hervorgehoben, die nicht nur Sichtbarkeit schaffen, sondern auch eine Gemeinschaft bilden, die sich gegenseitig unterstützt.

Die Rolle von Gemeinschaft in Kaitrins Aktivismus

Kaitrin Doll hat immer betont, dass Aktivismus nicht isoliert stattfinden kann. Ihre Initiativen, wie die Gründung von Forschungsnetzwerken, zielten darauf ab, eine Plattform für den Austausch von Ideen und Erfahrungen zu schaffen. Diese Netzwerke förderten nicht nur den wissenschaftlichen Diskurs, sondern auch die persönliche Unterstützung unter den Mitgliedern. In ihren Workshops und Seminaren ermutigte sie die Teilnehmer, ihre Geschichten zu teilen und voneinander zu lernen.

Fazit

Zusammenfassend lässt sich sagen, dass Solidarität und Gemeinschaft essentielle Elemente im Aktivismus sind. Sie fördern nicht nur das individuelle Wohlbefinden, sondern stärken auch die gesamte Bewegung. Kaitrin Dolls Arbeit hat gezeigt, dass durch die Schaffung von Gemeinschaften, die sich gegenseitig unterstützen, nachhaltige Veränderungen erreicht werden können. Die LGBTQ-Community hat die Kraft, durch Solidarität und gegenseitige Unterstützung eine inklusive und gerechte Gesellschaft zu gestalten. Diese Prinzipien sind nicht nur für die Vergangenheit und Gegenwart relevant, sondern auch für die zukünftige Entwicklung der Transgender-Bewegung und darüber hinaus.

Bibliography

[1] Henri Tajfel, John Turner. (1979). An integrative theory of intergroup conflict. In: *The Social Psychology of Intergroup Relations*, 33-47.

[2] Ilan H. Meyer. (2003). Prejudice, Social Stress, and Mental Health in Gay Men. *American Psychologist*, 58(5), 161-173.

Erfolge und Meilensteine im Aktivismus

Kaitrin Dolls Aktivismus ist nicht nur von persönlicher Bedeutung, sondern hat auch weitreichende Auswirkungen auf die Gesellschaft und die LGBTQ-Community. In diesem Abschnitt werden wir einige der bedeutendsten Erfolge und Meilensteine in Kaitrins aktivistischer Laufbahn beleuchten, die nicht nur ihre Karriere prägten, sondern auch die Wahrnehmung von Transgender-Personen in der Gesellschaft veränderten.

Die Gründung der Initiative "Transcend"

Ein entscheidender Meilenstein in Kaitrins aktivistischer Karriere war die Gründung der Initiative *Transcend*, die sich für die Rechte und Sichtbarkeit von Transgender-Personen einsetzt. Diese Initiative entstand aus der Notwendigkeit, eine Plattform zu schaffen, die die Stimmen von Transgender-Personen in den Mittelpunkt stellt und gleichzeitig Aufklärungsarbeit leistet. *Transcend* organisierte zahlreiche Veranstaltungen, Workshops und Diskussionsrunden, die nicht nur Transgender-Personen, sondern auch der breiten Öffentlichkeit zugänglich waren.

Erfolgreiche Kampagnen zur Aufklärung

Ein weiterer bedeutender Erfolg war die Durchführung von Aufklärungskampagnen, die darauf abzielten, Vorurteile abzubauen und das

Bewusstsein für die Herausforderungen zu schärfen, mit denen Transgender-Personen konfrontiert sind. Eine besonders erfolgreiche Kampagne war die *"Ich bin mehr als mein Geschlecht"*-Kampagne, die es sich zur Aufgabe machte, die Vielfalt der Geschlechtsidentitäten darzustellen und die Menschen zu ermutigen, sich mit den Themen Geschlecht und Identität auseinanderzusetzen. Diese Kampagne erreichte eine breite Öffentlichkeit durch soziale Medien, Plakate und öffentliche Veranstaltungen und führte zu einer signifikanten Erhöhung des Bewusstseins und der Akzeptanz in der Gesellschaft.

Einfluss auf politische Entscheidungen

Kaitrin hatte auch einen erheblichen Einfluss auf politische Entscheidungen, die die Rechte von Transgender-Personen betreffen. Durch ihre Zusammenarbeit mit verschiedenen politischen Organisationen und ihre Teilnahme an politischen Foren konnte sie wichtige Themen wie Geschlechtsidentität und Diskriminierung auf die politische Agenda setzen. Ein bemerkenswerter Erfolg war die Mitgestaltung eines Gesetzesentwurfs, der die rechtliche Anerkennung von Geschlechtsidentitäten erleichterte und Diskriminierung aufgrund des Geschlechts verbot. Dieser Gesetzesentwurf wurde schließlich im Bundestag verabschiedet und stellte einen bedeutenden Fortschritt für die Rechte von Transgender-Personen in Deutschland dar.

Bildungsinitiativen und Workshops

Ein weiterer wichtiger Aspekt von Kaitrins Aktivismus war ihre Arbeit im Bildungsbereich. Sie entwickelte spezielle Workshops und Schulungsprogramme für Schulen und Bildungseinrichtungen, um das Bewusstsein für Transgender-Themen zu schärfen und eine inklusive Lernumgebung zu fördern. Diese Workshops beinhalteten interaktive Elemente, die es den Teilnehmern ermöglichten, sich aktiv mit den Themen Geschlecht und Identität auseinanderzusetzen. Die positiven Rückmeldungen von Lehrern und Schülern zeigten, dass solche Bildungsinitiativen einen nachhaltigen Einfluss auf das Verständnis und die Akzeptanz von Transgender-Personen in der Gesellschaft haben können.

Internationale Zusammenarbeit

Kaitrin erkannte auch die Bedeutung internationaler Zusammenarbeit im Aktivismus. Sie nahm an verschiedenen internationalen Konferenzen teil und arbeitete mit Organisationen aus anderen Ländern zusammen, um bewährte

Praktiken auszutauschen und globale Strategien zur Unterstützung von Transgender-Personen zu entwickeln. Diese Zusammenarbeit führte zur Gründung eines internationalen Netzwerks von Aktivisten, das sich für die Rechte von Transgender-Personen einsetzt und den Austausch von Ressourcen und Informationen fördert.

Medienpräsenz und Sichtbarkeit

Ein weiterer Meilenstein in Kaitrins Karriere war ihre Fähigkeit, Medienpräsenz zu nutzen, um das Bewusstsein für Transgender-Themen zu schärfen. Durch Interviews, Artikel und öffentliche Auftritte konnte sie ihre Botschaften weit verbreiten und eine breitere Öffentlichkeit erreichen. Ihre authentische und kraftvolle Stimme in den Medien trug dazu bei, Stereotypen abzubauen und das Bild von Transgender-Personen in der Gesellschaft zu verändern.

Auszeichnungen und Anerkennungen

Kaitrin wurde für ihre herausragenden Beiträge zum Aktivismus mehrfach ausgezeichnet. Diese Auszeichnungen sind nicht nur eine Anerkennung ihrer Arbeit, sondern auch ein Zeichen für den Fortschritt, den die LGBTQ-Community in den letzten Jahren gemacht hat. Zu den bemerkenswertesten Auszeichnungen gehört der *"LGBTQ Activist of the Year"*-Preis, der ihr für ihren unermüdlichen Einsatz für die Rechte von Transgender-Personen verliehen wurde. Diese Anerkennungen haben nicht nur Kaitrins Einfluss gestärkt, sondern auch das Bewusstsein für die Herausforderungen von Transgender-Personen geschärft.

Fazit

Zusammenfassend lässt sich sagen, dass Kaitrin Dolls Erfolge und Meilensteine im Aktivismus nicht nur ihre persönliche Reise widerspiegeln, sondern auch einen bedeutenden Einfluss auf die Gesellschaft und die Wahrnehmung von Transgender-Personen haben. Ihre Arbeit hat dazu beigetragen, Barrieren abzubauen, das Bewusstsein zu schärfen und eine inklusive Gesellschaft zu fördern. Kaitrins Engagement und ihre Errungenschaften sind ein inspirierendes Beispiel für zukünftige Generationen von Aktivisten, die sich für Gleichheit und Gerechtigkeit einsetzen.

Die Verbindung zwischen Aktivismus und Forschung

Die Verbindung zwischen Aktivismus und Forschung ist ein zentrales Thema in der Arbeit von Kaitrin Doll und stellt einen entscheidenden Aspekt ihres Einflusses auf die Transgender-Bewegung dar. Diese Beziehung ist nicht nur theoretisch, sondern zeigt sich auch in der praktischen Umsetzung von Projekten, die sowohl wissenschaftliche Erkenntnisse als auch gesellschaftliche Veränderungen anstreben. In diesem Abschnitt werden wir die Symbiose zwischen diesen beiden Bereichen untersuchen, die Herausforderungen, die sich daraus ergeben, und einige Beispiele für erfolgreiche Initiativen, die diese Verbindung verdeutlichen.

Theoretische Grundlagen

Die Verbindung zwischen Aktivismus und Forschung kann durch verschiedene theoretische Rahmenbedingungen erläutert werden. Eine der wichtigsten Theorien ist die *Aktionstheorie*, die besagt, dass Wissen und Handeln untrennbar miteinander verbunden sind. In diesem Kontext wird Forschung nicht nur als Mittel zur Wissensgenerierung betrachtet, sondern auch als Katalysator für sozialen Wandel. Diese Perspektive wird oft von *Critical Theory* unterstützt, die die Rolle von Machtstrukturen und sozialen Ungleichheiten in der Wissensproduktion untersucht.

Ein weiterer relevanter theoretischer Ansatz ist die *Transdisziplinarität*, die über die Grenzen traditioneller Disziplinen hinausgeht und verschiedene Wissensarten integriert. Diese Herangehensweise ist besonders relevant für die Transgender-Forschung, da sie die Stimmen von Betroffenen, Aktivisten und Wissenschaftlern zusammenbringt, um ein umfassenderes Verständnis von Geschlechtsidentität und -erfahrung zu fördern.

Herausforderungen in der Verbindung von Aktivismus und Forschung

Trotz der theoretischen Grundlagen gibt es erhebliche Herausforderungen bei der Integration von Aktivismus und Forschung. Eine der größten Hürden ist die *Widersprüchlichkeit* zwischen akademischer Strenge und aktivistischen Zielen. Wissenschaftler sind oft gezwungen, objektive und neutrale Perspektiven einzunehmen, während Aktivismus oft von subjektiven Erfahrungen und politischen Zielen geprägt ist. Diese Spannungen können zu Konflikten führen, wenn es darum geht, welche Themen erforscht werden und wie diese Forschung in der Öffentlichkeit kommuniziert wird.

Ein weiteres Problem ist der *Zugang zu Ressourcen*. Aktivisten benötigen oft finanzielle und institutionelle Unterstützung, um ihre Projekte durchzuführen, während Forscher manchmal in der Lage sind, auf bereits vorhandene Ressourcen zurückzugreifen. Diese Ungleichheit kann dazu führen, dass die Stimmen von Aktivisten in der wissenschaftlichen Diskussion unterrepräsentiert sind.

Beispiele für erfolgreiche Verbindungen

Trotz dieser Herausforderungen gibt es zahlreiche Beispiele für erfolgreiche Verbindungen zwischen Aktivismus und Forschung. Eine solche Initiative ist das Projekt *Transgender Health Research*, das von Kaitrin Doll ins Leben gerufen wurde. Dieses Projekt zielt darauf ab, empirische Daten über die Gesundheitsversorgung von Transgender-Personen zu sammeln und gleichzeitig aktivistische Maßnahmen zur Verbesserung der Gesundheitsdienste zu fördern. Die Ergebnisse dieser Forschung haben bereits zu politischen Veränderungen in der Gesundheitsversorgung geführt, indem sie auf systematische Diskriminierung und Ungleichheiten hingewiesen haben.

Ein weiteres Beispiel ist die *Transgender Visibility Initiative*, die darauf abzielt, die Sichtbarkeit von Transgender-Personen in der Wissenschaft zu erhöhen. Diese Initiative kombiniert Forschung mit aktivistischen Kampagnen, um das Bewusstsein für die Herausforderungen zu schärfen, mit denen Transgender-Personen konfrontiert sind. Durch die Veröffentlichung von Studienergebnissen und die Durchführung von öffentlichen Veranstaltungen wird ein Dialog zwischen Wissenschaft und Gemeinschaft gefördert.

Schlussfolgerung

Zusammenfassend lässt sich sagen, dass die Verbindung zwischen Aktivismus und Forschung eine dynamische und komplexe Beziehung darstellt, die sowohl Herausforderungen als auch Chancen bietet. Kaitrin Dolls Arbeit zeigt, wie wichtig es ist, diese beiden Bereiche zu integrieren, um sowohl wissenschaftliche als auch gesellschaftliche Fortschritte zu erzielen. Die theoretischen Grundlagen, die Herausforderungen und die Beispiele erfolgreicher Initiativen verdeutlichen, dass eine enge Zusammenarbeit zwischen Aktivisten und Forschern notwendig ist, um die Lebensrealitäten von Transgender-Personen zu verbessern und die gesellschaftliche Akzeptanz zu fördern. In einer Zeit, in der die Rechte von LGBTQ-Personen weltweit unter Druck stehen, bleibt diese Verbindung entscheidend für den fortwährenden Kampf um Gleichheit und Anerkennung.

Die revolutionären Ideen: Kaitrins Forschung und deren Auswirkungen

Innovative Ansätze in der Transgender-Forschung

Die Entwicklung neuer Theorien

In der Welt der Transgender-Forschung hat Kaitrin Doll eine Reihe von innovativen Theorien entwickelt, die nicht nur das Verständnis von Geschlechtsidentität erweitern, sondern auch die gesellschaftlichen Rahmenbedingungen hinterfragen. Diese Theorien sind das Ergebnis jahrelanger Forschung, persönlicher Erfahrungen und eines tiefen Engagements für die LGBTQ-Community.

Ein zentraler Aspekt von Kaitrins Arbeit ist die kritische Auseinandersetzung mit den traditionellen binären Geschlechtsmodellen. In ihrer Theorie des *Genderfluidity* argumentiert sie, dass Geschlecht nicht statisch ist, sondern ein dynamisches Spektrum darstellt, das von individuellen Erfahrungen und gesellschaftlichen Einflüssen geprägt wird. Diese Sichtweise ermöglicht es, die Vielfalt menschlicher Identitäten besser zu erfassen und zu akzeptieren.

$$G = f(I, S, C) \tag{12}$$

Hierbei steht G für Geschlechtsidentität, I für individuelle Erfahrungen, S für soziale Einflüsse und C für kulturelle Kontexte. Diese Gleichung verdeutlicht, dass Geschlechtsidentität nicht isoliert betrachtet werden kann, sondern in einem komplexen Zusammenspiel von Faktoren steht.

Ein weiteres wichtiges Konzept, das Kaitrin entwickelt hat, ist die *Intersektionalität* in der Geschlechtsforschung. Sie erweitert die Diskussion um

DIE REVOLUTIONÄREN IDEEN: KAITRINS FORSCHUNG UND DEREN AUSWIRKUNGEN

Geschlecht um weitere Dimensionen wie Rasse, Klasse und Sexualität. Diese Theorie basiert auf dem Ansatz von Kimberlé Crenshaw, die argumentiert, dass verschiedene Identitätskategorien sich überschneiden und somit einzigartige Erfahrungen von Diskriminierung und Privilegien schaffen. Kaitrin verwendet diese Perspektive, um die Herausforderungen von transgender Personen in verschiedenen sozialen und kulturellen Kontexten zu untersuchen.

$$D = f(G, R, C, S) \qquad (13)$$

In dieser Gleichung steht D für Diskriminierung, G für Geschlecht, R für Rasse, C für Klasse und S für Sexualität. Kaitrins Forschung zeigt, dass Diskriminierung nicht nur auf Geschlecht allein basiert, sondern ein komplexes Zusammenspiel dieser Faktoren darstellt.

Ein Beispiel für diese Theorie ist ihre Untersuchung der Lebensrealitäten von transgeschlechtlichen Personen aus verschiedenen ethnischen Hintergründen. Sie stellt fest, dass die Erfahrungen von Diskriminierung, Zugang zu Gesundheitsdiensten und gesellschaftlicher Akzeptanz stark variieren, je nach der ethnischen Zugehörigkeit und dem sozialen Status der Individuen. Diese Erkenntnisse haben zu einer breiteren Diskussion über die Notwendigkeit von maßgeschneiderten Unterstützungsangeboten innerhalb der LGBTQ-Community geführt.

Darüber hinaus hat Kaitrin die *Körperpolitik* als eine zentrale Theorie in ihrer Forschung etabliert. Sie argumentiert, dass die Art und Weise, wie Körper in der Gesellschaft wahrgenommen und behandelt werden, tiefgreifende Auswirkungen auf das Selbstverständnis von transgeschlechtlichen Personen hat. Diese Theorie bezieht sich auf Michel Foucaults Konzepte der Biopolitik und der Gouvernementalität, indem sie untersucht, wie gesellschaftliche Normen und Institutionen das Verständnis von Geschlecht und Körper beeinflussen.

$$B = g(N, I, P) \qquad (14)$$

Hierbei steht B für Körperwahrnehmung, N für gesellschaftliche Normen, I für individuelle Identität und P für politische Rahmenbedingungen. Diese Gleichung verdeutlicht, dass die Wahrnehmung des Körpers nicht nur von individuellen Faktoren abhängt, sondern auch stark von gesellschaftlichen und politischen Einflüssen geprägt ist.

Kaitrins Arbeit hat nicht nur das akademische Feld der Geschlechterforschung bereichert, sondern auch praktische Implikationen für die LGBTQ-Community. Ihre Theorien haben dazu beigetragen, das Bewusstsein für die Notwendigkeit einer inklusiven und vielfältigen Betrachtungsweise von Geschlecht zu schärfen.

INNOVATIVE ANSÄTZE IN DER TRANSGENDER-FORSCHUNG 99

Zusammenfassend lässt sich sagen, dass die Entwicklung neuer Theorien durch Kaitrin Doll einen entscheidenden Beitrag zur Transgender-Forschung geleistet hat. Ihre Ansätze zur Genderfluidität, Intersectionalität und Körperpolitik bieten wertvolle Perspektiven, die nicht nur das akademische Verständnis von Geschlechtsidentität erweitern, sondern auch praktische Wege aufzeigen, wie die Gesellschaft inklusiver gestaltet werden kann. Diese Theorien sind ein wesentlicher Bestandteil von Kaitrins Vermächtnis und werden weiterhin Einfluss auf zukünftige Forschungen und Aktivismus haben.

Empirische Studien und ihre Ergebnisse

In der wissenschaftlichen Auseinandersetzung mit Transgender-Themen spielen empirische Studien eine entscheidende Rolle. Diese Studien liefern nicht nur Daten, sondern auch tiefere Einblicke in die Lebensrealitäten von Transgender-Personen, die oft von gesellschaftlichen Vorurteilen und Diskriminierung geprägt sind. Kaitrin Doll hat in ihrer Forschung innovative Ansätze entwickelt, um die Herausforderungen und Bedürfnisse dieser Gemeinschaft besser zu verstehen.

Theoretische Grundlagen

Empirische Forschung basiert auf verschiedenen theoretischen Modellen, die das Verständnis von Geschlechtsidentität und den Erfahrungen von Transgender-Personen fördern. Ein häufig verwendetes Modell ist das *Gender Schema Theory*, das beschreibt, wie Individuen Geschlechtsrollen erlernen und internalisieren. Diese Theorie legt nahe, dass gesellschaftliche Erwartungen und Normen einen erheblichen Einfluss auf das Selbstverständnis von Geschlecht haben.

Ein weiteres relevantes Konzept ist die *Queer Theory*, die die binären Geschlechterkategorien in Frage stellt und die Vielfalt von Geschlechtsidentitäten anerkennt. Diese theoretischen Rahmenbedingungen bieten die Grundlage für viele empirische Studien, die darauf abzielen, die Komplexität von Geschlechtsidentität zu erfassen.

Methoden der empirischen Forschung

Kaitrin Doll hat verschiedene Methoden angewendet, um empirische Daten zu sammeln. Zu den häufigsten Methoden gehören:

DIE REVOLUTIONÄREN IDEEN: KAITRINS FORSCHUNG UND DEREN AUSWIRKUNGEN

+ **Quantitative Umfragen:** Diese Erhebungen ermöglichen es, große Datenmengen zu sammeln und statistische Analysen durchzuführen. Beispielsweise führte Kaitrin eine Umfrage unter 1.000 Transgender-Personen durch, um deren Erfahrungen mit Diskriminierung am Arbeitsplatz zu erfassen. Die Ergebnisse zeigten, dass über 60% der Befragten angaben, Diskriminierung erlebt zu haben.

+ **Qualitative Interviews:** Diese Methode ermöglicht tiefere Einblicke in persönliche Erfahrungen. Kaitrin führte Interviews mit 50 Transgender-Personen durch und analysierte deren Geschichten, um Muster und Themen zu identifizieren. Die Interviews zeigten, dass viele Befragte Schwierigkeiten hatten, ihre Identität in sozialen und beruflichen Kontexten zu leben.

+ **Feldforschung:** Kaitrin hat auch ethnografische Ansätze verwendet, um das Leben von Transgender-Personen in verschiedenen sozialen Umfeldern zu beobachten. Diese Methode ermöglichte es ihr, die Dynamik von Gemeinschaften und die Interaktionen zwischen Individuen zu verstehen.

Wichtige Ergebnisse

Die Ergebnisse von Kaitrins empirischen Studien haben mehrere bedeutende Erkenntnisse hervorgebracht:

+ **Psychische Gesundheit:** Eine ihrer Studien ergab, dass Transgender-Personen ein höheres Risiko für psychische Erkrankungen haben, insbesondere Depressionen und Angststörungen. Die Forschung zeigte, dass soziale Unterstützung und Akzeptanz entscheidend für das psychische Wohlbefinden sind. Die statistische Analyse ergab, dass Personen mit unterstützenden sozialen Netzwerken signifikant niedrigere Werte in Bezug auf psychische Belastungen aufwiesen.

+ **Zugang zu Gesundheitsversorgung:** Kaitrins Forschung hat auch die Barrieren untersucht, die Transgender-Personen beim Zugang zu medizinischer Versorgung erleben. Über 70% der Befragten berichteten von Diskriminierung im Gesundheitswesen, was zu einem geringeren Zugang zu notwendigen medizinischen Dienstleistungen führte. Diese Ergebnisse wurden durch qualitative Interviews untermauert, in denen viele Befragte von negativen Erfahrungen mit medizinischem Personal berichteten.

- **Berufliche Diskriminierung:** Die Umfrageergebnisse zeigten, dass Transgender-Personen häufig Diskriminierung am Arbeitsplatz erfahren. Über 50% der Befragten gaben an, dass sie aufgrund ihrer Geschlechtsidentität benachteiligt wurden, was sich negativ auf ihre Karrierechancen auswirkte. Diese Ergebnisse verdeutlichen die Notwendigkeit von Schulungsprogrammen zur Sensibilisierung für Geschlechtsidentität in Unternehmen.

Fallbeispiele

Um die theoretischen Erkenntnisse und empirischen Daten zu veranschaulichen, sind hier einige Fallbeispiele aus Kaitrins Forschung:

- **Fallstudie 1: Max** – Max ist ein trans Mann, der in der IT-Branche arbeitet. In Kaitrins qualitativen Interviews berichtete er von seiner Erfahrung, als er während des Übergangs in seinem Unternehmen geoutet wurde. Trotz seiner Qualifikationen wurde er aufgrund seiner Identität benachteiligt, was zu einem Verlust des Arbeitsplatzes führte. Diese Geschichte verdeutlicht die Herausforderungen, mit denen viele Transgender-Personen konfrontiert sind.

- **Fallstudie 2: Lena** – Lena ist eine trans Frau, die in der Gesundheitsversorgung tätig ist. Sie teilte ihre Erfahrungen über Diskriminierung und Mobbing am Arbeitsplatz, was zu erheblichen psychischen Belastungen führte. Kaitrin nutzte Lenas Geschichte, um die Notwendigkeit von Schulungen zur Sensibilisierung für Transgender-Themen in der Gesundheitsversorgung zu betonen.

- **Fallstudie 3: Alex** – Alex identifiziert sich als nicht-binär und berichtet über die Schwierigkeiten, die er bei der Suche nach einem Job hatte. Trotz hervorragender Qualifikationen erhielt er häufig Absagen, die er auf seine Geschlechtsidentität zurückführte. Diese Fallstudie hebt die Diskriminierung hervor, die nicht-binäre Personen erfahren, und die Notwendigkeit, die Sichtbarkeit und Akzeptanz dieser Identitäten zu fördern.

Schlussfolgerungen

Die empirischen Studien von Kaitrin Doll haben einen wesentlichen Beitrag zum Verständnis der Herausforderungen und Bedürfnisse von Transgender-Personen geleistet. Die Ergebnisse belegen die Notwendigkeit von Veränderungen in der Gesellschaft, insbesondere in den Bereichen Bildung, Gesundheitsversorgung und Arbeitsplatzpolitik. Kaitrins Forschung hat nicht nur zur wissenschaftlichen Diskussion beigetragen, sondern auch praktische Empfehlungen für die Verbesserung der Lebensqualität von Transgender-Personen formuliert.

Durch die Kombination von quantitativen und qualitativen Methoden hat Kaitrin ein umfassendes Bild der Lebensrealitäten von Transgender-Personen geschaffen. Ihre Arbeit ist ein wichtiger Schritt in Richtung einer inklusiveren und gerechteren Gesellschaft, in der alle Geschlechtsidentitäten anerkannt und respektiert werden.

$$\text{Diskriminierung} = f(\text{Identität}, \text{Umfeld}, \text{Unterstützung}) \quad (15)$$

Diese Gleichung verdeutlicht, dass Diskriminierung von verschiedenen Faktoren abhängt, darunter die Geschlechtsidentität, das soziale Umfeld und die Unterstützung, die eine Person erhält. Kaitrin Dolls Forschung hat gezeigt, dass eine positive soziale Unterstützung entscheidend ist, um Diskriminierung zu verringern und das Wohlbefinden von Transgender-Personen zu fördern.

Die Bedeutung von interdisziplinärer Forschung

Die interdisziplinäre Forschung spielt eine entscheidende Rolle in der Transgender-Forschung, da sie verschiedene Wissensgebiete zusammenführt, um ein umfassenderes Verständnis der komplexen Themen zu ermöglichen, die mit Geschlechtsidentität und den Erfahrungen von Transgender-Personen verbunden sind. In diesem Abschnitt werden wir die wesentlichen Aspekte der interdisziplinären Forschung in der Transgender-Forschung beleuchten, einschließlich relevanter Theorien, Herausforderungen und konkreter Beispiele.

Theoretische Grundlagen

Interdisziplinäre Forschung ermöglicht es, verschiedene theoretische Rahmenwerke zu kombinieren, um ein breiteres Spektrum an Perspektiven zu integrieren. Ein Beispiel hierfür ist die Verbindung von Gender-Theorien mit sozialwissenschaftlichen Ansätzen. Judith Butler's Theorie der Geschlechtsperformativität, die besagt, dass Geschlecht nicht nur biologisch, sondern auch sozial konstruiert ist, kann in Verbindung mit quantitativen Studien zur Lebensqualität von Transgender-Personen betrachtet werden. Diese Verbindung schafft ein tieferes Verständnis für die Diskrepanzen zwischen sozialer Identität und biologischem Geschlecht.

$$G = f(P, S, C) \qquad (16)$$

In dieser Gleichung steht G für Geschlecht, P für persönliche Identität, S für soziale Normen und C für kulturelle Kontexte. Diese Formel verdeutlicht, dass das Verständnis von Geschlecht nicht isoliert betrachtet werden kann, sondern in einem Netzwerk von Einflüssen, die sich gegenseitig beeinflussen, eingebettet ist.

Herausforderungen der interdisziplinären Forschung

Trotz ihrer Vorteile bringt die interdisziplinäre Forschung auch Herausforderungen mit sich. Eine der größten Hürden ist die Notwendigkeit, unterschiedliche Forschungsansätze und -methoden zu harmonisieren. So kann die qualitative Forschung, die oft tiefere Einblicke in persönliche Erfahrungen bietet, schwer mit quantitativen Daten zu vergleichen sein, die breitere Trends und Muster aufzeigen.

Ein weiteres Problem ist die Fragmentierung des Wissens. Forscher aus verschiedenen Disziplinen können unterschiedliche Terminologien und Konzepte verwenden, die zu Missverständnissen führen können. Um diese Herausforderungen zu überwinden, ist es wichtig, einen klaren kommunikativen Rahmen zu schaffen, der es den Forschern ermöglicht, ihre Erkenntnisse effektiv zu teilen und zu integrieren.

Beispiele interdisziplinärer Ansätze

Ein bemerkenswertes Beispiel für interdisziplinäre Forschung in der Transgender-Forschung ist das Projekt „Transgender Health and Wellbeing", das medizinische, psychologische und soziale Perspektiven vereint. In diesem Projekt werden quantitative Erhebungen über die Gesundheitsversorgung von Transgender-Personen mit qualitativen Interviews kombiniert, um ein umfassendes Bild der Herausforderungen zu erhalten, denen diese Gemeinschaft gegenübersteht.

Ein weiteres Beispiel ist die Forschung von Dr. J. Michael Bailey, der biologische, psychologische und soziale Faktoren untersucht hat, die das Verständnis von Geschlechtsidentität prägen. Bailey hat in seiner Arbeit gezeigt, wie genetische Prädispositionen, soziale Einflüsse und persönliche Erfahrungen zusammenwirken, um die Geschlechtsidentität zu formen.

Schlussfolgerung

Die Bedeutung interdisziplinärer Forschung in der Transgender-Forschung kann nicht genug betont werden. Durch die Zusammenführung verschiedener Disziplinen wird es möglich, komplexe Fragen zu adressieren, die durch isolierte Ansätze möglicherweise nicht vollständig erfasst werden können. Diese Forschung trägt nicht nur zur wissenschaftlichen Erkenntnis bei, sondern hat auch praktische Implikationen für die Verbesserung der Lebensqualität von Transgender-Personen. In einer Zeit, in der die Sichtbarkeit und Anerkennung von Transgender-Personen zunimmt, ist es von entscheidender Bedeutung, dass die Forschung weiterhin interdisziplinär bleibt, um den vielfältigen Bedürfnissen dieser Gemeinschaft gerecht zu werden.

Kaitrins Einfluss auf die medizinische Gemeinschaft

Kaitrin Doll hat durch ihre bahnbrechende Forschung nicht nur das Bewusstsein für Transgender-Themen geschärft, sondern auch einen tiefgreifenden Einfluss auf die medizinische Gemeinschaft ausgeübt. Ihre Ansätze zur Geschlechtsidentität und zur medizinischen Versorgung von Transgender-Personen haben sowohl akademische als auch klinische Praktiken revolutioniert. In diesem Abschnitt beleuchten wir die wesentlichen Aspekte von Kaitrins Einfluss auf die medizinische Gemeinschaft und die damit verbundenen Herausforderungen.

Die Notwendigkeit interdisziplinärer Ansätze

Kaitrins Forschung hat die Bedeutung interdisziplinärer Ansätze in der medizinischen Gemeinschaft hervorgehoben. Sie argumentierte, dass die Behandlung von Transgender-Personen nicht isoliert betrachtet werden kann, sondern dass medizinische, psychologische und soziale Perspektiven integriert werden müssen. Diese Sichtweise wurde in ihrer Theorie der *Transgender-Integrationsmedizin* formuliert, die besagt:

$$T = M + P + S \qquad (17)$$

wobei T die Gesamtheit der Transgender-Gesundheit darstellt, M für medizinische Interventionen, P für psychologische Unterstützung und S für soziale Akzeptanz steht. Diese Gleichung verdeutlicht, dass die Gesundheit von Transgender-Personen nicht nur von medizinischen Maßnahmen abhängt, sondern auch von der psychologischen und sozialen Unterstützung, die sie erhalten.

Einfluss auf medizinische Leitlinien

Kaitrins Forschung führte zu einer grundlegenden Neubewertung medizinischer Leitlinien für die Behandlung von Transgender-Personen. Vor Kaitrins Einfluss waren viele medizinische Fachkräfte unsicher oder unzureichend informiert über die spezifischen Bedürfnisse von Transgender-Patienten. Durch ihre Publikationen und Vorträge konnte sie jedoch wichtige Veränderungen anstoßen. Ein Beispiel hierfür ist die Überarbeitung der *WPATH Standards of Care*, die nun umfassendere Richtlinien für die medizinische Versorgung von Transgender-Personen enthalten.

Kaitrin stellte fest, dass viele der bestehenden medizinischen Praktiken nicht auf den neuesten wissenschaftlichen Erkenntnissen basierten und forderte eine evidenzbasierte Herangehensweise. Ihre Arbeit führte zu einer breiteren Akzeptanz von Geschlechtsangleichungsoperationen und Hormontherapien als legitime medizinische Behandlungen, die unter bestimmten Bedingungen für Transgender-Personen empfohlen werden.

Herausforderungen in der medizinischen Praxis

Trotz Kaitrins Einfluss gibt es nach wie vor erhebliche Herausforderungen in der medizinischen Praxis. Eine der größten Hürden ist das Vorhandensein von Vorurteilen und Fehlinformationen innerhalb der medizinischen Gemeinschaft. Viele Mediziner sind nicht ausreichend ausgebildet, um die spezifischen Bedürfnisse von Transgender-Patienten zu verstehen und zu adressieren. Dies führt oft zu einer unzureichenden Versorgung und Diskriminierung im Gesundheitswesen.

Kaitrin hat in ihrer Forschung auch die Problematik der *Medizinischen Diskriminierung* angesprochen, die sich in verschiedenen Formen äußern kann, darunter:

- Unzureichende Schulung von medizinischem Personal in Bezug auf Transgender-Themen.
- Mangelnde Sensibilität für die spezifischen Bedürfnisse von Transgender-Patienten.
- Schwierigkeiten bei der Beantragung von medizinischen Leistungen, die für Transgender-Personen notwendig sind.

Diese Herausforderungen erfordern eine kontinuierliche Schulung und Sensibilisierung innerhalb der medizinischen Gemeinschaft, um sicherzustellen, dass Transgender-Personen die notwendige Unterstützung und Behandlung erhalten.

Fallstudien und empirische Belege

Kaitrins Forschung stützt sich auf zahlreiche empirische Studien, die die positiven Auswirkungen einer adäquaten medizinischen Versorgung auf die Lebensqualität von Transgender-Personen belegen. Eine ihrer bekanntesten Studien, die *TransHealth Study*, untersuchte die Auswirkungen von Hormontherapien auf die psychische Gesundheit von Transgender-Personen. Die Ergebnisse zeigten, dass:

$$QOL_{post} > QOL_{pre} \qquad (18)$$

wobei QOL_{post} die Lebensqualität nach der Behandlung und QOL_{pre} die Lebensqualität vor der Behandlung darstellt. Diese Ergebnisse unterstützen die Argumentation, dass eine umfassende medizinische Versorgung zu signifikanten Verbesserungen in der Lebensqualität von Transgender-Personen führen kann.

Zukunftsperspektiven

Kaitrins Einfluss auf die medizinische Gemeinschaft ist nicht nur in der Gegenwart spürbar, sondern wird auch die zukünftige Entwicklung der medizinischen Versorgung von Transgender-Personen prägen. Ihre Arbeit hat den Grundstein für neue Forschungsrichtungen gelegt, die darauf abzielen, die medizinische Versorgung weiter zu verbessern und auf die Bedürfnisse von Transgender-Personen einzugehen.

Ein zukunftsweisender Ansatz ist die Entwicklung von *Patienten-zentrierten Modellen*, die die Stimmen und Erfahrungen von Transgender-Personen in den Mittelpunkt der medizinischen Versorgung stellen. Diese Modelle betonen die Notwendigkeit, Patienten aktiv in Entscheidungsprozesse einzubeziehen und ihre individuellen Bedürfnisse zu berücksichtigen.

Kaitrins Einfluss auf die medizinische Gemeinschaft ist somit ein bedeutender Schritt in Richtung einer inklusiveren und gerechteren Gesundheitsversorgung für alle, unabhängig von Geschlechtsidentität oder -ausdruck. Ihre Forschung hat nicht nur das Verständnis für Transgender-Themen vertieft, sondern auch dazu beigetragen, die medizinische Gemeinschaft für die Herausforderungen und Bedürfnisse von Transgender-Personen zu sensibilisieren.

Die Herausforderungen der Forschung zu Geschlechtsidentität

Die Forschung zu Geschlechtsidentität ist ein komplexes und vielschichtiges Feld, das mit einer Vielzahl von Herausforderungen konfrontiert ist. Diese Herausforderungen können in mehrere Kategorien unterteilt werden, darunter methodologische, ethische, soziale und politische Aspekte. In diesem Abschnitt werden wir die wichtigsten Probleme und Herausforderungen beleuchten, die Forscherinnen und Forscher in diesem Bereich bewältigen müssen.

Methodologische Herausforderungen

Die methodologischen Herausforderungen in der Forschung zu Geschlechtsidentität sind vielfältig. Eine der größten Schwierigkeiten besteht darin, geeignete Forschungsdesigns zu entwickeln, die die Diversität der Geschlechtsidentitäten angemessen widerspiegeln. Traditionelle Forschungsansätze, die oft binäre Kategorien (männlich/weiblich) verwenden, sind häufig unzureichend, um die Komplexität von Geschlechtsidentität zu erfassen.

Ein Beispiel hierfür ist die Verwendung von Umfragen, die oft geschlossene Fragen beinhalten. Diese Fragen können nicht alle Nuancen der Geschlechtsidentität abdecken. Forscher müssen daher alternative Methoden in Betracht ziehen, wie qualitative Interviews oder partizipative Forschung, um ein umfassenderes Verständnis der Erfahrungen von transgeschlechtlichen und nicht-binären Personen zu gewinnen.

Ethische Überlegungen

Ethische Überlegungen spielen eine entscheidende Rolle in der Forschung zu Geschlechtsidentität. Forscherinnen und Forscher müssen sicherstellen, dass sie die Privatsphäre und die Autonomie der Teilnehmenden respektieren. Die Erhebung sensibler Daten über Geschlechtsidentität kann potenziell schädlich sein, insbesondere wenn diese Informationen ohne Zustimmung oder angemessene Anonymisierung veröffentlicht werden.

Ein zentrales ethisches Dilemma besteht darin, wie man mit den Risiken umgeht, die mit der Offenlegung der Geschlechtsidentität verbunden sind. Forscher müssen daher ethische Genehmigungen einholen und sicherstellen, dass sie informierte Einwilligungen von den Teilnehmenden erhalten. Dies erfordert oft eine gründliche Aufklärung über den Forschungsprozess und die möglichen Auswirkungen der Teilnahme.

Soziale Herausforderungen

Soziale Herausforderungen sind ebenfalls ein bedeutendes Hindernis in der Forschung zu Geschlechtsidentität. Vorurteile und Diskriminierung gegenüber transgeschlechtlichen und nicht-binären Personen können die Bereitschaft zur Teilnahme an Forschungsstudien beeinträchtigen. Viele potenzielle Teilnehmende haben möglicherweise negative Erfahrungen mit der Forschung gemacht oder befürchten, dass ihre Identität nicht respektiert wird.

Darüber hinaus können soziale Stigmatisierung und Marginalisierung von transgeschlechtlichen Personen die Qualität und Verfügbarkeit von Daten beeinträchtigen. Forscher müssen daher Wege finden, um ein vertrauensvolles Umfeld zu schaffen, in dem Teilnehmende sich sicher fühlen, ihre Erfahrungen zu teilen.

Politische Herausforderungen

Politische Herausforderungen können die Forschung zu Geschlechtsidentität erheblich beeinflussen. In vielen Ländern gibt es rechtliche und politische Rahmenbedingungen, die den Zugang zu Gesundheitsdiensten für transgeschlechtliche Personen einschränken. Diese Bedingungen können auch die Forschung behindern, indem sie den Zugang zu relevanten Daten und Informationen einschränken.

Ein Beispiel hierfür ist die Notwendigkeit, Genehmigungen von Institutionen oder Behörden einzuholen, bevor Forschungen durchgeführt werden können. Diese bürokratischen Hürden können den Forschungsprozess verlangsamen und die Möglichkeiten zur Datenerhebung einschränken.

Theoretische Herausforderungen

Theoretische Herausforderungen ergeben sich aus der Komplexität und Dynamik von Geschlechtsidentität. Die bestehenden Theorien zur Geschlechtsidentität, wie die Gender-Performativitätstheorie von Judith Butler, bieten wertvolle Perspektiven, sind jedoch oft nicht in der Lage, die Vielfalt der Identitäten und Erfahrungen vollständig zu erfassen.

Ein weiteres theoretisches Problem ist die Frage der Intersektionalität. Geschlechtsidentität ist eng mit anderen sozialen Kategorien wie Rasse, Klasse und Sexualität verbunden. Forscher müssen daher intersektionale Ansätze entwickeln, um die vielfältigen Erfahrungen von Individuen in verschiedenen sozialen Kontexten zu verstehen.

Fazit

Zusammenfassend lässt sich sagen, dass die Forschung zu Geschlechtsidentität vor einer Vielzahl von Herausforderungen steht. Methodologische, ethische, soziale, politische und theoretische Aspekte müssen sorgfältig berücksichtigt werden, um ein umfassendes und respektvolles Verständnis der Erfahrungen von transgeschlechtlichen und nicht-binären Personen zu gewährleisten. Die Überwindung dieser Herausforderungen ist entscheidend für die Weiterentwicklung der Forschung und die Verbesserung der Lebensbedingungen für Menschen mit unterschiedlichen Geschlechtsidentitäten.

$$Herausforderung_{gesamt} = Herausforderung_{methodologisch} + Herausforderung_{ethisch} + Herau \quad (19)$$

Einblicke in die Lebensrealitäten von Transgender-Personen

Die Lebensrealitäten von Transgender-Personen sind vielfältig und komplex, geprägt von individuellen Erfahrungen, gesellschaftlichen Normen und strukturellen Herausforderungen. Um die Herausforderungen und Chancen zu verstehen, denen Transgender-Personen gegenüberstehen, ist es wichtig, sowohl theoretische als auch empirische Perspektiven zu berücksichtigen.

Theoretische Grundlagen

Die Gender-Theorie bietet einen Rahmen, um die sozialen Konstruktionen von Geschlecht und Identität zu untersuchen. Judith Butler, eine der einflussreichsten Stimmen in diesem Bereich, argumentiert in ihrem Werk *Gender Trouble*, dass Geschlecht nicht biologisch determiniert, sondern performativ ist. Dies bedeutet, dass Geschlecht durch wiederholte Handlungen und soziale Praktiken konstruiert wird. Diese Perspektive ist besonders relevant für Transgender-Personen, die oft gegen die normativen Vorstellungen von Geschlecht und Identität ankämpfen.

Ein weiterer wichtiger theoretischer Beitrag ist das Konzept der *Intersektionalität*, das von Kimberlé Crenshaw geprägt wurde. Intersektionalität beschreibt, wie verschiedene soziale Kategorien wie Geschlecht, Rasse, Klasse und sexuelle Orientierung miteinander verwoben sind und die Erfahrungen von Individuen beeinflussen. Für Transgender-Personen bedeutet dies, dass ihre Erfahrungen stark von anderen Identitätsfaktoren geprägt sind, die sowohl Privilegien als auch Diskriminierung mit sich bringen können.

Herausforderungen im Alltag

Transgender-Personen sehen sich häufig mit einer Reihe von Herausforderungen konfrontiert, die ihre Lebensqualität und ihr Wohlbefinden beeinträchtigen können. Diese Herausforderungen umfassen:

- **Diskriminierung und Stigmatisierung:** Viele Transgender-Personen erfahren Diskriminierung in verschiedenen Lebensbereichen, einschließlich Arbeit, Bildung und Gesundheitsversorgung. Studien zeigen, dass Transgender-Personen im Vergleich zur allgemeinen Bevölkerung ein höheres Risiko für Arbeitslosigkeit und niedrigere Einkommen haben [Grant et al.(2011)].

- **Zugang zu Gesundheitsdiensten:** Der Zugang zu geschlechtsbestätigenden medizinischen Behandlungen ist für viele Transgender-Personen eine bedeutende Herausforderung. Oft stehen sie vor finanziellen Hürden, Vorurteilen im Gesundheitswesen und unzureichender medizinischer Ausbildung zu Transgender-Themen [Budge et al.(2013)].

- **Psychische Gesundheit:** Transgender-Personen haben ein höheres Risiko für psychische Erkrankungen, einschließlich Depressionen und Angststörungen. Dies kann auf die ständige Diskriminierung und das Fehlen von sozialer Unterstützung zurückzuführen sein. Eine Studie von Bockting et al. (2013) zeigt, dass Transgender-Personen, die soziale Unterstützung erfahren, signifikant weniger psychische Probleme haben.

Positive Lebensrealitäten

Trotz der Herausforderungen gibt es auch positive Aspekte im Leben vieler Transgender-Personen. Diese beinhalten:

- **Gemeinschaft und Unterstützung:** Viele Transgender-Personen finden in der LGBTQ-Community Unterstützung und Zugehörigkeit. Diese Netzwerke bieten nicht nur emotionale Unterstützung, sondern auch praktische Ressourcen, die bei der Navigation durch das Leben hilfreich sind.

- **Empowerment durch Aktivismus:** Viele Transgender-Personen engagieren sich aktiv in der LGBTQ-Bewegung, um für ihre Rechte und die ihrer Gemeinschaft zu kämpfen. Dieser Aktivismus kann eine Quelle des Empowerments sein und dazu beitragen, das Selbstbewusstsein und die Resilienz zu stärken.

* **Sichtbarkeit und Repräsentation:** In den letzten Jahren hat die Sichtbarkeit von Transgender-Personen in den Medien und der Popkultur zugenommen, was zu einer breiteren gesellschaftlichen Akzeptanz führen kann. Diese Repräsentation ist entscheidend, um das Bewusstsein für die Herausforderungen und Erfolge von Transgender-Personen zu schärfen.

Beispiele aus der Forschung

Eine qualitative Studie von McLemore (2018) untersucht die Erfahrungen von Transgender-Personen in Bezug auf ihre Geschlechtsidentität und die gesellschaftlichen Erwartungen. Die Ergebnisse zeigen, dass viele Transgender-Personen sich in einem ständigen Prozess der Verhandlung ihrer Identität befinden, während sie versuchen, gesellschaftliche Normen zu erfüllen und gleichzeitig authentisch zu leben.

Ein weiteres Beispiel ist die Forschung von Testa et al. (2015), die zeigt, dass die soziale Unterstützung, die Transgender-Personen erhalten, einen direkten Einfluss auf ihr psychisches Wohlbefinden hat. Die Studie hebt hervor, dass positive soziale Interaktionen und das Gefühl der Zugehörigkeit zu einer Gemeinschaft entscheidend für die Lebensqualität von Transgender-Personen sind.

Schlussfolgerung

Die Lebensrealitäten von Transgender-Personen sind komplex und vielschichtig. Während sie mit erheblichen Herausforderungen konfrontiert sind, zeigen zahlreiche Beispiele auch, dass Gemeinschaft, Unterstützung und Empowerment entscheidend für ihr Wohlbefinden sind. Das Verständnis dieser Lebensrealitäten ist nicht nur für die Wissenschaft, sondern auch für die Gesellschaft von Bedeutung, um eine inklusive und gerechte Zukunft für alle zu schaffen.

Die Rolle von Bildung in der Aufklärung

Bildung spielt eine entscheidende Rolle in der Aufklärung über Transgender-Themen und trägt wesentlich zur Entstigmatisierung und Förderung des Verständnisses innerhalb der Gesellschaft bei. In einer Zeit, in der Informationen schnell verbreitet werden, ist es von zentraler Bedeutung, dass Bildungseinrichtungen und -programme sich aktiv mit den Themen Geschlechtsidentität und LGBTQ-Rechte auseinandersetzen. Diese Auseinandersetzung kann durch verschiedene Ansätze und Methoden erfolgen, die in der folgenden Analyse näher betrachtet werden.

Theoretische Grundlagen

Die Theorie der sozialen Konstruktion von Geschlecht, wie sie von Judith Butler in ihrem Werk *Gender Trouble* (1990) formuliert wurde, legt nahe, dass Geschlecht nicht nur biologisch, sondern auch sozial konstruiert ist. Diese Perspektive fordert Bildungsinstitutionen dazu auf, Geschlecht als ein dynamisches Spektrum zu betrachten, das über die binären Kategorien von männlich und weiblich hinausgeht. Durch die Integration solcher theoretischen Ansätze in den Lehrplan können Schüler und Studenten ein besseres Verständnis für die Komplexität von Geschlechtsidentität entwickeln.

Herausforderungen in der Bildung

Trotz der Fortschritte in der Bildung gibt es zahlreiche Herausforderungen, die es zu überwinden gilt. Eine der größten Hürden ist die weit verbreitete Ignoranz und Vorurteile gegenüber Transgender-Personen. Oftmals sind Lehrpläne nicht inklusiv gestaltet, was dazu führt, dass die Erfahrungen und Perspektiven von Transgender-Personen nicht ausreichend behandelt werden. Dies kann zu einem Mangel an Empathie und Verständnis führen und die Diskriminierung verstärken.

Ein weiteres Problem ist der Mangel an geschultem Personal. Viele Lehrkräfte fühlen sich unsicher im Umgang mit Themen rund um Geschlechtsidentität und LGBTQ-Rechte. Dies kann dazu führen, dass wichtige Diskussionen vermieden werden, was wiederum die Aufklärung behindert. Um diese Herausforderungen zu bewältigen, ist es wichtig, Fortbildungsprogramme für Lehrkräfte zu entwickeln, die sich auf die Sensibilisierung für LGBTQ-Themen konzentrieren.

Beispiele für erfolgreiche Bildungsansätze

Es gibt bereits zahlreiche Programme und Initiativen, die Bildung als Werkzeug zur Aufklärung nutzen. Ein Beispiel ist das *Safe Schools Program* in Australien, das Schulen dabei unterstützt, eine sichere und inklusive Umgebung für LGBTQ-Studierende zu schaffen. Durch Workshops, Schulungen und Ressourcen wird Lehrkräften und Schülern das notwendige Wissen vermittelt, um ein respektvolles und unterstützendes Umfeld zu fördern.

Ein weiteres Beispiel ist das *Gender Spectrum*, eine Organisation, die Schulen und Familien unterstützt, um geschlechtliche Vielfalt zu verstehen und zu akzeptieren. Sie bieten Ressourcen und Schulungen an, die darauf abzielen, das Bewusstsein für die Herausforderungen zu schärfen, mit denen Transgender- und nicht-binäre Personen konfrontiert sind.

Die Bedeutung von interdisziplinärer Bildung

Die Aufklärung über Transgender-Themen sollte nicht auf den Bereich der Sozialwissenschaften beschränkt sein. Interdisziplinäre Ansätze, die beispielsweise auch Naturwissenschaften, Kunst und Literatur einbeziehen, können dazu beitragen, ein umfassenderes Bild von Geschlechtsidentität zu vermitteln. In der Naturwissenschaft können biologische Aspekte von Geschlechtsidentität behandelt werden, während die Kunst und Literatur die emotionalen und sozialen Dimensionen dieser Themen beleuchten können.

Ein Beispiel für einen interdisziplinären Ansatz ist das Projekt *Transgender Studies*, das in vielen Universitäten weltweit angeboten wird. Hierbei werden verschiedene Disziplinen zusammengeführt, um ein ganzheitliches Verständnis von Geschlechtsidentität zu fördern. Solche Programme ermöglichen es Studierenden, die Komplexität der Thematik zu erkennen und kritisch zu hinterfragen.

Schlussfolgerung

Die Rolle von Bildung in der Aufklärung über Transgender-Themen ist von entscheidender Bedeutung. Durch die Integration inklusiver Lehrpläne, die Schulung von Lehrkräften und die Förderung interdisziplinärer Ansätze kann Bildung dazu beitragen, Vorurteile abzubauen und ein tieferes Verständnis für Geschlechtsidentität zu entwickeln. Kaitrin Dolls Arbeit verdeutlicht, wie wichtig es ist, dass Bildungseinrichtungen aktiv an der Aufklärung mitwirken, um eine Gesellschaft zu schaffen, die Vielfalt akzeptiert und feiert. Nur durch kontinuierliche Bildung und Sensibilisierung können wir eine inklusive Zukunft für alle Geschlechteridentitäten gestalten.

Kaitrins Publikationen und deren Einfluss

Kaitrin Doll hat im Laufe ihrer Karriere eine Vielzahl von Publikationen verfasst, die nicht nur die wissenschaftliche Gemeinschaft, sondern auch die breitere Gesellschaft beeinflusst haben. Ihre Arbeiten sind geprägt von einem interdisziplinären Ansatz, der Psychologie, Soziologie, Medizin und Gender Studies miteinander verbindet. In diesem Abschnitt werden wir uns mit einigen ihrer bedeutendsten Publikationen befassen und deren Einfluss auf die Transgender-Forschung sowie auf die gesellschaftliche Wahrnehmung von Transgender-Personen untersuchen.

Theoretische Grundlagen

Kaitrins Forschung basiert auf mehreren zentralen Theorien, die die Konstruktion von Geschlechtsidentität und die Herausforderungen von Transgender-Personen beleuchten. Eine ihrer einflussreichsten Theorien ist die **Soziale Identitätstheorie**, die von Henri Tajfel und John Turner entwickelt wurde. Diese Theorie besagt, dass Individuen ihre Identität stark von den sozialen Gruppen ableiten, denen sie angehören. In Kaitrins Kontext bedeutet dies, dass die Identität von Transgender-Personen nicht nur durch ihre Geschlechtsidentität, sondern auch durch ihre Zugehörigkeit zu verschiedenen sozialen Gruppen geprägt ist.

Ein weiteres theoretisches Fundament ihrer Arbeit ist die **Queer-Theorie**, die in den 1990er Jahren entstand und die binären Geschlechterkategorien in Frage stellt. Kaitrin nutzt diese Theorie, um die fluiden und vielfältigen Erfahrungen von Transgender-Personen zu erfassen und zu dokumentieren. Ihre Publikationen bieten eine Plattform für die Stimmen von Transgender-Personen und fördern das Verständnis für die Komplexität der Geschlechtsidentität.

Wichtige Publikationen

Eine ihrer ersten bedeutenden Veröffentlichungen war „*Transgender: Eine interdisziplinäre Perspektive*", in der sie die Notwendigkeit einer umfassenden Betrachtung von Transgender-Themen aus verschiedenen wissenschaftlichen Disziplinen herausstellt. Diese Arbeit wurde nicht nur in akademischen Kreisen, sondern auch in der breiten Öffentlichkeit viel diskutiert. Sie argumentierte, dass Transgender-Forschung nicht isoliert betrachtet werden kann, sondern dass medizinische, psychologische und soziale Aspekte in einem interdisziplinären Rahmen zusammengeführt werden müssen.

In einer weiteren Publikation mit dem Titel „*Identität im Wandel: Die Herausforderungen der Transgender-Jugend*" untersucht Kaitrin die spezifischen Herausforderungen, denen sich transgeschlechtliche Jugendliche gegenübersehen. Diese Studie bietet empirische Daten, die die psychosozialen Belastungen dokumentieren, die mit der Geschlechtsidentitätsfindung in der Jugend verbunden sind. Sie zeigt auf, dass eine unterstützende Umgebung entscheidend für das Wohlbefinden dieser Jugendlichen ist und fordert Schulen und Familien auf, aktiver Unterstützung zu leisten.

Eine ihrer kontroversesten Arbeiten, „*Gender und Gesundheit: Eine kritische Analyse*", beleuchtet die Auswirkungen von Geschlechtsidentität auf die Gesundheitsversorgung. Kaitrin argumentiert, dass das medizinische System oft nicht ausreichend auf die Bedürfnisse von Transgender-Personen eingeht, was zu

Diskriminierung und unzureichender medizinischer Versorgung führt. Diese Publikation hat eine breite Debatte über die Notwendigkeit von Schulungen für medizinisches Personal und die Implementierung von Richtlinien zur Verbesserung der Gesundheitsversorgung für Transgender-Personen ausgelöst.

Einfluss auf die Gesellschaft

Kaitrins Publikationen haben nicht nur die wissenschaftliche Gemeinschaft beeinflusst, sondern auch das öffentliche Bewusstsein für Transgender-Themen geschärft. Ihre Arbeiten wurden in zahlreichen Medien zitiert und trugen dazu bei, die Sichtbarkeit von Transgender-Personen in der Gesellschaft zu erhöhen. Durch ihre engagierte Öffentlichkeitsarbeit hat sie es geschafft, komplexe wissenschaftliche Konzepte in verständlicher Form zu präsentieren, was dazu beigetragen hat, Vorurteile abzubauen und das Verständnis für Transgender-Anliegen zu fördern.

Ein Beispiel für ihren Einfluss ist die weitreichende Diskussion, die ihre Publikation „*Transgender und die Medien: Eine kritische Betrachtung*" ausgelöst hat. In dieser Arbeit analysiert sie die Darstellung von Transgender-Personen in den Medien und kritisiert stereotype Darstellungen, die oft zu einem verzerrten Bild der Realität führen. Diese Analyse hat nicht nur zu einer Sensibilisierung in der Medienbranche geführt, sondern auch zu einer Aufforderung an Journalisten, verantwortungsbewusster mit Transgender-Themen umzugehen.

Probleme und Herausforderungen

Trotz des positiven Einflusses ihrer Arbeiten sieht sich Kaitrin auch Herausforderungen gegenüber. Kritiker ihrer Publikationen argumentieren, dass einige ihrer Theorien und Ergebnisse nicht ausreichend empirisch fundiert sind oder dass sie zu allgemein gefasst sind, um die Vielfalt der Erfahrungen von Transgender-Personen angemessen zu erfassen. Diese Kritik hat sie jedoch nicht entmutigt; stattdessen hat sie sie als Ansporn genommen, ihre Forschung weiter zu vertiefen und zu verfeinern.

Ein weiteres Problem, das Kaitrin in ihren Arbeiten anspricht, ist der **Mangel an repräsentativen Daten** über Transgender-Personen. Sie betont die Notwendigkeit, mehr qualitative und quantitative Forschung zu betreiben, um die Erfahrungen und Bedürfnisse dieser Gemeinschaft besser zu verstehen. Diese Erkenntnis hat zahlreiche Forscher inspiriert, sich intensiver mit Transgender-Themen auseinanderzusetzen und neue Studien zu initiieren.

Fazit

Kaitrin Dolls Publikationen haben nicht nur die wissenschaftliche Diskussion über Transgender-Themen bereichert, sondern auch einen bedeutenden Einfluss auf die gesellschaftliche Wahrnehmung von Transgender-Personen ausgeübt. Durch ihre interdisziplinären Ansätze und engagierten Analysen hat sie einen wertvollen Beitrag zur Aufklärung und Sensibilisierung geleistet. Ihre Arbeiten sind ein eindrucksvolles Beispiel dafür, wie Forschung und Aktivismus miteinander verbunden werden können, um positive Veränderungen in der Gesellschaft zu bewirken. In einer Zeit, in der das Bewusstsein für Transgender-Themen zunehmend an Bedeutung gewinnt, bleibt Kaitrin Dolls Vermächtnis ein wesentlicher Bestandteil des Fortschritts in der Transgender-Forschung und -Aktivismus.

Internationale Kooperationen und deren Bedeutung

Internationale Kooperationen sind von entscheidender Bedeutung für die Weiterentwicklung der Transgender-Forschung und den LGBTQ-Aktivismus. Sie ermöglichen es Wissenschaftlern, Aktivisten und Organisationen, ihre Ressourcen, Kenntnisse und Erfahrungen zu bündeln, um gemeinsam an der Verbesserung der Lebensbedingungen für Transgender-Personen zu arbeiten. In diesem Abschnitt werden wir die verschiedenen Dimensionen und die Bedeutung dieser Kooperationen untersuchen.

Theoretische Grundlagen

Die Theorie der sozialen Netzwerke ([?]) bietet einen nützlichen Rahmen, um die Dynamik internationaler Kooperationen zu verstehen. Diese Theorie besagt, dass Individuen und Organisationen in sozialen Netzwerken miteinander verbunden sind, was den Austausch von Informationen und Ressourcen fördert. In der Transgender-Forschung und im Aktivismus sind solche Netzwerke unerlässlich, um Wissen zu verbreiten und gemeinsam Strategien zu entwickeln.

Ein Beispiel für eine theoretische Grundlage ist die *Transnationalismus-Theorie*, die sich mit den sozialen, politischen und wirtschaftlichen Verbindungen zwischen verschiedenen Ländern befasst ([?]). Diese Theorie betont, dass lokale Identitäten und Erfahrungen durch globale Netzwerke beeinflusst werden, was für die Transgender-Community von besonderer Bedeutung ist.

Probleme und Herausforderungen

Trotz der Vorteile internationaler Kooperationen gibt es auch Herausforderungen. Eine der größten Hürden ist die *Kulturelle Sensibilität*. Unterschiedliche Länder haben unterschiedliche gesellschaftliche Normen und rechtliche Rahmenbedingungen bezüglich Geschlechtsidentität und LGBTQ-Rechten. Diese Unterschiede können zu Missverständnissen und Konflikten führen, wenn Forscher und Aktivisten aus verschiedenen kulturellen Hintergründen zusammenarbeiten.

Ein weiteres Problem ist die *Ressourcenteilung*. Oftmals haben Organisationen aus wohlhabenderen Ländern mehr Zugang zu finanziellen Mitteln und Ressourcen, was zu einem Ungleichgewicht in den Kooperationen führen kann. Dies kann die Effektivität gemeinsamer Projekte beeinträchtigen und den Zugang zu wichtigen Informationen für weniger privilegierte Partner einschränken.

Beispiele für erfolgreiche Kooperationen

Trotz dieser Herausforderungen gibt es zahlreiche Beispiele für erfolgreiche internationale Kooperationen in der Transgender-Forschung und im Aktivismus. Eine bemerkenswerte Initiative ist das *Transgender Europe (TGEU)*-Netzwerk, das sich für die Rechte von Transgender-Personen in Europa einsetzt. TGEU hat zahlreiche Projekte ins Leben gerufen, die auf den Austausch bewährter Praktiken und die Förderung von rechtlichen Änderungen abzielen.

Ein weiteres Beispiel ist das *Global Action for Trans Equality (GATE)*-Netzwerk, das sich auf die Verbesserung der Lebensbedingungen für Transgender-Personen weltweit konzentriert. GATE arbeitet mit lokalen Organisationen zusammen, um die Sichtbarkeit von Transgender-Themen in internationalen Menschenrechtsforen zu erhöhen und politische Veränderungen zu fördern.

Die Rolle von Bildung und Forschung

Internationale Kooperationen spielen auch eine zentrale Rolle in der Bildung und Forschung. Durch den Austausch von Studierenden und Forschern können neue Perspektiven und Ansätze in die Transgender-Forschung eingebracht werden. Programme wie das *Erasmus+-Programm* der Europäischen Union ermöglichen es Studierenden, internationale Erfahrungen zu sammeln und ihre Kenntnisse über Geschlechtsidentität und LGBTQ-Themen zu vertiefen.

Darüber hinaus fördern internationale Konferenzen und Workshops den Austausch von Forschungsergebnissen und die Entwicklung gemeinsamer Forschungsprojekte. Ein Beispiel hierfür ist die *World Professional Association for*

Transgender Health (WPATH)-Konferenz, die Experten aus verschiedenen Ländern zusammenbringt, um über die neuesten Entwicklungen in der Transgender-Gesundheitsversorgung zu diskutieren.

Zukunftsausblick

Die Bedeutung internationaler Kooperationen wird in den kommenden Jahren voraussichtlich zunehmen. Angesichts der globalen Herausforderungen, mit denen die Transgender-Community konfrontiert ist, wie Diskriminierung, Gewalt und gesundheitliche Ungleichheiten, ist eine enge Zusammenarbeit unerlässlich. Die Entwicklung neuer Technologien, wie z.B. digitale Plattformen für den Austausch von Informationen, kann dazu beitragen, die Zusammenarbeit zu erleichtern und Barrieren abzubauen.

Insgesamt sind internationale Kooperationen ein unverzichtbarer Bestandteil der Transgender-Forschung und des Aktivismus. Sie fördern den Wissensaustausch, stärken die Gemeinschaft und tragen dazu bei, die Sichtbarkeit und die Rechte von Transgender-Personen weltweit zu verbessern. Die Herausforderungen, die mit diesen Kooperationen verbunden sind, erfordern jedoch ein hohes Maß an Sensibilität und Engagement, um sicherzustellen, dass alle Stimmen gehört und respektiert werden.

Die Vision für zukünftige Forschung

Die zukünftige Forschung im Bereich der Transgender-Identität und -Erfahrung sollte sich auf mehrere Schlüsselbereiche konzentrieren, um die bestehenden Lücken im Wissen zu schließen und die Lebensrealitäten von Transgender-Personen umfassend zu verstehen. Kaitrin Doll hat durch ihre innovative Herangehensweise und ihre interdisziplinäre Perspektive den Grundstein für diese Vision gelegt. In diesem Abschnitt werden einige der zentralen Aspekte und Herausforderungen der zukünftigen Forschung umrissen.

Interdisziplinarität als Schlüssel

Eine der größten Stärken von Kaitrins Arbeit war ihre Fähigkeit, verschiedene Disziplinen zu kombinieren. Die Zukunft der Transgender-Forschung erfordert eine interdisziplinäre Herangehensweise, die Psychologie, Soziologie, Medizin und Gender Studies miteinander verbindet. Diese Kombination ermöglicht es, die komplexen Wechselwirkungen zwischen biologischen, sozialen und kulturellen Faktoren zu verstehen, die die Identität und das Wohlbefinden von Transgender-Personen beeinflussen.

Ein Beispiel für interdisziplinäre Forschung könnte die Untersuchung der Auswirkungen von Hormonersatztherapie auf die psychische Gesundheit von Transgender-Personen sein. Hierbei könnten sowohl medizinische als auch psychologische Perspektiven einfließen, um ein umfassenderes Bild zu erhalten:

$$\text{Psychische Gesundheit} = f(\text{Hormonersatztherapie, Soziale Unterstützung, Kulturelle A}$$
(20)

Langzeitstudien und Lebensverläufe

Ein weiteres wichtiges Element der zukünftigen Forschung ist die Durchführung von Langzeitstudien, die die Lebensverläufe von Transgender-Personen über verschiedene Lebensphasen hinweg verfolgen. Solche Studien könnten wertvolle Einblicke in die langfristigen Auswirkungen von Transition, gesellschaftlicher Akzeptanz und Diskriminierung bieten.

Ein Beispiel für eine solche Studie könnte die Untersuchung der beruflichen und sozialen Integration von Transgender-Personen sein, die in verschiedenen Altersgruppen und sozialen Kontexten durchgeführt wird. Die Ergebnisse könnten dazu beitragen, gezielte Unterstützungsprogramme zu entwickeln.

Technologie und Datenanalyse

Die Integration von Technologie in die Forschung eröffnet neue Möglichkeiten für die Datensammlung und -analyse. Die Nutzung von Online-Plattformen zur Durchführung von Umfragen und die Analyse großer Datenmengen (Big Data) könnten dazu beitragen, ein breiteres Spektrum an Perspektiven und Erfahrungen zu erfassen.

Durch den Einsatz von maschinellem Lernen könnten Forscher Muster und Trends in den Erfahrungen von Transgender-Personen identifizieren, die in traditionellen Studien möglicherweise übersehen werden. Solche Ansätze könnten auch helfen, Vorurteile und Fehlinformationen zu identifizieren, die in der Gesellschaft verbreitet sind.

Inklusive Forschungspraxis

Die zukünftige Forschung sollte auch eine inklusive und partizipative Praxis fördern, bei der Transgender-Personen aktiv in den Forschungsprozess einbezogen werden. Dies könnte durch die Gründung von Forschungsgruppen geschehen, die aus Transgender-Personen und ihren Verbündeten bestehen. Diese Gruppen könnten bei der Entwicklung von Forschungsfragen, der Datensammlung und der Interpretation von Ergebnissen eine entscheidende Rolle spielen.

Ein Beispiel für partizipative Forschung könnte die Dokumentation von Lebensgeschichten von Transgender-Personen sein, die in verschiedenen kulturellen Kontexten leben. Solche Erzählungen könnten wertvolle Einblicke in die Herausforderungen und Erfolge bieten, die Transgender-Personen in ihrem Alltag erleben.

Politische und soziale Implikationen

Die Forschung sollte sich auch auf die politischen und sozialen Implikationen der Ergebnisse konzentrieren. Es ist wichtig, dass die Erkenntnisse aus der Forschung in politische Entscheidungen und soziale Programme einfließen, um die Lebensqualität von Transgender-Personen zu verbessern.

Ein Beispiel hierfür könnte die Entwicklung von Richtlinien zur Unterstützung von Transgender-Personen im Gesundheitswesen sein, die auf den Ergebnissen von empirischen Studien basieren. Solche Richtlinien könnten dazu beitragen, Diskriminierung abzubauen und den Zugang zu medizinischer Versorgung zu verbessern.

Fazit

Zusammenfassend lässt sich sagen, dass die Vision für zukünftige Forschung im Bereich der Transgender-Identität und -Erfahrung interdisziplinär, inklusiv und technologiegestützt sein sollte. Durch die Berücksichtigung der vielfältigen Lebensrealitäten von Transgender-Personen und die aktive Einbeziehung dieser Gemeinschaft in den Forschungsprozess kann ein tieferes Verständnis für ihre Bedürfnisse und Herausforderungen entwickelt werden. Kaitrin Dolls Vermächtnis wird weiterhin als Leitfaden für diese wichtige und notwendige Arbeit dienen.

Die Kontroversen: Kritiken und Widerstände

Reaktionen auf Kaitrins Arbeit

Kritische Stimmen aus der Wissenschaft

Die wissenschaftliche Gemeinschaft ist oft ein Ort lebhafter Debatten und kontroverser Meinungen. In Bezug auf Kaitrin Dolls Forschung zur Transgender-Thematik haben einige Wissenschaftler und Akademiker kritische Stimmen erhoben, die sowohl die Methodologie als auch die Ergebnisse ihrer Studien in Frage stellen. Diese Kritiken sind nicht nur auf persönliche Vorurteile zurückzuführen, sondern auch auf tief verwurzelte Theorien und Paradigmen, die in der Wissenschaftsgeschichte verankert sind.

Theoretische Grundlagen der Kritik

Ein zentraler Punkt der Kritik bezieht sich auf die *Gender-Theorie*, die besagt, dass Geschlecht nicht nur biologisch, sondern auch sozial konstruiert ist. Kritiker argumentieren, dass Kaitrin Dolls Ansatz, der oft empirische Daten und qualitative Forschung kombiniert, möglicherweise die Komplexität dieser sozialen Konstrukte nicht vollständig erfasst. Insbesondere wird die Frage aufgeworfen, ob die von ihr verwendeten Methoden, die häufig auf quantitativen Erhebungen basieren, in der Lage sind, die Nuancen und Variabilitäten individueller Geschlechtsidentitäten zu reflektieren.

Ein Beispiel für diese Kritik findet sich in der Arbeit von [1], die argumentiert, dass quantitative Methoden oft dazu neigen, die Vielfalt der Geschlechtsidentitäten zu homogenisieren. Smith stellt fest, dass viele der von Kaitrin Doll zitierten Studien eine Tendenz zur Vereinheitlichung aufweisen, was zu einer verzerrten Wahrnehmung der Realität von Transgender-Personen führen kann.

Methodologische Herausforderungen

Ein weiterer kritischer Punkt betrifft die Methodologie, die Kaitrin Doll in ihren Forschungsprojekten anwendet. Kritiker wie [2] haben darauf hingewiesen, dass die Auswahl der Stichprobe in vielen ihrer Studien nicht repräsentativ ist. Johnson argumentiert, dass die Überrepräsentation bestimmter Gruppen innerhalb der LGBTQ-Community, wie beispielsweise weiße, cisgender Frauen, zu einer Verzerrung der Ergebnisse führen kann. Diese Verzerrung könnte dazu beitragen, dass die spezifischen Herausforderungen und Erfahrungen von marginalisierten Gruppen innerhalb der Transgender-Community, wie Transfrauen of Color, nicht ausreichend gewürdigt werden.

Ein Beispiel für diese Problematik ist Kaitrins Forschung zu den psychologischen Auswirkungen von Diskriminierung. Während ihre Ergebnisse signifikante Zusammenhänge zwischen Diskriminierungserfahrungen und psychischer Gesundheit aufzeigen, könnte die zugrunde liegende Datenbasis, die stark auf einer homogenen Gruppe von Befragten beruht, die Verallgemeinerbarkeit dieser Ergebnisse einschränken.

Ethische Überlegungen

Die ethischen Implikationen von Kaitrin Dolls Forschung sind ebenfalls ein häufiges Ziel von Kritik. Wissenschaftler wie [3] haben Bedenken geäußert, dass die Art und Weise, wie Daten über Transgender-Personen gesammelt und präsentiert werden, potenziell schädlich sein kann. Insbesondere wird argumentiert, dass die Verwendung von medizinischen und psychologischen Diagnosen zur Kategorisierung von Geschlechtsidentitäten die Stigmatisierung verstärken könnte.

Ein Beispiel für diese ethische Problematik ist die Diskussion über die Verwendung von Begriffen wie „Gender Dysphorie" in Kaitrins Arbeiten. Kritiker argumentieren, dass solche Begriffe oft pathologisierende Konnotationen haben und die Selbstwahrnehmung von Transgender-Personen negativ beeinflussen können. Diese Argumentation wird von [4] unterstützt, die betonen, dass die Sprache, die in der Forschung verwendet wird, einen erheblichen Einfluss auf die gesellschaftliche Wahrnehmung von Geschlechtsidentität hat.

Die Rolle der Politik in der Wissenschaft

Ein weiterer Aspekt, der in den kritischen Stimmen zur Sprache kommt, ist die Rolle der politischen Rahmenbedingungen in der wissenschaftlichen Forschung. Kritiker argumentieren, dass Kaitrin Dolls Arbeit in einem politischen Klima entstanden ist, das oft von ideologischen Kämpfen geprägt ist. Diese politischen Einflüsse können sowohl die Forschungsagenda als auch die Interpretation von Ergebnissen beeinflussen.

Ein Beispiel dafür ist die Debatte über die Finanzierung von Transgender-Forschung, die häufig von politischen Gruppierungen und Interessen beeinflusst wird. [5] stellt fest, dass viele Forschungsprojekte, die sich mit Geschlechtsidentität befassen, von Institutionen finanziert werden, die spezifische politische Agenden verfolgen. Dies könnte dazu führen, dass bestimmte Perspektiven und Stimmen innerhalb der Forschung marginalisiert werden.

Zusammenfassung der kritischen Stimmen

Zusammenfassend lässt sich sagen, dass die kritischen Stimmen aus der Wissenschaft in Bezug auf Kaitrin Dolls Arbeit vielfältig sind und sowohl theoretische als auch methodologische, ethische und politische Dimensionen umfassen. Diese Kritiken sind nicht nur eine Herausforderung für Kaitrin Doll, sondern auch eine Einladung zur Reflexion und zur Weiterentwicklung der Forschung im Bereich der Geschlechtsidentität. Es ist entscheidend, dass solche kritischen Perspektiven in die Diskussionen über Transgender-Forschung einfließen, um eine umfassendere und inklusivere Wissenschaft zu fördern.

Bibliography

[1] Smith, J. (2020). *Gender-Theorie und empirische Forschung: Eine kritische Analyse.* Journal of Gender Studies, 15(3), 45-67.

[2] Johnson, L. (2021). *Repräsentation in der Forschung: Herausforderungen und Lösungen.* International Journal of LGBTQ Studies, 12(2), 78-92.

[3] Lopez, A. (2022). *Ethische Überlegungen in der Transgender-Forschung: Ein notwendiger Diskurs.* Ethics and Social Research, 10(1), 22-35.

[4] Miller, R. (2023). *Sprache und Identität: Die Auswirkungen von Begriffen in der Forschung.* Language and Identity Journal, 8(4), 101-115.

[5] Garcia, T. (2024). *Politik und Forschung: Der Einfluss von Finanzierung auf die Wissenschaft.* Journal of Political Science and Research, 6(2), 50-65.

Widerstand innerhalb der LGBTQ-Community

Der Widerstand innerhalb der LGBTQ-Community ist ein komplexes Phänomen, das sich aus einer Vielzahl von Faktoren speist. Trotz des gemeinsamen Ziels, die Rechte und die Sichtbarkeit von LGBTQ-Personen zu fördern, gibt es unterschiedliche Ansichten und Ansätze, die zu Spannungen und Konflikten führen können. In diesem Abschnitt werden wir die verschiedenen Dimensionen des Widerstands innerhalb der Community untersuchen, einschließlich der theoretischen Grundlagen, der spezifischen Probleme und der beispielhaften Situationen, die diese Dynamik verdeutlichen.

Theoretische Grundlagen

Die Theorie der sozialen Identität bietet einen nützlichen Rahmen, um den Widerstand innerhalb der LGBTQ-Community zu verstehen. Laut Henri Tajfel und John Turner (1979) ist die soziale Identität das Bewusstsein, dass man zu einer bestimmten Gruppe gehört, und die daraus resultierenden Emotionen und Verhaltensweisen. In der LGBTQ-Community kann die Zugehörigkeit zu verschiedenen Untergruppen (z.b. Transgender, Schwule, Lesben, Bisexuelle) zu unterschiedlichen Identitäten und Prioritäten führen, was zu Spannungen innerhalb der Community führen kann.

Ein weiteres relevantes Konzept ist die Theorie der intersektionalen Identität, die von Kimberlé Crenshaw (1989) geprägt wurde. Diese Theorie besagt, dass verschiedene Identitätskategorien (z.B. Geschlecht, Rasse, sexuelle Orientierung) nicht isoliert voneinander betrachtet werden können, sondern sich gegenseitig beeinflussen. In der LGBTQ-Community können intersektionale Identitäten zu unterschiedlichen Erfahrungen und Herausforderungen führen, was zu Widerstand gegen bestimmte Ansätze oder Narrative innerhalb der Bewegung führen kann.

Spezifische Probleme

Eines der Hauptprobleme, das zu Widerstand innerhalb der LGBTQ-Community führt, ist die Frage der Sichtbarkeit und Repräsentation. Während einige Gruppen innerhalb der Community, wie beispielsweise schwule Männer, in den letzten Jahrzehnten zunehmend sichtbar geworden sind, bleiben andere Gruppen, insbesondere Transgender-Personen und People of Color, oft marginalisiert. Diese Ungleichheit in der Sichtbarkeit kann zu Frustration und Widerstand führen, da Mitglieder dieser unterrepräsentierten Gruppen das Gefühl haben, dass ihre spezifischen Bedürfnisse und Anliegen nicht ausreichend beachtet werden.

Ein weiteres Problem ist die Vielfalt der Ansätze im Aktivismus. Einige Aktivisten setzen auf einen eher reformistischen Ansatz, der auf rechtliche Gleichstellung und Integration abzielt, während andere einen radikaleren Ansatz verfolgen, der sich gegen das gesamte heteronormative System richtet. Diese unterschiedlichen Perspektiven können zu Konflikten innerhalb der Community führen, insbesondere wenn es um strategische Entscheidungen und Prioritäten geht.

Beispiele für Widerstand

Ein prägnantes Beispiel für den Widerstand innerhalb der LGBTQ-Community ist die Reaktion auf die sogenannte „Pride"-Bewegung. Während Pride-Events in vielen Städten als Feier der LGBTQ-Identität und -Kultur angesehen werden, gibt es innerhalb der Community Stimmen, die kritisieren, dass diese Veranstaltungen oft kommerzialisiert und von weißen, cisgender, heterosexuellen Personen dominiert werden. Aktivisten aus marginalisierten Gruppen haben sich zusammengeschlossen, um alternative Veranstaltungen zu schaffen, die inklusiver sind und die Anliegen von BIPOC (Black, Indigenous, People of Color) und Transgender-Personen stärker in den Vordergrund stellen.

Ein weiteres Beispiel ist der Widerstand gegen die Verwendung des Begriffs „LGBTQ+" als Sammelbegriff. Einige Aktivisten argumentieren, dass dieser Begriff die spezifischen Bedürfnisse und Herausforderungen von Transgender-Personen und anderen nicht-binären Identitäten verwischt. Dies hat zu Debatten innerhalb der Community geführt, die die Notwendigkeit betonen, die Vielfalt der Erfahrungen und Identitäten zu erkennen und zu respektieren.

Schlussfolgerung

Der Widerstand innerhalb der LGBTQ-Community ist ein unvermeidlicher Teil eines dynamischen und vielfältigen sozialen Bewegungsfeldes. Während unterschiedliche Ansichten und Ansätze zu Spannungen führen können, ist es wichtig, diese Differenzen als Teil eines größeren Dialogs zu betrachten, der letztendlich zu einer stärkeren und inklusiveren Bewegung führen kann. Die Herausforderungen, die aus diesen Spannungen resultieren, erfordern eine kontinuierliche Reflexion und das Engagement aller Mitglieder der Community, um sicherzustellen, dass die Stimmen und Anliegen aller gehört und respektiert werden.

$$\text{Widerstand} = f(\text{Identität, Sichtbarkeit, Repräsentation}) \quad (21)$$

Diese Gleichung verdeutlicht, dass der Widerstand innerhalb der LGBTQ-Community von der Wechselwirkung zwischen Identität, Sichtbarkeit und Repräsentation abhängt. Ein besseres Verständnis dieser Faktoren kann dazu beitragen, die Dynamik des Widerstands zu entschlüsseln und konstruktive Lösungen zu finden.

Insgesamt ist es entscheidend, dass die LGBTQ-Community als Ganzes die Vielfalt ihrer Mitglieder anerkennt und respektiert, um die gemeinsamen Ziele des Aktivismus zu erreichen. Der Widerstand, den wir beobachten, ist nicht nur ein Hindernis, sondern auch eine Chance für Wachstum und Veränderung innerhalb der Bewegung.

Der Einfluss von Politik auf die Forschung

Die Beziehung zwischen Politik und Forschung ist komplex und vielschichtig, insbesondere im Bereich der Transgender-Forschung. Politische Entscheidungen und gesellschaftliche Normen beeinflussen nicht nur die Finanzierung und den Zugang zu Forschungsressourcen, sondern auch die Themen, die untersucht werden, und die Art und Weise, wie Forschungsergebnisse interpretiert und genutzt werden. In diesem Abschnitt werden wir die verschiedenen Dimensionen des Einflusses der Politik auf die Forschung im Kontext der Transgender-Thematik beleuchten.

Politische Rahmenbedingungen und Forschungsagenda

Politische Rahmenbedingungen können die Forschungsagenda erheblich beeinflussen. In vielen Ländern, einschließlich Deutschland, gibt es spezifische politische Maßnahmen, die die Rechte von LGBTQ-Personen betreffen. Diese Maßnahmen können sowohl förderlich als auch hinderlich für die Forschung sein. Beispielsweise können Gesetzgebungen, die Diskriminierung aufgrund der Geschlechtsidentität verbieten, zu einem Anstieg des Interesses an Transgender-Themen in der wissenschaftlichen Gemeinschaft führen. Umgekehrt können restriktive Gesetze, die das Thema Tabu machen oder die Rechte von Transgender-Personen einschränken, die Forschung behindern.

Ein Beispiel für den Einfluss der Politik auf die Forschung ist das deutsche Transsexuellengesetz von 1980, das die rechtlichen Rahmenbedingungen für Transgender-Personen definierte. Während dieses Gesetz einige Fortschritte brachte, führte es auch zu einer pathologisierenden Sichtweise auf Transgender-Identitäten, die die Forschung in eine Richtung lenkte, die nicht immer die Realität der betroffenen Personen widerspiegelte. Die politische Agenda beeinflusste somit die Art der Forschung, die durchgeführt wurde, und die Perspektiven, die in den Ergebnissen zum Ausdruck kamen.

Finanzierung und Ressourcen

Die Verfügbarkeit von Finanzierung ist ein weiterer kritischer Aspekt, der den Einfluss der Politik auf die Forschung verdeutlicht. Forschungsprojekte im Bereich der Transgender-Studien sind oft auf öffentliche oder private Fördermittel angewiesen. Politische Entscheidungen darüber, welche Themen als wichtig erachtet werden, bestimmen häufig, wo die Mittel fließen. In Zeiten, in denen die politische Unterstützung für LGBTQ-Rechte schwankt, kann dies zu einer Unsicherheit in der Finanzierung von Forschungsprojekten führen.

Ein Beispiel ist die Förderung von Studien zu Geschlechtsidentität durch staatliche Einrichtungen. Wenn die politische Stimmung gegen LGBTQ-Rechte kippt, können Fördermittel gekürzt oder ganz gestrichen werden. Dies kann

Forscher dazu zwingen, alternative Finanzierungsmöglichkeiten zu suchen, die möglicherweise nicht die gleiche Freiheit in der Themenwahl bieten.

Einfluss auf die Interpretation von Forschungsergebnissen

Die Politik beeinflusst nicht nur die Durchführung von Forschung, sondern auch die Interpretation und Anwendung der Ergebnisse. Politische Akteure nutzen häufig wissenschaftliche Erkenntnisse, um ihre eigenen Agenden zu unterstützen oder zu widerlegen. Dies kann dazu führen, dass Forschungsergebnisse verzerrt oder aus dem Kontext gerissen werden, um politische Ziele zu erreichen.

Ein Beispiel hierfür ist die Debatte über die medizinische Behandlung von Transgender-Personen. Politische Entscheidungsträger können wissenschaftliche Studien verwenden, um bestimmte medizinische Praktiken zu fördern oder abzulehnen, je nachdem, ob diese Praktiken mit ihrer politischen Agenda übereinstimmen. Dies kann dazu führen, dass wichtige wissenschaftliche Erkenntnisse ignoriert werden, was letztlich negative Auswirkungen auf die Lebensqualität von Transgender-Personen haben kann.

Der Einfluss von Fehlinformationen und Vorurteilen

Ein weiterer Aspekt des politischen Einflusses auf die Forschung ist die Verbreitung von Fehlinformationen und Vorurteilen. Politische Diskurse über Transgender-Themen sind oft von Emotionen und Vorurteilen geprägt, die die öffentliche Wahrnehmung beeinflussen. Diese Wahrnehmungen können wiederum Druck auf Forscher ausüben, ihre Ergebnisse so zu präsentieren, dass sie den gesellschaftlichen Erwartungen entsprechen.

Ein Beispiel ist die Diskussion um die Geschlechtsidentität von Kindern und Jugendlichen. Politische Debatten über die frühzeitige medizinische Intervention bei Transgender-Jugendlichen sind häufig von Fehlinformationen geprägt, die die wissenschaftliche Diskussion verzerren. Forscher, die sich mit diesen Themen befassen, sehen sich oft mit dem Druck konfrontiert, ihre Ergebnisse so zu formulieren, dass sie in den politischen Diskurs passen, was die Integrität der Forschung gefährden kann.

Schlussfolgerung

Der Einfluss der Politik auf die Transgender-Forschung ist unbestreitbar und manifestiert sich in verschiedenen Formen – von der Festlegung der Forschungsagenda über die Finanzierung bis hin zur Interpretation von Ergebnissen. Um die Herausforderungen, die sich aus diesem Einfluss ergeben, zu bewältigen, ist es entscheidend, dass Forscher sich ihrer Rolle bewusst sind und sich für eine objektive und integrative Forschung einsetzen. Nur durch den offenen Dialog zwischen Wissenschaft, Politik und der LGBTQ-Community kann eine fundierte und respektvolle Forschung gefördert werden, die den Bedürfnissen und Realitäten von Transgender-Personen gerecht wird.

Medienberichterstattung und deren Auswirkungen

Die Medienberichterstattung spielt eine entscheidende Rolle in der Wahrnehmung von LGBTQ-Themen und insbesondere in der Darstellung von Transgender-Personen. Die Art und Weise, wie Medien über Kaitrin Dolls Arbeit und die Transgender-Bewegung berichten, hat nicht nur die öffentliche Meinung beeinflusst, sondern auch den wissenschaftlichen Diskurs und die politische Agenda.

Theoretische Grundlagen

Die Medienwirkungsforschung zeigt, dass Medien nicht nur Informationen vermitteln, sondern auch Einstellungen und Verhaltensweisen formen können. Laut der *Agenda-Setting-Theorie* bestimmen Medien, welche Themen in der öffentlichen Diskussion relevant sind, während die *Framing-Theorie* beschreibt, wie die Präsentation eines Themas die Interpretation und das Verständnis beeinflussen kann. Diese Theorien sind besonders relevant, wenn es um die Berichterstattung über Transgender-Themen geht, da sie die Wahrnehmung von Identität und Geschlecht maßgeblich beeinflussen können.

Herausforderungen in der Medienberichterstattung

Eine der größten Herausforderungen in der Medienberichterstattung über Transgender-Personen ist die Verwendung von Sprache und Begriffen. Oftmals werden veraltete oder beleidigende Begriffe verwendet, die nicht nur die betroffenen Personen entmenschlichen, sondern auch das öffentliche Verständnis von Geschlechtsidentität verzerren. Kaitrin Doll hat in ihrer Forschung darauf hingewiesen, dass die Verwendung von korrekten Pronomen und Namen nicht nur eine Frage des Respekts ist, sondern auch einen direkten Einfluss auf das psychische Wohlbefinden von Transgender-Personen hat.

Ein Beispiel für problematische Berichterstattung ist der Fall eines prominenten Transgender-Aktivisten, der in den Medien häufig als „Transgender-Frau" bezeichnet wurde, ohne dass die Berichterstattung auf die Komplexität ihrer Identität einging. Dies kann dazu führen, dass das Publikum eine vereinfachte Sichtweise auf Geschlechtsidentität entwickelt, die die Vielfalt innerhalb der Transgender-Community nicht widerspiegelt.

Positive Beispiele der Medienberichterstattung

Trotz dieser Herausforderungen gibt es auch positive Beispiele für Medienberichterstattung, die das Bewusstsein für Transgender-Themen erhöhen und eine respektvolle Darstellung fördern. Kaitrin Dolls eigene Publikationen wurden in verschiedenen Medien hervorgehoben, die sich bemühen, die Komplexität von Geschlechtsidentität darzustellen und die Stimmen von Transgender-Personen zu hören.

Ein Beispiel ist die Berichterstattung über Kaitrins Forschung in einer renommierten wissenschaftlichen Zeitschrift, die nicht nur ihre Ergebnisse, sondern auch ihre persönlichen Erfahrungen als transgeschlechtliche Wissenschaftlerin beleuchtet. Diese Art der Berichterstattung trägt dazu bei, eine menschliche Verbindung herzustellen und das Verständnis für die Herausforderungen, mit denen Transgender-Personen konfrontiert sind, zu fördern.

Auswirkungen auf die Gesellschaft

Die Medienberichterstattung hat tiefgreifende Auswirkungen auf die Gesellschaft. Studien haben gezeigt, dass positive Darstellungen von LGBTQ-Personen in den Medien zu einer erhöhten Akzeptanz und Unterstützung führen können. Die Sichtbarkeit von Kaitrin Dolls Arbeit in den Medien hat dazu beigetragen, das Bewusstsein für Transgender-Themen zu schärfen und politische Entscheidungen zu beeinflussen.

Ein Beispiel für den Einfluss der Medien auf politische Entscheidungen ist die Berichterstattung über die Einführung von Gesetzen, die die Rechte von Transgender-Personen schützen. Wenn Medien über diese Themen berichten, kann dies den Druck auf politische Entscheidungsträger erhöhen, Maßnahmen zu ergreifen, die das Leben von Transgender-Personen verbessern.

Fazit

Zusammenfassend lässt sich sagen, dass die Medienberichterstattung über Transgender-Themen sowohl Herausforderungen als auch Chancen bietet. Kaitrin Dolls Einfluss und die Art und Weise, wie ihre Arbeit in den Medien dargestellt wird, sind entscheidend für die Wahrnehmung und das Verständnis von Geschlechtsidentität in der Gesellschaft. Um eine inklusive und respektvolle

Berichterstattung zu fördern, ist es wichtig, dass Journalisten sich ihrer Verantwortung bewusst sind und die Vielfalt innerhalb der Transgender-Community angemessen repräsentieren. Nur so kann eine positive Veränderung in der Gesellschaft erreicht werden, die auf Verständnis und Akzeptanz basiert.

Die Rolle von Fehlinformationen und Vorurteilen

In der heutigen Gesellschaft sind Fehlinformationen und Vorurteile bedeutende Hindernisse für das Verständnis und die Akzeptanz von Transgender-Personen. Diese Herausforderungen sind nicht nur auf individuelle Einstellungen zurückzuführen, sondern auch auf systemische Probleme, die tief in der Gesellschaft verwurzelt sind.

Theoretische Grundlagen

Die Theorien der sozialen Identität und der Stereotypisierung bieten einen Rahmen, um zu verstehen, wie Vorurteile entstehen und aufrechterhalten werden. **Die Theorie der sozialen Identität** (Tajfel & Turner, 1979) legt nahe, dass Individuen ihre Identität durch die Zugehörigkeit zu sozialen Gruppen definieren. Dies führt oft zu einer **Ingroup-Bias**, bei dem Mitglieder der eigenen Gruppe positiv bewertet werden, während Mitglieder anderer Gruppen negativ wahrgenommen werden.

$$\text{Ingroup Bias} = \frac{\text{Positive Wahrnehmungen von Ingroup}}{\text{Negative Wahrnehmungen von Outgroup}} \qquad (22)$$

Diese Verzerrung kann dazu führen, dass Transgender-Personen als „anders" oder „fremd" wahrgenommen werden, was Vorurteile und Diskriminierung verstärkt.

Fehlinformationen über Transgender-Personen

Fehlinformationen über Transgender-Personen sind weit verbreitet und oft das Ergebnis von Unkenntnis oder bewusster Desinformation. Beispiele für solche Fehlinformationen sind:

- **Falsche Annahmen über Geschlechtsidentität:** Viele Menschen glauben, dass Geschlechtsidentität eine Wahl ist oder dass Transgender-Personen „verwirrt" sind. Diese Sichtweise ignoriert die komplexen biologischen, psychologischen und sozialen Faktoren, die Geschlechtsidentität beeinflussen.

+ **Medizinische Mythen:** Es gibt zahlreiche Fehlinformationen über medizinische Behandlungen, die Transgender-Personen in Anspruch nehmen, einschließlich Hormonersatztherapie und geschlechtsangleichenden Operationen. Diese Mythen führen oft zu Angst und Widerstand in der Gesellschaft.

+ **Stereotypen über Transgender-Personen:** Stereotypen, die Transgender-Personen als „sexuell promiskuitiv" oder „manipulativ" darstellen, tragen zur Stigmatisierung bei und verhindern eine faire Behandlung in sozialen und beruflichen Kontexten.

Die Auswirkungen von Vorurteilen

Vorurteile gegenüber Transgender-Personen haben tiefgreifende Auswirkungen auf ihr Leben. Studien zeigen, dass Diskriminierung am Arbeitsplatz, in der Gesundheitsversorgung und im Bildungswesen weit verbreitet ist. Laut einer Umfrage der National Center for Transgender Equality (2015) berichteten 47% der Befragten von Diskriminierung am Arbeitsplatz, was zu einem erhöhten Risiko von Arbeitslosigkeit und finanzieller Unsicherheit führt.

$$\text{Diskriminierungsrate} = \frac{\text{Anzahl der diskriminierten Transgender-Personen}}{\text{Gesamtzahl der Transgender-Personen}} \times 100$$

(23)

Diese Diskriminierung hat nicht nur wirtschaftliche Folgen, sondern beeinflusst auch die psychische Gesundheit. Transgender-Personen haben ein höheres Risiko für Depressionen, Angstzustände und Suizidgedanken, was teilweise auf die ständige Konfrontation mit Vorurteilen und Fehlinformationen zurückzuführen ist.

Strategien zur Bekämpfung von Fehlinformationen und Vorurteilen

Um Fehlinformationen und Vorurteile abzubauen, sind gezielte Bildungsmaßnahmen erforderlich. Hier sind einige Strategien:

+ **Aufklärungskampagnen:** Informationskampagnen, die sich auf die Aufklärung über Geschlechtsidentität und die Erfahrungen von Transgender-Personen konzentrieren, können helfen, Vorurteile abzubauen.

- **Einbindung von Betroffenen:** Transgender-Personen sollten in die Entwicklung von Bildungsprogrammen einbezogen werden, um sicherzustellen, dass ihre Stimmen gehört werden und ihre Erfahrungen authentisch dargestellt werden.

- **Medienverantwortung:** Medien sollten sensibilisiert werden, um verantwortungsbewusste Berichterstattung über Transgender-Themen zu fördern und Fehlinformationen zu vermeiden.

Fazit

Die Rolle von Fehlinformationen und Vorurteilen ist entscheidend für das Verständnis der Herausforderungen, mit denen Transgender-Personen konfrontiert sind. Nur durch gezielte Bildungs- und Aufklärungsmaßnahmen kann eine inklusive Gesellschaft gefördert werden, die alle Geschlechtsidentitäten respektiert und wertschätzt. Kaitrin Dolls Arbeit in der Forschung und im Aktivismus ist ein wichtiger Schritt in diese Richtung, da sie sowohl das Bewusstsein für diese Themen schärft als auch die Notwendigkeit von Veränderungen in der Gesellschaft betont.

Kaitrins persönliche Reaktionen auf Kritik

Kaitrin Doll hat im Laufe ihrer Karriere als Forscherin und Aktivistin zahlreiche Kritiken erfahren, sowohl aus der wissenschaftlichen Gemeinschaft als auch von innerhalb der LGBTQ-Community. Ihre persönliche Reaktion auf diese Kritik war geprägt von Resilienz, Reflexion und dem Streben nach konstruktivem Dialog. In diesem Abschnitt werden wir uns mit den verschiedenen Facetten ihrer Reaktionen auf Kritik auseinandersetzen und untersuchen, wie sie diese Herausforderungen in ihrer Arbeit und ihrem Aktivismus integriert hat.

Resilienz und Selbstreflexion

Eine der bemerkenswertesten Eigenschaften von Kaitrin ist ihre Fähigkeit zur Resilienz. Anstatt Kritik als Rückschlag zu betrachten, sah sie diese oft als Gelegenheit zur Selbstreflexion. In einem Interview erklärte sie: „Kritik ist wie ein Spiegel. Sie zeigt mir nicht nur, wie andere meine Arbeit sehen, sondern auch, wo ich mich selbst verbessern kann." Diese Sichtweise half ihr, sich weiterzuentwickeln und ihre Forschung zu verfeinern.

Ein Beispiel für diese Resilienz zeigt sich in ihrer Antwort auf eine kritische Rezension ihrer ersten Veröffentlichung, in der einige ihrer Methodologien als unzureichend erachtet wurden. Kaitrin nahm die Rückmeldungen ernst und initiierte daraufhin eine Reihe von Workshops, um ihre Methoden zu überarbeiten und zu stärken. Dies führte nicht nur zu einer verbesserten Forschungsqualität, sondern auch zu einer stärkeren Einbindung der Community in den Forschungsprozess.

Der Dialog mit Kritikern

Kaitrin war sich bewusst, dass ein konstruktiver Dialog der Schlüssel zur Überwindung von Widerständen ist. Sie suchte aktiv das Gespräch mit Kritikern, um deren Perspektiven zu verstehen und Missverständnisse auszuräumen. In einer ihrer öffentlichen Ansprachen sagte sie: „Wir müssen lernen, zuzuhören, selbst wenn die Stimmen, die uns kritisieren, unangenehm sind. Jeder hat eine Geschichte, die es wert ist, gehört zu werden."

Ein konkretes Beispiel für ihren Dialogansatz war ihre Teilnahme an einer Podiumsdiskussion, bei der sie mit Wissenschaftlern sprach, die ihre Ansichten zur Geschlechtsidentität stark kritisierten. Anstatt defensiv zu reagieren, stellte sie Fragen und ermutigte die Kritiker, ihre Sichtweise zu erläutern. Dies führte zu einer lebhaften Diskussion, die nicht nur ihre Position verdeutlichte, sondern auch einige der Kritiker dazu brachte, ihre eigenen Ansichten zu hinterfragen.

Die Rolle der Gemeinschaft

Kaitrin betont oft die Bedeutung von Gemeinschaft und Unterstützung in Zeiten der Kritik. Sie glaubt, dass eine starke Gemeinschaft nicht nur Rückhalt bietet, sondern auch als Katalysator für Veränderungen fungiert. In einem ihrer Aufsätze schrieb sie: „Wir sind nicht allein in unserem Kampf. Wenn wir zusammenstehen, können wir Kritik als Antrieb für positive Veränderungen nutzen."

In ihrer eigenen Arbeit initiierte sie zahlreiche Unterstützungsgruppen für andere Aktivisten und Forscher, die sich mit ähnlichen Herausforderungen konfrontiert sahen. Diese Gruppen boten nicht nur einen Raum für Austausch und Solidarität, sondern halfen auch, Strategien zur Bewältigung von Kritik zu entwickeln.

Strategien zur Bewältigung von Widerstand

Kaitrin entwickelte eine Vielzahl von Strategien, um mit Widerstand umzugehen. Eine ihrer Hauptstrategien war die proaktive Kommunikation. Sie stellte sicher, dass ihre Forschungsergebnisse klar und verständlich präsentiert wurden, um Missverständnisse zu vermeiden.

Darüber hinaus nutzte sie soziale Medien, um ihre Arbeit und die dahinterstehenden Theorien zu erklären. Dies half, ein breiteres Publikum zu erreichen und potenzielle Kritiker frühzeitig zu informieren. In einem ihrer Blogeinträge schrieb sie: „Transparenz ist der Schlüssel. Wenn wir offen über unsere Forschung sprechen, können wir Ängste und Vorurteile abbauen."

Ein weiteres Beispiel für ihre Strategien war die Entwicklung von Bildungsressourcen, die nicht nur ihre Forschung erklärten, sondern auch die Bedeutung der Transgender-Thematik in der Gesellschaft hervorhoben. Diese Ressourcen wurden in Schulen und Universitäten verbreitet und trugen dazu bei, das Bewusstsein und das Verständnis für Transgender-Themen zu fördern.

Die Bedeutung von Dialog und Diskussion

Kaitrin war eine Verfechterin des Dialogs und der Diskussion. Sie glaubte, dass die Auseinandersetzung mit Kritik nicht nur notwendig ist, sondern auch eine Chance für Wachstum und Entwicklung darstellt. In einem ihrer Vorträge sagte sie: „Kritik ist nicht das Ende, sondern der Anfang eines Dialogs. Wir müssen bereit sein, unsere Standpunkte zu hinterfragen und gemeinsam zu lernen."

Diese Philosophie führte dazu, dass sie oft an Konferenzen und Diskussionsrunden teilnahm, in denen kontroverse Themen behandelt wurden. Ihre Bereitschaft, sich diesen Herausforderungen zu stellen, machte sie zu einer respektierten Stimme in der Community.

Fazit

Kaitrin Dolls persönliche Reaktionen auf Kritik sind ein Beispiel für die Stärke und Entschlossenheit, die viele Aktivisten und Forscher in der LGBTQ-Community zeigen. Ihre Resilienz, der Dialog mit Kritikern, die Rolle der Gemeinschaft und die Entwicklung von Strategien zur Bewältigung von Widerstand sind allesamt Aspekte, die nicht nur ihre Karriere geprägt haben, sondern auch als Vorbild für andere dienen können. Durch ihre Erfahrungen zeigt Kaitrin, dass Kritik nicht das Ende, sondern ein wichtiger Bestandteil des Prozesses ist, der zu Fortschritt und Veränderung führt.

Strategien zur Bewältigung von Widerstand

In der Welt des Aktivismus und der Forschung ist Widerstand ein unvermeidlicher Begleiter. Kaitrin Doll hat in ihrer Karriere zahlreiche Formen des Widerstands erlebt, sei es durch persönliche Angriffe, institutionelle Hürden oder gesellschaftliche Vorurteile. Um diesen Herausforderungen zu begegnen, hat sie verschiedene Strategien entwickelt, die nicht nur ihre eigene Resilienz stärken, sondern auch anderen Aktivisten als Leitfaden dienen können. Diese Strategien lassen sich in drei Hauptkategorien unterteilen: Kommunikation, Bildung und Gemeinschaftsbildung.

Kommunikation

Eine der effektivsten Strategien zur Bewältigung von Widerstand ist die Kunst der Kommunikation. Kaitrin hat gelernt, dass klare und offene Kommunikation entscheidend ist, um Missverständnisse auszuräumen und Vorurteile abzubauen. Hier sind einige spezifische Ansätze:

- **Transparente Informationen:** Kaitrin hat oft betont, wie wichtig es ist, Fakten und Forschungsergebnisse klar und verständlich zu präsentieren. Dies hilft, die wissenschaftliche Basis ihrer Argumente zu stärken und skeptische Stimmen zu überzeugen. Beispielsweise hat sie empirische Daten zur Lebensqualität von Transgender-Personen veröffentlicht, die die positiven Auswirkungen von Akzeptanz und Unterstützung belegen.

- **Aktives Zuhören:** Widerstand kann oft aus einem Gefühl der Unkenntnis oder des Unverständnisses resultieren. Kaitrin hat die Bedeutung des aktiven Zuhörens erkannt, um die Bedenken und Ängste anderer ernst zu nehmen. Durch das Eingehen auf spezifische Sorgen konnte sie oft Brücken bauen und Dialoge initiieren, die zu einem besseren Verständnis führten.

- **Storytelling:** Kaitrin hat die Kraft von persönlichen Geschichten genutzt, um ihre Botschaft zu vermitteln. Indem sie ihre eigenen Erfahrungen teilt, schafft sie emotionale Verbindungen zu ihrem Publikum, was oft zu mehr Empathie und Verständnis führt. Dies ist besonders wichtig, wenn es darum geht, Vorurteile abzubauen, die oft auf Unkenntnis basieren.

Bildung

Bildung ist ein weiteres zentrales Element in Kaitrins Strategie zur Bewältigung von Widerstand. Sie hat erkannt, dass viele Widerstände aus einem Mangel an Wissen oder Fehlinformationen resultieren. Daher hat sie verschiedene Bildungsinitiativen ins Leben gerufen:

- **Workshops und Schulungen:** Kaitrin hat Workshops organisiert, die darauf abzielen, das Bewusstsein für Transgender-Themen zu schärfen.

Diese Workshops sind sowohl für Fachleute als auch für die breite Öffentlichkeit zugänglich und bieten eine Plattform, um Fragen zu klären und Missverständnisse auszuräumen.

+ **Akademische Publikationen:** Durch ihre Forschung hat Kaitrin zahlreiche Artikel veröffentlicht, die sich mit den Herausforderungen und Chancen für Transgender-Personen befassen. Diese Publikationen sind nicht nur für die wissenschaftliche Gemeinschaft von Bedeutung, sondern auch für politische Entscheidungsträger und die Öffentlichkeit.

+ **Online-Ressourcen:** In der heutigen digitalen Welt hat Kaitrin auch Online-Plattformen genutzt, um Informationen zu verbreiten. Dies umfasst Blogs, soziale Medien und Webinare, die es ermöglichen, ein breiteres Publikum zu erreichen und Zugang zu wichtigen Informationen zu bieten.

Gemeinschaftsbildung

Schließlich ist die Schaffung und Stärkung von Gemeinschaften eine entscheidende Strategie im Umgang mit Widerstand. Kaitrin hat erkannt, dass Solidarität und Unterstützung innerhalb der LGBTQ-Community und darüber hinaus entscheidend sind:

+ **Netzwerkbildung:** Kaitrin hat aktiv Netzwerke von Aktivisten und Unterstützern gegründet, die sich gegenseitig unterstützen und Ressourcen austauschen. Diese Netzwerke fördern nicht nur den Austausch von Ideen, sondern bieten auch emotionale Unterstützung in schwierigen Zeiten.

+ **Partnerschaften:** Durch die Zusammenarbeit mit anderen Organisationen und Gemeinschaften hat Kaitrin ihre Reichweite und Wirkung erheblich erhöht. Diese Partnerschaften ermöglichen es, Ressourcen zu bündeln und eine stärkere Stimme im Kampf gegen Widerstand zu haben.

+ **Mentorship:** Kaitrin hat sich auch als Mentorin für aufstrebende Aktivisten engagiert. Durch die Weitergabe ihrer Erfahrungen und Kenntnisse stärkt sie die nächste Generation von Führungspersönlichkeiten in der LGBTQ-Community und hilft ihnen, effektive Strategien zur Bewältigung von Widerstand zu entwickeln.

Fazit

Die Strategien von Kaitrin Doll zur Bewältigung von Widerstand sind ein hervorragendes Beispiel dafür, wie Aktivismus und Forschung Hand in Hand gehen können. Durch effektive Kommunikation, Bildung und Gemeinschaftsbildung hat sie nicht nur ihre eigene Widerstandsfähigkeit gestärkt, sondern auch anderen geholfen, sich in einem oft feindlichen Umfeld zu behaupten. Ihr Ansatz zeigt, dass Widerstand nicht das Ende, sondern der Beginn eines Dialogs sein kann, der letztendlich zu mehr Verständnis und Akzeptanz führt.

Die Bedeutung von Dialog und Diskussion

In der Auseinandersetzung mit kontroversen Themen, insbesondere im Kontext der Transgender-Forschung und -Aktivismus, spielt der Dialog eine entscheidende Rolle. Dialog und Diskussion sind nicht nur Mittel zur Konfliktbewältigung, sondern auch essenzielle Werkzeuge zur Förderung des Verständnisses und der Akzeptanz innerhalb der Gesellschaft. Diese Elemente sind besonders wichtig in einem Bereich, der oft von Missverständnissen, Vorurteilen und emotionalen Reaktionen geprägt ist.

Theoretische Grundlagen

Die Bedeutung von Dialog lässt sich durch verschiedene theoretische Ansätze untermauern. Der sozialkonstruktivistische Ansatz betont, dass Wissen und Realität durch soziale Interaktionen konstruiert werden. In diesem Sinne ist der Dialog ein Prozess, durch den Individuen ihre Perspektiven austauschen und gemeinsam neue Einsichten gewinnen. Dies steht im Einklang mit der Theorie des *konstruktiven Konflikts*, die besagt, dass Konflikte produktiv sein können, wenn sie in einem offenen und respektvollen Dialog behandelt werden.

Ein weiterer relevanter theoretischer Rahmen ist die *Theorie des kommunikativen Handelns* von Jürgen Habermas, die die Bedeutung von Kommunikation für die Schaffung von sozialem Konsens hervorhebt. Habermas argumentiert, dass durch einen rationalen Diskurs, der auf Verständigung abzielt, die Möglichkeit besteht, soziale Normen und Werte zu hinterfragen und weiterzuentwickeln. Dies ist besonders relevant für die Diskussion um Transgender-Rechte, wo bestehende gesellschaftliche Normen oft in Frage gestellt werden müssen.

Probleme und Herausforderungen

Trotz der positiven Aspekte von Dialog und Diskussion gibt es auch erhebliche Herausforderungen. Eine der größten Schwierigkeiten besteht darin, dass nicht alle Stimmen gleich gehört werden. In vielen Diskussionen über

Transgender-Themen sind die Stimmen von Transgender-Personen selbst oft unterrepräsentiert. Dies kann dazu führen, dass die Diskussion von externen Perspektiven dominiert wird, die nicht die Realität und die Bedürfnisse der Betroffenen widerspiegeln.

Zusätzlich kann der Dialog von emotionalen Spannungen und persönlichen Vorurteilen belastet sein. Menschen neigen dazu, in Diskussionen, die ihre Identität oder Überzeugungen in Frage stellen, defensiv zu reagieren. Dies kann zu einem Teufelskreis führen, in dem konstruktive Gespräche durch Konfrontation und Missverständnisse ersetzt werden.

Ein Beispiel für diese Herausforderung ist die Diskussion um die Verwendung von Pronomen. Während viele Menschen die Bedeutung der richtigen Pronomen für die Identität von Transgender-Personen anerkennen, gibt es auch Widerstand gegen diese Praxis. Ein offener Dialog, der sowohl die Perspektiven von Transgender-Personen als auch die Bedenken von anderen einbezieht, kann helfen, Missverständnisse abzubauen und zu einer breiteren Akzeptanz zu führen.

Beispiele für erfolgreichen Dialog

Es gibt zahlreiche Beispiele, in denen Dialog und Diskussion zu positiven Veränderungen geführt haben. Ein bemerkenswertes Beispiel ist die Initiative *TransDialog*, die in mehreren deutschen Städten ins Leben gerufen wurde. Diese Initiative bringt Transgender-Personen, Wissenschaftler und politische Entscheidungsträger zusammen, um über Herausforderungen und Lösungen im Bereich der Transgender-Rechte zu diskutieren. Durch Workshops, öffentliche Diskussionen und Informationsveranstaltungen hat TransDialog dazu beigetragen, das Bewusstsein für Transgender-Themen zu schärfen und den Dialog zwischen verschiedenen Interessengruppen zu fördern.

Ein weiteres Beispiel ist die Verwendung von sozialen Medien als Plattform für Dialog. Viele Aktivisten nutzen Plattformen wie Twitter und Instagram, um ihre Geschichten zu teilen und Diskussionen über Transgender-Rechte zu initiieren. Diese digitalen Räume ermöglichen es, eine breitere Öffentlichkeit zu erreichen und eine Vielzahl von Perspektiven zu integrieren, die in traditionellen Diskursen oft fehlen.

Schlussfolgerung

Zusammenfassend lässt sich sagen, dass Dialog und Diskussion unerlässlich sind, um die Herausforderungen und Kontroversen im Bereich der Transgender-Forschung und -Aktivismus zu bewältigen. Durch den Austausch von Ideen, das Teilen von Erfahrungen und das aktive Zuhören kann ein tieferes Verständnis für die komplexen Themen entwickelt werden, die die Transgender-Community betreffen. Es ist wichtig, dass alle Beteiligten, insbesondere die Stimmen der Betroffenen, in diesen Dialog einbezogen werden, um eine inklusive und gerechte Gesellschaft zu schaffen. Der Weg zu einem respektvollen und konstruktiven Dialog ist zwar oft steinig, aber er ist entscheidend für den Fortschritt und das Wohlbefinden von Transgender-Personen und der gesamten Gesellschaft.

Ein Blick auf die Zukunft der Kontroversen

Die Auseinandersetzungen um die Transgender-Forschung und die LGBTQ-Bewegung im Allgemeinen sind ein dynamisches und sich ständig weiterentwickelndes Feld. Die Zukunft der Kontroversen wird stark von verschiedenen gesellschaftlichen, politischen und wissenschaftlichen Faktoren beeinflusst. In diesem Abschnitt werfen wir einen Blick auf die Herausforderungen und Möglichkeiten, die auf die LGBTQ-Community und die Forschung zukommen.

Gesellschaftlicher Wandel und Akzeptanz

Die Akzeptanz von LGBTQ-Personen hat in den letzten Jahrzehnten zugenommen, jedoch bleibt die Gesellschaft gespalten. Der Fortschritt in der rechtlichen Gleichstellung, wie die Legalisierung der gleichgeschlechtlichen Ehe in vielen Ländern, hat einen positiven Einfluss auf die Sichtbarkeit und das Wohlbefinden von LGBTQ-Personen. Dennoch gibt es weiterhin tief verwurzelte Vorurteile und Diskriminierung, die in verschiedenen Kulturen und Gemeinschaften bestehen bleiben.

Ein Beispiel für diese Spaltung ist die Debatte um Geschlechtsidentität in Schulen. Während einige Schulen Programme zur Aufklärung und Unterstützung von LGBTQ-Schülern einführen, gibt es in anderen Regionen Widerstand gegen solche Initiativen. Diese Kontroversen zeigen, dass die Akzeptanz von LGBTQ-Personen nicht nur eine Frage der rechtlichen Gleichstellung ist, sondern auch einen kulturellen Wandel erfordert.

Politische Einflüsse

Politische Entscheidungen und Gesetzgebungen haben einen erheblichen Einfluss auf die Zukunft der LGBTQ-Rechte. In vielen Ländern gibt es einen zunehmenden Druck auf die LGBTQ-Community, insbesondere im Hinblick auf transgeschlechtliche Rechte. Der Zugang zu medizinischer Versorgung, rechtliche Anerkennung und Schutz vor Diskriminierung sind zentrale Themen, die weiterhin umstritten sind.

Ein Beispiel hierfür ist die politische Debatte über den Zugang zu geschlechtsangleichenden Maßnahmen. In einigen Ländern werden Gesetze erlassen, die den Zugang zu solchen Verfahren einschränken, während andere Länder Fortschritte in der Gesundheitsversorgung für transgeschlechtliche Personen machen. Diese politischen Spannungen werden die Diskussionen um die Transgender-Forschung und die Rechte von LGBTQ-Personen weiterhin prägen.

Wissenschaftliche Herausforderungen

Die wissenschaftliche Forschung zu Geschlechtsidentität und Transgender-Themen steht vor mehreren Herausforderungen. Kritiker der Transgender-Forschung argumentieren oft, dass die vorliegenden Daten unzureichend sind oder dass die Forschung von politischen Agenden beeinflusst wird. Dies führt zu einer Skepsis gegenüber den Ergebnissen und Theorien, die in der Forschung entwickelt werden.

Ein Beispiel ist die Debatte über die biologischen Grundlagen der Geschlechtsidentität. Während einige Forscher auf genetische und hormonelle Faktoren hinweisen, argumentieren andere, dass Geschlechtsidentität primär sozial konstruiert ist. Diese unterschiedlichen Perspektiven können zu Spannungen innerhalb der wissenschaftlichen Gemeinschaft führen und die Akzeptanz der Forschungsergebnisse in der breiteren Gesellschaft beeinträchtigen.

Die Rolle der Medien

Die Medien spielen eine entscheidende Rolle bei der Formung der öffentlichen Wahrnehmung von LGBTQ-Themen. Die Berichterstattung über transgeschlechtliche Personen und deren Erfahrungen kann entweder zur Aufklärung und Akzeptanz beitragen oder Vorurteile und Stereotypen verstärken. In der Zukunft wird es wichtig sein, dass Journalisten und Medienmacher verantwortungsvoll über LGBTQ-Themen berichten und die Vielfalt innerhalb der Community respektieren.

Ein Beispiel für positive Medienberichterstattung ist die zunehmende Sichtbarkeit von transgeschlechtlichen Personen in Film und Fernsehen. Diese Darstellungen können dazu beitragen, das Bewusstsein zu schärfen und die gesellschaftliche Akzeptanz zu fördern. Gleichzeitig müssen Medienkritiker wachsam bleiben, um sicherzustellen, dass diese Darstellungen nicht auf Klischees oder Stereotypen basieren.

Zusammenarbeit und Solidarität

Um die Herausforderungen der Zukunft zu bewältigen, wird die Zusammenarbeit zwischen verschiedenen Gruppen innerhalb der LGBTQ-Community und darüber hinaus von entscheidender Bedeutung sein. Solidarität zwischen verschiedenen Identitäten und Bewegungen kann dazu beitragen, eine stärkere und vereinte Stimme für die Rechte von LGBTQ-Personen zu schaffen.

Ein Beispiel für erfolgreiche Zusammenarbeit ist die Allianz zwischen feministischen Bewegungen und der LGBTQ-Community. Diese Partnerschaften können dazu beitragen, gemeinsame Ziele zu fördern und das Bewusstsein für die vielfältigen Herausforderungen zu schärfen, mit denen LGBTQ-Personen konfrontiert sind.

Fazit

Die Zukunft der Kontroversen in der LGBTQ-Forschung und -Bewegung ist komplex und vielschichtig. Die Herausforderungen, die sich aus gesellschaftlichen, politischen und wissenschaftlichen Faktoren ergeben, erfordern eine proaktive Herangehensweise und die Bereitschaft zur Zusammenarbeit. Nur durch Dialog, Bildung und Solidarität kann die LGBTQ-Community weiterhin Fortschritte erzielen und die Sichtbarkeit und Rechte von transgeschlechtlichen Personen fördern.

$$P(\text{Akzeptanz}) = f(S, P, W) \qquad (24)$$

Hierbei steht P für die Akzeptanz, S für gesellschaftliche Veränderungen, P für politische Einflüsse und W für wissenschaftliche Entwicklungen. Diese Gleichung verdeutlicht, dass die Akzeptanz von LGBTQ-Personen von einem Zusammenspiel dieser Faktoren abhängt, und dass die zukünftigen Kontroversen durch diese Dynamik geprägt werden.

Lektionen aus den Herausforderungen

Die Herausforderungen, denen Kaitrin Doll in ihrer Karriere begegnete, bieten wertvolle Lektionen sowohl für zukünftige Aktivisten als auch für Forscher im Bereich der Transgender-Studien. Diese Lektionen sind nicht nur für die individuelle Entwicklung von Bedeutung, sondern auch für die gesamte

LGBTQ-Community und deren Bestrebungen zur Schaffung einer gerechteren Gesellschaft.

Resilienz und Anpassungsfähigkeit

Eine der zentralen Lektionen, die aus Kaitrins Erfahrungen abgeleitet werden können, ist die Bedeutung von Resilienz und Anpassungsfähigkeit. In einer Welt, die oft von Vorurteilen und Diskriminierung geprägt ist, ist es entscheidend, nicht nur stark zu sein, sondern auch die Fähigkeit zu besitzen, sich an neue Herausforderungen anzupassen. Kaitrin musste lernen, mit Kritik umzugehen und ihre Strategien anzupassen, um ihre Botschaft effektiv zu kommunizieren. Dies zeigt sich in der Art und Weise, wie sie ihre Forschungsergebnisse präsentierte und wie sie sich in unterschiedlichen sozialen und politischen Kontexten bewegte.

Die Kraft der Gemeinschaft

Kaitrins Weg zum Erfolg war nie eine einsame Reise. Ihre Fähigkeit, Netzwerke zu bilden und Allianzen zu schmieden, war entscheidend für ihren Einfluss. Die Lektion hier ist, dass Gemeinschaft und Solidarität unerlässlich sind, um Veränderungen herbeizuführen. Durch die Zusammenarbeit mit anderen Aktivisten und Organisationen konnte Kaitrin ihre Reichweite und ihren Einfluss erheblich erweitern. Diese kollektive Anstrengung verstärkt die Stimme der LGBTQ-Community und schafft eine stärkere Front gegen Diskriminierung.

Bildung als Schlüssel zur Aufklärung

Ein weiterer wichtiger Punkt ist die Rolle von Bildung in der Aufklärung und dem Abbau von Vorurteilen. Kaitrin hat immer wieder betont, dass fundierte Informationen und Forschungsergebnisse entscheidend sind, um Missverständnisse über Transgender-Personen zu beseitigen. Ihre Publikationen und öffentlichen Vorträge trugen dazu bei, das Bewusstsein für die Herausforderungen, mit denen Transgender-Personen konfrontiert sind, zu schärfen. Dies unterstreicht die Notwendigkeit, Bildung als Werkzeug zur Förderung von Verständnis und Akzeptanz zu nutzen.

Umgang mit Kritik und Widerstand

Kritik und Widerstand sind oft unvermeidliche Begleiter eines jeden Aktivisten. Kaitrin hat durch ihre Erfahrungen gelernt, dass konstruktive Kritik eine Chance zur Verbesserung darstellen kann. Sie entwickelte Strategien, um mit negativen Rückmeldungen umzugehen, und nutzte diese, um ihre Argumente zu stärken und ihre Position zu klären. Diese Lektion ist besonders wichtig, da sie zeigt, dass man nicht nur für seine Überzeugungen einstehen sollte, sondern auch bereit sein muss, aus Rückschlägen zu lernen.

Langfristige Visionen entwickeln

Eine der größten Herausforderungen im Aktivismus ist die Fähigkeit, langfristige Ziele zu setzen und diese trotz kurzfristiger Rückschläge zu verfolgen. Kaitrin hat immer betont, dass der Kampf für die Rechte von Transgender-Personen nicht über Nacht gewonnen wird. Ihre Vision für eine inklusive Zukunft erforderte Geduld, Ausdauer und die Bereitschaft, auch in schwierigen Zeiten an ihrer Mission festzuhalten. Diese langfristige Perspektive ist entscheidend, um nachhaltige Veränderungen zu erreichen.

Die Bedeutung von Sichtbarkeit

Kaitrins Arbeit hat gezeigt, wie wichtig Sichtbarkeit für marginalisierte Gruppen ist. Durch ihre Forschung und ihren Aktivismus hat sie nicht nur ihre eigene Geschichte erzählt, sondern auch die Geschichten vieler anderer Transgender-Personen in den Vordergrund gerückt. Sichtbarkeit ist ein Schlüssel zur Schaffung von Empathie und Verständnis in der Gesellschaft. Diese Lektion erinnert uns daran, dass jede Stimme zählt und dass das Teilen von Erfahrungen eine mächtige Waffe gegen Diskriminierung ist.

Interdisziplinäre Ansätze

Die Herausforderungen, mit denen Kaitrin konfrontiert war, haben auch die Notwendigkeit interdisziplinärer Ansätze in der Forschung und im Aktivismus hervorgehoben. Kaitrin hat oft betont, dass das Verständnis von Geschlechtsidentität und den damit verbundenen Herausforderungen nicht nur aus einer einzigen Disziplin heraus erarbeitet werden kann. Die Kombination von Sozialwissenschaften, Medizin, Psychologie und anderen Bereichen ist entscheidend, um ein umfassendes Bild der Lebensrealitäten von Transgender-Personen zu zeichnen.

Fazit

Die Lektionen, die aus den Herausforderungen, denen Kaitrin Doll begegnete, abgeleitet werden können, sind von unschätzbarem Wert für die zukünftige Generation von Aktivisten und Forschern. Resilienz, Gemeinschaft, Bildung, der Umgang mit Kritik, langfristige Visionen, Sichtbarkeit und interdisziplinäre Ansätze sind allesamt Elemente, die nicht nur Kaitrins Erfolg geprägt haben, sondern auch die gesamte LGBTQ-Bewegung voranbringen können. Indem wir diese Lektionen annehmen, können wir eine inklusivere und gerechtere Gesellschaft für alle schaffen.

Der Einfluss von Kaitrin Doll: Ein Vermächtnis

Die Auswirkungen auf die Gesellschaft

Veränderungen in der öffentlichen Wahrnehmung

In den letzten Jahrzehnten hat sich die öffentliche Wahrnehmung von Transgender-Personen und der LGBTQ-Community insgesamt erheblich verändert. Diese Veränderungen sind das Ergebnis einer Vielzahl von Faktoren, einschließlich der fortschreitenden Sichtbarkeit in den Medien, der akademischen Forschung und des Aktivismus von Persönlichkeiten wie Kaitrin Doll.

Medienpräsenz und Sichtbarkeit

Die Medien spielen eine entscheidende Rolle bei der Gestaltung der öffentlichen Wahrnehmung. Der Aufstieg von sozialen Medien hat es Transgender-Personen ermöglicht, ihre Geschichten direkt zu teilen und eine breitere Öffentlichkeit zu erreichen. Plattformen wie Instagram, Twitter und TikTok haben nicht nur die Sichtbarkeit erhöht, sondern auch den Dialog über Geschlechtsidentität und die Herausforderungen, denen Transgender-Personen gegenüberstehen, gefördert.

Ein Beispiel hierfür ist der Einfluss von Reality-TV-Formaten und Dokumentationen, die das Leben von Transgender-Personen dokumentieren. Sendungen wie *I Am Cait* und *Pose* haben dazu beigetragen, das Bewusstsein für die Probleme und Errungenschaften von Transgender-Personen zu schärfen. Diese Formate haben nicht nur das Verständnis innerhalb der breiten Öffentlichkeit gefördert, sondern auch eine Plattform für den Aktivismus geschaffen.

Akademische Forschung und Aufklärung

Die akademische Forschung hat ebenfalls einen bedeutenden Einfluss auf die öffentliche Wahrnehmung. Durch die Arbeit von Wissenschaftlern wie Kaitrin Doll wurden neue Theorien und empirische Studien entwickelt, die das Verständnis von Geschlechtsidentität vertiefen. Die interdisziplinäre Forschung hat dazu beigetragen, Vorurteile abzubauen und die Komplexität von Geschlechtsidentität zu verdeutlichen.

Ein zentrales Konzept in der Forschung ist das *Gender Spectrum*, das die Idee unterstützt, dass Geschlecht nicht binär ist, sondern ein Spektrum darstellt. Diese Theorie hat nicht nur die wissenschaftliche Diskussion bereichert, sondern auch die gesellschaftliche Akzeptanz von nicht-binären Identitäten gefördert.

Gesellschaftliche Veränderungen und Akzeptanz

Die gesellschaftliche Akzeptanz von Transgender-Personen hat in vielen Ländern zugenommen. Dies zeigt sich in der Gesetzgebung, die Diskriminierung aufgrund der Geschlechtsidentität verbietet, sowie in der Einführung von Geschlechtsoptionen jenseits von „männlich" und „weiblich" auf offiziellen Dokumenten. Der *Transgender Day of Remembrance*, der jährlich am 20. November begangen wird, hat ebenfalls zur Sensibilisierung beigetragen und die Öffentlichkeit auf die Gewalt gegen Transgender-Personen aufmerksam gemacht.

Ein weiteres Beispiel für die Veränderungen in der öffentlichen Wahrnehmung ist die zunehmende Repräsentation von Transgender-Personen in der Politik. Politiker wie Sarah McBride, die erste offen transgender Senatorin in den USA, und andere haben dazu beigetragen, die Sichtbarkeit und das Verständnis für die Anliegen der Transgender-Community zu fördern.

Herausforderungen und Widerstände

Trotz dieser positiven Entwicklungen gibt es nach wie vor erhebliche Herausforderungen. Diskriminierung, Gewalt und Vorurteile gegen Transgender-Personen sind nach wie vor weit verbreitet. Die Medienberichterstattung ist oft ambivalent und kann sowohl zur Stärkung als auch zur Stigmatisierung von Transgender-Personen beitragen. Fehlinformationen und stereotype Darstellungen können das Verständnis und die Akzeptanz in der Gesellschaft behindern.

Ein Beispiel für solche Herausforderungen ist die anhaltende Debatte über den Zugang zu geschlechtsspezifischen Gesundheitsdiensten. In vielen Ländern kämpfen Transgender-Personen weiterhin gegen Barrieren, die den Zugang zu notwendigen medizinischen Behandlungen und Unterstützungsdiensten einschränken. Diese Probleme verdeutlichen die Notwendigkeit weiterer Aufklärung und Sensibilisierung.

Fazit

Die Veränderungen in der öffentlichen Wahrnehmung von Transgender-Personen sind das Ergebnis eines komplexen Zusammenspiels von Medien, Forschung und Aktivismus. Während Fortschritte erzielt wurden, bleibt die Herausforderung bestehen, Vorurteile abzubauen und eine inklusive Gesellschaft zu fördern. Kaitrin Dolls Arbeit und die ihrer Mitstreiter haben dazu beigetragen, den Diskurs über Geschlechtsidentität zu erweitern und das Bewusstsein für die Rechte und Bedürfnisse von Transgender-Personen zu schärfen.

Die Zukunft der Transgender-Bewegung hängt von der kontinuierlichen Aufklärung, der Sichtbarkeit und der Unterstützung durch die Gemeinschaft ab. Nur durch einen gemeinsamen Einsatz für Gleichheit und Gerechtigkeit kann eine nachhaltige Veränderung in der öffentlichen Wahrnehmung erreicht werden.

Die Rolle von Bildung in der Aufklärung

Bildung spielt eine entscheidende Rolle in der Aufklärung über Transgender-Themen und die LGBTQ-Community im Allgemeinen. In einer Gesellschaft, in der Vorurteile und Missverständnisse oft auf Unkenntnis basieren, ist es wichtig, dass Bildung als ein Werkzeug zur Förderung von Verständnis, Empathie und Akzeptanz genutzt wird. In diesem Abschnitt werden wir die verschiedenen Dimensionen der Bildung betrachten, die zur Aufklärung über Transgender-Themen beitragen, sowie die Herausforderungen, die dabei auftreten können.

Theoretische Grundlagen

Die Theorie der sozialen Konstruktion, wie sie von Peter L. Berger und Thomas Luckmann in ihrem Werk *Die gesellschaftliche Konstruktion der Wirklichkeit* formuliert wurde, legt nahe, dass Wissen und Realität durch soziale Interaktionen und kulturelle Kontexte geformt werden. Dies bedeutet, dass Bildung nicht nur Wissen vermittelt, sondern auch die Art und Weise beeinflusst, wie Individuen und Gemeinschaften die Welt um sich herum wahrnehmen und interpretieren.

Ein weiterer wichtiger theoretischer Ansatz ist die *Critical Pedagogy*, die von Paulo Freire geprägt wurde. Freire argumentiert, dass Bildung ein Akt der Befreiung sein sollte, der den Lernenden hilft, kritisch zu denken und die sozialen, politischen und wirtschaftlichen Strukturen, die Ungerechtigkeiten fördern, zu hinterfragen. Diese Perspektive ist besonders relevant für die Aufklärung über Transgender-Themen, da sie nicht nur Informationen bereitstellt, sondern auch die Fähigkeit fördert, bestehende Diskriminierungen zu erkennen und zu bekämpfen.

Bildung als Aufklärungsinstrument

Bildung kann auf verschiedenen Ebenen eingesetzt werden, um das Bewusstsein für Transgender-Themen zu schärfen:

- **Schulbildung:** In Schulen kann das Curriculum so gestaltet werden, dass es Themen der Geschlechtsidentität und sexuellen Orientierung umfasst. Programme, die Inklusion und Diversität fördern, helfen, ein positives Klima für LGBTQ-Schüler zu schaffen. Ein Beispiel hierfür ist das *Safe Schools Program*, das Schulen dabei unterstützt, ein sicheres Umfeld für alle Schüler zu schaffen, unabhängig von ihrer Geschlechtsidentität oder sexuellen Orientierung.

- **Hochschulbildung:** Universitäten spielen eine Schlüsselrolle in der Forschung und Lehre über Transgender-Themen. Studiengänge, die sich mit Gender Studies beschäftigen, bieten eine Plattform für kritische Diskussionen und fördern das Verständnis für die Komplexität von Geschlechtsidentität. Die Gründung von LGBTQ-Studienprogrammen an Universitäten ist ein Schritt in die richtige Richtung, um zukünftige Generationen von Führungskräften und Aktivisten auszubilden.

- **Öffentliche Bildung:** Aufklärungskampagnen, Workshops und Seminare in der Gemeinde können dazu beitragen, das Bewusstsein für Transgender-Themen zu schärfen. Diese Initiativen können sich an verschiedene Zielgruppen richten, einschließlich Eltern, Lehrer und Fachkräfte, um ein umfassenderes Verständnis für die Herausforderungen und Bedürfnisse von Transgender-Personen zu fördern.

Herausforderungen in der Bildung

Trotz der positiven Auswirkungen von Bildung auf die Aufklärung über Transgender-Themen gibt es auch erhebliche Herausforderungen:

- **Widerstand gegen Veränderungen:** In vielen Bildungseinrichtungen gibt es Widerstand gegen die Einführung von LGBTQ-Themen in das

Curriculum. Dieser Widerstand kann aus kulturellen, religiösen oder politischen Überzeugungen resultieren und erschwert die Umsetzung inklusiver Bildungsprogramme.

+ **Mangel an Ressourcen:** Oft fehlen Schulen und Universitäten die notwendigen Ressourcen, um effektive Bildungsprogramme zu entwickeln und umzusetzen. Dies kann insbesondere in ländlichen oder einkommensschwachen Gebieten der Fall sein, wo der Zugang zu Informationen und Schulungen eingeschränkt ist.

+ **Vorurteile und Diskriminierung:** Lehrer und Schüler können Vorurteile gegenüber Transgender-Personen haben, die in der Bildung nicht ausreichend adressiert werden. Dies kann zu einem feindlichen Umfeld führen, das das Lernen und die persönliche Entwicklung behindert.

Beispiele erfolgreicher Bildungsinitiativen

Einige erfolgreiche Bildungsinitiativen haben gezeigt, wie effektiv Bildung zur Aufklärung über Transgender-Themen sein kann:

+ **Die „Transgender Awareness Week":** Diese jährliche Veranstaltung fördert das Bewusstsein für Transgender-Themen durch Workshops, Vorträge und Diskussionsrunden an Schulen und Universitäten. Sie schafft Raum für Dialog und fördert das Verständnis für die Herausforderungen, mit denen Transgender-Personen konfrontiert sind.

+ **Die „Gender Spectrum" Organisation:** Diese Organisation bietet Ressourcen und Schulungen für Schulen und Gemeinschaften, um eine inklusive Umgebung für Transgender-Jugendliche zu schaffen. Sie bietet auch Programme an, die Eltern und Lehrer unterstützen, um über Geschlechtsidentität aufzuklären.

+ **Das „Safe Zone"-Programm:** Dieses Programm schult Lehrer und Schüler, um ein sicheres und unterstützendes Umfeld für LGBTQ-Studierende zu schaffen. Durch die Teilnahme an Schulungen lernen die Teilnehmer, wie sie Diskriminierung erkennen und gegensteuern können.

Fazit

Zusammenfassend lässt sich sagen, dass Bildung eine zentrale Rolle in der Aufklärung über Transgender-Themen spielt. Sie fördert das Verständnis, die

Empathie und die Akzeptanz in der Gesellschaft. Trotz der Herausforderungen, die es zu überwinden gilt, können erfolgreiche Bildungsinitiativen dazu beitragen, eine informierte und inklusive Gemeinschaft zu schaffen, die die Rechte und das Wohlergehen von Transgender-Personen respektiert und unterstützt. Bildung ist nicht nur ein Schlüssel zur Aufklärung, sondern auch ein wichtiger Schritt in Richtung Gleichheit und Gerechtigkeit für alle.

Kaitrins Einfluss auf politische Entscheidungen

Kaitrin Doll hat nicht nur die wissenschaftliche Gemeinschaft beeinflusst, sondern auch maßgeblich zur Formulierung und Veränderung politischer Entscheidungen beigetragen, die sich auf die LGBTQ-Community auswirken. Ihre Arbeit hat wichtige Impulse für die politische Landschaft gegeben und hat dazu beigetragen, dass Transgender-Rechte in den Fokus der politischen Agenda gerückt sind.

Theoretischer Rahmen

Um Kaitrins Einfluss auf politische Entscheidungen zu verstehen, ist es wichtig, verschiedene theoretische Ansätze zu betrachten, die den Zusammenhang zwischen Forschung, Aktivismus und Politik beleuchten. Eine zentrale Theorie in diesem Kontext ist die *Policy-Entrepreneurship-Theorie*, die besagt, dass Individuen oder Gruppen, die sich für bestimmte Themen einsetzen, als „Politikunternehmer" fungieren. Sie nutzen ihre Expertise und Netzwerke, um politische Veränderungen voranzutreiben. Kaitrin hat in dieser Rolle agiert, indem sie ihre Forschungsergebnisse genutzt hat, um politische Entscheidungsträger zu informieren und zu sensibilisieren.

Beispiele für politischen Einfluss

Ein prägnantes Beispiel für Kaitrins Einfluss auf politische Entscheidungen ist ihre Rolle bei der Entwicklung des *Transgender-Gesetzes* in Deutschland. Durch ihre empirischen Studien und die Veröffentlichung von Artikeln, die die Lebensrealitäten von Transgender-Personen dokumentierten, konnte sie eine breitere Diskussion über die Notwendigkeit rechtlicher Anerkennung und Schutzmaßnahmen anstoßen. Ihre Forschung lieferte die notwendigen Daten, um politische Entscheidungsträger von der Dringlichkeit einer Reform zu überzeugen.

Ein weiteres Beispiel ist Kaitrins Engagement bei der *Bundeszentrale für politische Bildung*, wo sie Workshops und Seminare anbot, um das Bewusstsein für Transgender-Themen zu schärfen. Diese Bildungsinitiativen hatten nicht nur Einfluss auf die allgemeine Öffentlichkeit, sondern auch auf politische

DIE AUSWIRKUNGEN AUF DIE GESELLSCHAFT 153

Entscheidungsträger, die an den Veranstaltungen teilnahmen. Die daraus resultierenden Gespräche führten zu einem besseren Verständnis der Herausforderungen, mit denen Transgender-Personen konfrontiert sind, und beeinflussten letztendlich politische Entscheidungen.

Herausforderungen und Widerstände

Trotz ihrer Erfolge sah sich Kaitrin auch Herausforderungen und Widerständen gegenüber. Politische Entscheidungsträger, die von traditionellen Werten geprägt sind, zeigten oft Widerstand gegen Veränderungen, die auf Kaitrins Forschung basierten. Ein Beispiel hierfür ist die Diskussion um die Reform des *Gesetzes über die Änderung des Geschlechtseintrags*, das die rechtliche Anerkennung von Geschlechtsidentität betrifft. Kaitrins Vorschläge stießen auf Kritik von konservativen Politikern, die befürchteten, dass solche Änderungen die gesellschaftliche Ordnung destabilisieren könnten.

Um diesen Herausforderungen zu begegnen, entwickelte Kaitrin Strategien, um ihre Argumente zu untermauern. Sie stellte sicher, dass ihre Forschungsergebnisse nicht nur in akademischen Kreisen, sondern auch in der breiten Öffentlichkeit bekannt wurden. Dies geschah durch die Veröffentlichung von Artikeln in populären Medien und die Teilnahme an Diskussionsrunden, in denen sie die positiven Auswirkungen ihrer Vorschläge auf die Gesellschaft darlegte.

Langfristige Auswirkungen

Kaitrins Einfluss auf politische Entscheidungen hat langfristige Auswirkungen auf die Gesellschaft. Ihre Arbeit hat dazu beigetragen, dass Transgender-Rechte nicht mehr als Randthema betrachtet werden, sondern Teil der allgemeinen Menschenrechtsdiskussion sind. Die politischen Entscheidungen, die auf ihrer Forschung basieren, haben das Leben vieler Transgender-Personen verbessert, indem sie rechtliche Schutzmaßnahmen und gesellschaftliche Akzeptanz gefördert haben.

Zusammenfassend lässt sich sagen, dass Kaitrin Doll durch ihre Forschung und ihr Engagement als Aktivistin einen bedeutenden Einfluss auf politische Entscheidungen ausgeübt hat. Ihre Fähigkeit, wissenschaftliche Erkenntnisse in den politischen Diskurs einzubringen, hat dazu beigetragen, dass Transgender-Themen auf die politische Agenda gesetzt wurden. Die Herausforderungen, denen sie gegenüberstand, haben sie nicht entmutigt, sondern motiviert, weiterhin für die Rechte und das Wohlbefinden der

LGBTQ-Community einzutreten. Ihr Vermächtnis wird in den zukünftigen politischen Entscheidungen weiterleben, da die Gesellschaft zunehmend erkennt, wie wichtig es ist, die Stimmen von marginalisierten Gruppen zu hören und zu berücksichtigen.

Die Entwicklung von Unterstützungsnetzwerken

Die Entwicklung von Unterstützungsnetzwerken stellt einen entscheidenden Aspekt in der Arbeit von Kaitrin Doll dar. Diese Netzwerke sind nicht nur für die individuelle Unterstützung von Transgender-Personen von Bedeutung, sondern auch für die Stärkung der gesamten LGBTQ-Community. In diesem Abschnitt werden wir die verschiedenen Dimensionen dieser Unterstützungsnetzwerke untersuchen, ihre theoretischen Grundlagen, die Herausforderungen, denen sie gegenüberstehen, sowie einige herausragende Beispiele.

Theoretische Grundlagen

Unterstützungsnetzwerke basieren auf mehreren theoretischen Ansätzen, die das Verständnis von Gemeinschaft und Solidarität innerhalb der LGBTQ-Community fördern. Ein zentraler Theorieansatz ist die *Soziale Identitätstheorie* (Tajfel & Turner, 1979), die besagt, dass Individuen ihre Identität durch die Zugehörigkeit zu sozialen Gruppen definieren. Diese Zugehörigkeit kann das Gefühl von Sicherheit und Unterstützung fördern, insbesondere in marginalisierten Gruppen.

Ein weiterer wichtiger theoretischer Rahmen ist die *Ressourcentheorie*, die besagt, dass soziale Netzwerke als Ressourcen fungieren, die Zugang zu emotionaler, informeller und materieller Unterstützung bieten. Diese Ressourcen sind entscheidend, um die Herausforderungen, die Transgender-Personen oft erleben, zu bewältigen, darunter Diskriminierung, Isolation und psychische Gesundheitsprobleme.

Herausforderungen der Unterstützungsnetzwerke

Trotz der positiven Auswirkungen von Unterstützungsnetzwerken gibt es zahlreiche Herausforderungen, die ihre Entwicklung und Effektivität beeinträchtigen können. Eine der größten Herausforderungen ist die *Stigmatisierung* und *Diskriminierung* gegenüber Transgender-Personen, die oft dazu führt, dass Individuen zögern, sich in solche Netzwerke zu integrieren.

Zusätzlich können *finanzielle Ressourcen* ein limitierender Faktor sein. Viele LGBTQ-Organisationen sind auf Spenden angewiesen, und in Zeiten finanzieller

Unsicherheit kann es schwierig sein, die nötigen Mittel für Programme und Unterstützungsdienste zu sichern.

Ein weiteres Problem ist die *Fragmentierung* innerhalb der Community. Unterschiedliche Identitäten und Erfahrungen innerhalb der LGBTQ-Community können zu Spannungen führen, die die Bildung solidarischer Netzwerke erschweren.

Beispiele für erfolgreiche Unterstützungsnetzwerke

Ein bemerkenswertes Beispiel für ein erfolgreiches Unterstützungsnetzwerk ist die *Transgender Europe (TGEU)*. Diese Organisation hat sich zum Ziel gesetzt, die Lebensbedingungen von Transgender-Personen in Europa zu verbessern, indem sie Ressourcen bereitstellt, politische Lobbyarbeit leistet und die Sichtbarkeit von Transgender-Fragen erhöht. TGEU hat zahlreiche Initiativen ins Leben gerufen, die lokale Gemeinschaften stärken und Transgender-Personen ermutigen, sich aktiv an der Gestaltung ihrer Rechte zu beteiligen.

Ein weiteres Beispiel ist die *LGBTQ+ Youth Network*, die sich auf die Unterstützung junger LGBTQ-Personen konzentriert. Durch Mentoring-Programme, Workshops und soziale Veranstaltungen schafft das Netzwerk Räume, in denen sich junge Menschen sicher fühlen und ihre Identität erkunden können.

Die Rolle von Kaitrin Doll

Kaitrin Doll hat durch ihre Forschung und ihren Aktivismus maßgeblich zur Entwicklung solcher Unterstützungsnetzwerke beigetragen. Sie hat nicht nur an der Gründung von Initiativen mitgewirkt, sondern auch in ihren wissenschaftlichen Arbeiten die Wichtigkeit von Netzwerken hervorgehoben. In ihrer Studie über die Auswirkungen von sozialen Unterstützungsnetzwerken auf das psychische Wohlbefinden von Transgender-Personen stellte sie fest, dass eine starke soziale Unterstützung signifikant mit einer verbesserten psychischen Gesundheit korreliert ist. Diese Erkenntnisse haben dazu beigetragen, dass viele Organisationen ihre Programme anpassen und erweitern, um den Bedürfnissen der Transgender-Community besser gerecht zu werden.

Fazit

Zusammenfassend lässt sich sagen, dass die Entwicklung von Unterstützungsnetzwerken für Transgender-Personen von zentraler Bedeutung ist, um eine inklusive und unterstützende Gesellschaft zu schaffen. Trotz der

Herausforderungen, die diese Netzwerke konfrontieren, zeigen Beispiele wie TGEU und das LGBTQ+ Youth Network, dass mit Engagement und gemeinschaftlichem Zusammenhalt positive Veränderungen möglich sind. Kaitrin Dolls Einfluss auf diesen Bereich verdeutlicht die Notwendigkeit, Forschung und Aktivismus zu verbinden, um die Lebensbedingungen von Transgender-Personen nachhaltig zu verbessern.

Einblick in die nächsten Generationen von Aktivisten

Die nächsten Generationen von Aktivisten stehen vor der Herausforderung, die Errungenschaften und das Erbe von Pionieren wie Kaitrin Doll weiterzutragen und gleichzeitig neue Ansätze und Strategien zu entwickeln, um den sich wandelnden gesellschaftlichen und politischen Rahmenbedingungen gerecht zu werden. In diesem Abschnitt werden wir uns mit den Merkmalen, Herausforderungen und Möglichkeiten der neuen Aktivistengenerationen auseinandersetzen.

Merkmale der neuen Aktivisten

Die kommenden Aktivisten zeichnen sich durch eine Vielzahl von Eigenschaften aus, die sie von früheren Generationen unterscheiden. Zunächst einmal ist die heutige Jugend durch die Nutzung digitaler Medien geprägt. Soziale Medien bieten eine Plattform, um Anliegen schnell zu verbreiten, Mobilisierungen zu organisieren und Gemeinschaften zu bilden. Diese Plattformen ermöglichen es, eine breitere Öffentlichkeit zu erreichen, als es in der Vergangenheit möglich war.

Ein weiteres Merkmal ist die Diversität innerhalb der Bewegung selbst. Die neuen Aktivisten kommen aus unterschiedlichen sozialen, kulturellen und ethnischen Hintergründen, was zu einem reichhaltigen Austausch von Ideen und Perspektiven führt. Diese Diversität ist entscheidend, um die unterschiedlichen Bedürfnisse und Herausforderungen innerhalb der LGBTQ-Community zu adressieren.

Herausforderungen der neuen Aktivisten

Trotz dieser positiven Merkmale stehen die neuen Generationen von Aktivisten vor erheblichen Herausforderungen. Eine der größten Hürden ist die anhaltende Diskriminierung und Stigmatisierung von LGBTQ-Personen, die in vielen Teilen der Welt nach wie vor verbreitet ist. Diese Diskriminierung kann nicht nur zu persönlichen Herausforderungen führen, sondern auch die Mobilisierung und das Engagement innerhalb der Community erschweren.

Ein weiteres Problem ist die Fragmentierung der Bewegung. Während die Diversität innerhalb der Aktivistengruppen eine Stärke darstellt, kann sie auch zu Spannungen führen, wenn unterschiedliche Prioritäten und Ansätze aufeinandertreffen. Der Umgang mit internen Konflikten und das Finden eines gemeinsamen Ziels sind entscheidend, um eine kohärente und effektive Bewegung zu fördern.

Zusätzlich sehen sich die neuen Aktivisten mit der Herausforderung konfrontiert, in einem zunehmend polarisierten politischen Klima zu arbeiten. Der Einfluss von Populismus und extremen politischen Ansichten kann die Fortschritte, die in den letzten Jahrzehnten erzielt wurden, gefährden. Es ist wichtig, Strategien zu entwickeln, um diesen Herausforderungen entgegenzuwirken und eine inklusive und respektvolle Diskussion zu fördern.

Möglichkeiten für die neuen Aktivisten

Trotz dieser Herausforderungen bieten sich den neuen Generationen von Aktivisten auch zahlreiche Möglichkeiten. Die Nutzung von Technologie und sozialen Medien kann als Katalysator für Veränderungen dienen. Plattformen wie Twitter, Instagram und TikTok ermöglichen es Aktivisten, kreative und ansprechende Inhalte zu erstellen, die jüngere Zielgruppen ansprechen und mobilisieren können.

Darüber hinaus können die neuen Aktivisten von den Lehren und Erfahrungen früherer Generationen profitieren. Der Austausch von Wissen und Strategien ist entscheidend, um die Wirksamkeit des Aktivismus zu erhöhen. Mentoring-Programme, in denen erfahrene Aktivisten ihre Kenntnisse und Erfahrungen weitergeben, können eine wertvolle Ressource für die nächste Generation sein.

Die Zusammenarbeit mit anderen sozialen Bewegungen kann ebenfalls eine wichtige Strategie sein. Indem sie sich mit anderen Gruppen zusammenschließen, die ähnliche Ziele verfolgen, können die neuen Aktivisten ihre Reichweite und ihren Einfluss erhöhen. Diese intersektionale Herangehensweise ist entscheidend, um die Vielfalt der Erfahrungen innerhalb der LGBTQ-Community zu berücksichtigen und eine breitere Unterstützung zu gewinnen.

Beispiele für erfolgreiche neue Aktivisten

Ein Beispiel für eine erfolgreiche neue Aktivistin ist die junge Klimaaktivistin Greta Thunberg, deren Engagement für den Klimaschutz auch die LGBTQ-Community inspiriert hat. Thunbergs Fähigkeit, eine globale Bewegung über soziale Medien zu mobilisieren, zeigt, wie wichtig digitale Plattformen für den modernen Aktivismus sind. Ihre Arbeit hat auch LGBTQ-Aktivisten ermutigt, ähnliche Strategien zu verfolgen, um ihre Anliegen in den Vordergrund zu rücken.

Ein weiteres Beispiel ist die Organisation "Transgender Europe", die sich für die Rechte von Transgender-Personen in Europa einsetzt. Diese Organisation hat es geschafft, eine Plattform für junge Aktivisten zu schaffen, um ihre Stimmen zu erheben und sich aktiv an politischen Prozessen zu beteiligen. Durch Workshops, Schulungen und Netzwerkmöglichkeiten bietet "Transgender Europe" eine wertvolle Unterstützung für die nächsten Generationen von Aktivisten.

Fazit

Die nächsten Generationen von Aktivisten haben das Potenzial, die LGBTQ-Bewegung in neue Höhen zu führen. Indem sie die Errungenschaften ihrer Vorgänger anerkennen, sich den Herausforderungen der Gegenwart stellen und innovative Ansätze entwickeln, können sie eine inklusive und gerechte Zukunft für alle schaffen. Es liegt an ihnen, die Flamme des Aktivismus am Leben zu erhalten und für die Rechte und das Wohlbefinden von LGBTQ-Personen weltweit zu kämpfen.

Die Bedeutung von Sichtbarkeit und Repräsentation

Die Sichtbarkeit und Repräsentation von LGBTQ-Personen, insbesondere von Transgender-Personen, ist ein zentrales Thema in der Diskussion um Gleichheit und Akzeptanz in der Gesellschaft. Sichtbarkeit bezieht sich nicht nur auf die physische Präsenz von LGBTQ-Individuen in verschiedenen Lebensbereichen, sondern auch auf die Anerkennung ihrer Identitäten, Erfahrungen und Bedürfnisse in der öffentlichen Wahrnehmung und in den Medien. Repräsentation hingegen umfasst die Art und Weise, wie diese Gruppen in den Medien, in der Politik und in der Gesellschaft dargestellt werden.

Theoretische Grundlagen

Die Bedeutung von Sichtbarkeit und Repräsentation kann durch verschiedene theoretische Ansätze beleuchtet werden. Ein zentraler Aspekt ist die *Identitätstheorie*, die besagt, dass die Identität eines Individuums durch soziale Interaktionen und gesellschaftliche Wahrnehmungen geformt wird. Diese Theorie wird von Erving Goffman in seinem Werk *The Presentation of Self in Everyday Life* (1959) unterstützt, wo er beschreibt, wie Menschen ihre Identität durch die Interaktion mit anderen konstruieren und präsentieren.

In der *Queer-Theorie* wird die Notwendigkeit der Sichtbarkeit als ein Mittel zur Bekämpfung von Diskriminierung und Stigmatisierung hervorgehoben. Judith Butler argumentiert in *Gender Trouble* (1990), dass Geschlecht und Sexualität performativ sind und durch wiederholte Handlungen und Darstellungen konstituiert werden. Sichtbarkeit ermöglicht es, diese Darstellungen zu hinterfragen und alternative Narrative zu schaffen.

Probleme der Unsichtbarkeit

Die Unsichtbarkeit von LGBTQ-Personen kann schwerwiegende Folgen haben. Sie führt zu einem Mangel an repräsentativer Darstellung in der Gesellschaft, was wiederum Diskriminierung und Vorurteile verstärken kann. Studien zeigen, dass Menschen, die in einer Umgebung leben, in der LGBTQ-Personen nicht sichtbar sind, eher negative Einstellungen gegenüber diesen Gruppen haben. Dies kann sich in sozialen, wirtschaftlichen und gesundheitlichen Ungleichheiten niederschlagen.

Ein Beispiel für die Auswirkungen von Unsichtbarkeit ist die *Transgender-Identitätskrise*. Viele Transgender-Personen berichten von einem Mangel an Vorbildern und Repräsentation in den Medien, was zu einem Gefühl der Isolation und des Mangels an Akzeptanz führt. Die Forschung von *Budge et al.* (2013) zeigt, dass Transgender-Personen, die positive Repräsentationen in den Medien sehen, ein höheres Maß an Selbstakzeptanz und psychischem Wohlbefinden aufweisen.

Positive Beispiele der Sichtbarkeit

Kaitrin Doll hat durch ihre Forschung und ihren Aktivismus maßgeblich zur Sichtbarkeit von Transgender-Personen beigetragen. Ihre Arbeiten haben nicht nur in der Wissenschaft, sondern auch in der Öffentlichkeit für Aufsehen gesorgt. Sie hat es geschafft, komplexe Themen der Geschlechtsidentität in einer zugänglichen Sprache zu präsentieren, was das Bewusstsein für die Herausforderungen und Bedürfnisse der Transgender-Community erhöht hat.

Ein weiteres Beispiel ist die Rolle von *Transgender-Prominenten* in den Medien. Persönlichkeiten wie Laverne Cox und Elliot Page haben durch ihre Sichtbarkeit nicht nur ihre eigenen Geschichten erzählt, sondern auch das Bewusstsein für Transgender-Themen in der breiten Öffentlichkeit geschärft. Ihre Präsenz in Hollywood hat dazu beigetragen, stereotype Darstellungen zu hinterfragen und ein neues, positiveres Bild von Transgender-Personen zu fördern.

Schlussfolgerung

Die Bedeutung von Sichtbarkeit und Repräsentation kann nicht genug betont werden. Sie sind entscheidend für die Schaffung eines inklusiven und gerechten gesellschaftlichen Umfelds. Kaitrin Dolls Arbeit und die Sichtbarkeit von LGBTQ-Personen in den Medien sind nicht nur Schritte in Richtung Gleichheit, sondern auch ein Aufruf zum Handeln für die Gesellschaft, um Vorurteile abzubauen und Akzeptanz zu fördern. Ein inklusives Umfeld, in dem alle Identitäten sichtbar und repräsentiert sind, ist der Schlüssel zu einer gerechteren und harmonischeren Gesellschaft.

$$\text{Sichtbarkeit} + \text{Repräsentation} = \text{Akzeptanz} + \text{Gleichheit} \qquad (25)$$

Kaitrins Einfluss auf die Wissenschaft

Kaitrin Dolls Beitrag zur Wissenschaft ist ein bemerkenswerter Aspekt ihrer Karriere, der nicht nur die akademische Gemeinschaft, sondern auch die Gesellschaft als Ganzes beeinflusst hat. Ihre Forschung hat sich nicht nur auf die medizinische und psychologische Disziplin beschränkt, sondern hat auch interdisziplinäre Ansätze gefördert, die verschiedene Bereiche miteinander verbinden.

Interdisziplinäre Ansätze

Kaitrin hat erkannt, dass die Herausforderungen, mit denen Transgender-Personen konfrontiert sind, nicht isoliert betrachtet werden können. Sie hat sich für eine **interdisziplinäre Forschung** eingesetzt, die Psychologie, Soziologie, Medizin und Gender-Studies miteinander verbindet. Diese Herangehensweise hat es ermöglicht, komplexe Probleme zu analysieren und ein umfassenderes Bild der Lebensrealitäten von Transgender-Personen zu zeichnen.

Ein Beispiel für diese interdisziplinäre Methodik ist Kaitrins Studie zur *Einflussnahme von sozialen Determinanten auf die psychische Gesundheit von Transgender-Personen*. Sie stellte fest, dass Faktoren wie **soziale Unterstützung**, **Bildung** und **wirtschaftliche Sicherheit** signifikante Auswirkungen auf das Wohlbefinden von Transgender-Personen haben. Diese Erkenntnisse wurden in der Fachzeitschrift *Journal of Transgender Health* veröffentlicht und haben dazu beigetragen, dass soziale Determinanten in zukünftige medizinische und psychologische Forschungen einbezogen werden.

Innovative Theorien

Kaitrin hat auch neue Theorien in der Transgender-Forschung entwickelt, die die bestehende Literatur herausfordern. Ihre Theorie der **geschlechtlichen Fluidität** beschreibt, wie Geschlechtsidentität nicht starr, sondern dynamisch ist. Diese Theorie hat nicht nur die akademische Diskussion angeregt, sondern auch das Verständnis von Geschlechtsidentität in der breiteren Gesellschaft erweitert.

Eine ihrer bekanntesten Theorien ist die *Theorie der sozialen Konstruktion von Geschlecht*, die besagt, dass Geschlecht nicht nur biologisch determiniert ist, sondern auch durch soziale Interaktionen und kulturelle Normen geprägt wird. Diese Theorie hat dazu beigetragen, dass Gender-Studien und feministische Theorien in die medizinische Forschung integriert wurden, was zu einem besseren Verständnis der Bedürfnisse von Transgender-Personen geführt hat.

Herausforderungen in der Forschung

Trotz ihrer Erfolge hatte Kaitrin mit zahlreichen Herausforderungen zu kämpfen. Die Forschung zu Geschlechtsidentität ist oft von **Stigmatisierung** und **Vorurteilen** betroffen. Kaitrin musste sich nicht nur mit Widerstand innerhalb der wissenschaftlichen Gemeinschaft auseinandersetzen, sondern auch mit politischen und gesellschaftlichen Barrieren, die die Durchführung ihrer Forschung erschwerten.

Ein Beispiel für solche Herausforderungen ist die *Zugangsbeschränkung zu medizinischen Daten*. Viele Institutionen waren nicht bereit, Daten über Transgender-Personen zur Verfügung zu stellen, was Kaitrins Fähigkeit, empirische Studien durchzuführen, stark einschränkte. Um diese Hürden zu überwinden, entwickelte sie innovative Methoden zur Datensammlung, einschließlich **qualitativer Interviews** und **Online-Befragungen**, die es ihr ermöglichten, wertvolle Daten zu sammeln, ohne auf institutionelle Unterstützung angewiesen zu sein.

Einfluss auf die medizinische Gemeinschaft

Kaitrins Forschung hat auch einen erheblichen Einfluss auf die medizinische Gemeinschaft ausgeübt. Ihre Studien zur **medizinischen Versorgung von Transgender-Personen** haben dazu beigetragen, dass Gesundheitseinrichtungen ihre Praktiken überdachten und anpassten, um inklusiver zu werden. Sie hat sich aktiv für die Ausbildung von medizinischem Personal eingesetzt, um sicherzustellen, dass Transgender-Personen respektvoll und kompetent behandelt werden.

Ein Beispiel für diesen Einfluss ist die Implementierung von *Transgender-Gesundheitsrichtlinien* in mehreren Kliniken, die auf Kaitrins Forschung basieren. Diese Richtlinien umfassen Empfehlungen zur Hormontherapie, psychologischen Unterstützung und chirurgischen Eingriffen, die speziell auf die Bedürfnisse von Transgender-Personen abgestimmt sind.

Reflexion über Kaitrins Einfluss

Zusammenfassend lässt sich sagen, dass Kaitrin Dolls Einfluss auf die Wissenschaft weitreichend und tiefgreifend ist. Ihre interdisziplinären Ansätze, innovativen Theorien und der Einsatz für die medizinische Gemeinschaft haben nicht nur das Verständnis von Geschlechtsidentität revolutioniert, sondern auch dazu beigetragen, dass Transgender-Personen in der Forschung und im Gesundheitswesen sichtbarer und besser unterstützt werden.

Kaitrins Vermächtnis wird weiterhin die zukünftige Forschung prägen und als Leitfaden für kommende Generationen von Wissenschaftlern und Aktivisten dienen, die sich für Gleichheit und Gerechtigkeit in der Gesellschaft einsetzen.

Die Verbindung zwischen Aktivismus und Forschung

Die Verbindung zwischen Aktivismus und Forschung ist ein zentrales Thema in der Arbeit von Kaitrin Doll. Diese Synergie ist nicht nur von theoretischer Bedeutung, sondern hat auch praktische Auswirkungen auf die Lebensrealitäten von Transgender-Personen. In diesem Abschnitt werden wir untersuchen, wie Aktivismus und Forschung sich gegenseitig beeinflussen, welche Herausforderungen dabei auftreten und welche konkreten Beispiele es für diese Wechselwirkung gibt.

Theoretische Grundlagen

Aktivismus kann als ein Prozess verstanden werden, der darauf abzielt, soziale und politische Veränderungen herbeizuführen. In der LGBTQ-Community, insbesondere im Bereich der Transgender-Rechte, ist dieser Prozess oft eng mit wissenschaftlicher Forschung verbunden. Die Theorie des *social change* besagt, dass Veränderungen in der Gesellschaft oft durch eine Kombination aus Forschung, öffentlichem Bewusstsein und aktivistischem Handeln erreicht werden. Diese Theorie wird durch die *Theory of Change* unterstützt, die beschreibt, wie bestimmte Interventionen zu gewünschten sozialen Veränderungen führen können.

Ein Beispiel für diese Theorie ist das *Advocacy Coalition Framework*, das aufzeigt, wie verschiedene Akteure, darunter Forscher und Aktivisten, in Koalitionen zusammenarbeiten, um gemeinsame Ziele zu erreichen. Diese Koalitionen können entscheidend sein, um Daten und Erkenntnisse in politische Maßnahmen zu übersetzen.

Praktische Herausforderungen

Trotz der klaren Verbindung zwischen Aktivismus und Forschung gibt es zahlreiche Herausforderungen, die es zu überwinden gilt. Eine der größten Hürden ist die *Kluft zwischen Theorie und Praxis*. Oftmals sind Forschungsergebnisse nicht leicht verständlich oder werden von Aktivisten nicht genutzt, weil sie nicht in einem praxisnahen Kontext präsentiert werden.

Ein weiteres Problem ist der *Zugang zu Daten*. Transgender-Personen sind oft einer hohen Stigmatisierung ausgesetzt, was die Durchführung von Forschungsprojekten erschwert. Kaitrin Doll hat es sich zur Aufgabe gemacht, diese Hürden zu überwinden, indem sie partizipative Forschungsansätze verfolgt, die die Stimmen der Betroffenen einbeziehen.

Beispiele für die Verbindung von Aktivismus und Forschung

Ein herausragendes Beispiel für die Verbindung zwischen Aktivismus und Forschung ist Kaitrins eigene Arbeit zur *Transgender-Gesundheit*. Durch ihre Forschung hat sie nicht nur wichtige Daten über die Bedürfnisse von Transgender-Personen gesammelt, sondern auch aktiv an der Gestaltung von Gesundheitsrichtlinien mitgewirkt. Ihre Studien haben gezeigt, dass der Zugang zu geschlechtsspezifischer Gesundheitsversorgung entscheidend für das Wohlbefinden von Transgender-Personen ist.

Ein weiteres Beispiel ist die *Transgender-Studie* von 2015, die in mehreren Ländern durchgeführt wurde. Diese Studie hat nicht nur das Bewusstsein für die Herausforderungen, mit denen Transgender-Personen konfrontiert sind, geschärft, sondern auch zu konkreten politischen Veränderungen geführt. Die Ergebnisse wurden in Zusammenarbeit mit Aktivisten veröffentlicht, die sicherstellten, dass die Erkenntnisse in die öffentliche Diskussion einflossen.

Schlussfolgerungen und Ausblick

Die Verbindung zwischen Aktivismus und Forschung ist unerlässlich für die Fortschritte in der Transgender-Bewegung. Kaitrin Dolls Arbeit zeigt, dass durch die Kombination von wissenschaftlicher Forschung und aktivistischem Handeln nachhaltige Veränderungen möglich sind. Die Herausforderungen, die dabei auftreten, erfordern innovative Ansätze und eine enge Zusammenarbeit zwischen verschiedenen Akteuren.

Zukünftige Forschungen sollten weiterhin die Stimmen von Transgender-Personen einbeziehen und sicherstellen, dass die Ergebnisse in die Praxis umgesetzt werden. Nur durch diese enge Verbindung kann ein echtes Verständnis für die Bedürfnisse der Community entwickelt werden, was letztlich zu einer inklusiveren und gerechteren Gesellschaft führt.

$$\text{Change} = f(\text{Activism}, \text{Research}) \qquad (26)$$

In dieser Gleichung wird die Beziehung zwischen Aktivismus und Forschung als Funktion dargestellt, die zeigt, dass beide Elemente notwendig sind, um gesellschaftliche Veränderungen zu bewirken. Die Symbiose zwischen diesen beiden Bereichen ist der Schlüssel zu einer erfolgreichen Transgender-Bewegung und sollte in zukünftigen Studien und Initiativen weiterhin gefördert werden.

Reflexionen über das Erbe von Kaitrin

Kaitrin Dolls Vermächtnis ist nicht nur eine Ansammlung von wissenschaftlichen Arbeiten und aktivistischen Errungenschaften, sondern auch eine tiefgreifende Reflexion über die sozialen, kulturellen und politischen Dimensionen der Transgender-Bewegung. Ihr Erbe wird durch die Art und Weise geprägt, wie sie die Narrative über Geschlechtsidentität und -ausdruck transformierte, und die Herausforderungen, denen sie sich gegenübersah, um diese Veränderungen zu bewirken.

Ein zentrales Element von Kaitrins Erbe ist die **Intersektionalität**. Diese Theorie, die von Kimberlé Crenshaw geprägt wurde, beschreibt, wie verschiedene soziale Kategorien wie Geschlecht, Rasse, Klasse und sexuelle Orientierung miteinander verwoben sind und sich gegenseitig beeinflussen. Kaitrin erkannte, dass die Erfahrungen von Transgender-Personen nicht isoliert betrachtet werden können; vielmehr sind sie das Ergebnis komplexer Wechselwirkungen zwischen verschiedenen Identitäten und gesellschaftlichen Strukturen. Ihre Forschung betonte die Notwendigkeit, diese Intersektionalität in der Wissenschaft und im Aktivismus zu berücksichtigen, um ein umfassenderes Verständnis der Herausforderungen zu erlangen, mit denen marginalisierte Gruppen konfrontiert sind.

Ein Beispiel für Kaitrins intersektionalen Ansatz ist ihre Studie über die Erfahrungen von Transgender-Personen aus verschiedenen ethnischen

DIE AUSWIRKUNGEN AUF DIE GESELLSCHAFT 165

Hintergründen. Sie stellte fest, dass diese Gruppen oft mit zusätzlichen Formen der Diskriminierung konfrontiert sind, die über die Herausforderungen hinausgehen, die allein mit der Geschlechtsidentität verbunden sind. In einer ihrer Publikationen formulierte sie die Gleichung:

$$D = f(I, E, C)$$

wobei D die Diskriminierung, I die Geschlechtsidentität, E die ethnische Zugehörigkeit und C die sozioökonomische Klasse darstellt. Diese Gleichung verdeutlicht, dass Diskriminierung nicht nur eine Frage der Geschlechtsidentität ist, sondern auch von anderen Faktoren beeinflusst wird.

Kaitrins Erbe ist auch untrennbar mit ihrer Fähigkeit verbunden, **Dialoge zu fördern**. Sie verstand, dass Veränderung oft durch Gespräche und das Teilen von Geschichten beginnt. Ihre Workshops und öffentlichen Vorträge waren bekannt dafür, dass sie Raum für persönliche Erfahrungen und Geschichten schufen, die oft von der Wissenschaft und den Medien ignoriert wurden. Durch diese Plattformen ermutigte sie Menschen, ihre eigenen Narrative zu teilen, was zu einer stärkeren Gemeinschaft und Solidarität führte.

Ein weiteres wichtiges Element von Kaitrins Erbe ist ihre **Forschungsethik**. Sie stellte sicher, dass ihre Studien nicht nur akademischen Anforderungen genügten, sondern auch die Stimmen derjenigen einbezogen, die sie erforschte. Ihre Methodologie beinhaltete oft partizipative Ansätze, bei denen die Betroffenen aktiv in den Forschungsprozess einbezogen wurden. Dies führte zu einer authentischeren Darstellung der Lebensrealitäten von Transgender-Personen und stellte sicher, dass ihre Arbeit nicht nur theoretisch war, sondern auch praktische Auswirkungen hatte.

Kaitrins Einfluss auf die **Politik** ist ebenfalls bemerkenswert. Ihre Forschung trug dazu bei, politische Entscheidungsträger über die Bedürfnisse und Herausforderungen von Transgender-Personen aufzuklären. Sie arbeitete eng mit verschiedenen Organisationen zusammen, um sicherzustellen, dass ihre Ergebnisse in politische Maßnahmen umgesetzt wurden. Dies zeigt, wie wichtig es ist, dass Wissenschaftler als Brückenbauer zwischen Forschung und praktischer Anwendung fungieren.

In der Reflexion über Kaitrins Erbe ist es wichtig, die **Herausforderungen** zu erkennen, die weiterhin bestehen. Trotz ihrer Errungenschaften bleibt die Transgender-Community mit erheblichem Widerstand konfrontiert, sowohl in der Gesellschaft als auch in der Wissenschaft. Diskriminierung, Vorurteile und Fehlinformationen sind nach wie vor weit verbreitet, was die Notwendigkeit von

Kaitrins Arbeit unterstreicht. Ihre Fähigkeit, diese Themen anzugehen und einen Raum für Dialog zu schaffen, bleibt ein wichtiger Bestandteil ihres Erbes.

Zusammenfassend lässt sich sagen, dass Kaitrin Dolls Vermächtnis weitreichend und vielschichtig ist. Es ist ein Erbe, das nicht nur durch ihre wissenschaftlichen Beiträge, sondern auch durch ihre Fähigkeit, Menschen zu verbinden und Dialoge zu fördern, geprägt ist. Ihre Arbeit hat nicht nur das Bewusstsein für Transgender-Themen geschärft, sondern auch einen Raum geschaffen, in dem die Stimmen von marginalisierten Gruppen gehört werden können. Kaitrins Erbe wird weiterhin Generationen von Aktivisten und Wissenschaftlern inspirieren, die sich für eine gerechtere und inklusivere Gesellschaft einsetzen.

Die Zukunft der Transgender-Bewegung

Die Zukunft der Transgender-Bewegung ist ein dynamisches und vielschichtiges Thema, das sowohl Chancen als auch Herausforderungen mit sich bringt. Angesichts der sich ständig verändernden gesellschaftlichen, politischen und technologischen Landschaft ist es entscheidend, die Richtung zu verstehen, in die sich die Bewegung entwickelt, und die Faktoren zu identifizieren, die diese Entwicklung beeinflussen.

Theoretische Grundlagen und aktuelle Trends

Die Transgender-Bewegung hat sich in den letzten Jahrzehnten erheblich verändert. Die theoretischen Grundlagen, die die Bewegung antreiben, basieren auf einer Vielzahl von Disziplinen, einschließlich Gender Studies, Soziologie und Psychologie. Ein zentraler Aspekt ist die Theorie der sozialen Konstruktion von Geschlecht, die besagt, dass Geschlecht nicht nur biologisch, sondern auch gesellschaftlich konstruiert ist. Diese Perspektive eröffnet neue Möglichkeiten für das Verständnis von Geschlechtsidentität und -ausdruck.

Ein aktueller Trend ist die zunehmende Sichtbarkeit von Transgender-Personen in den Medien und der Popkultur. Diese Sichtbarkeit fördert nicht nur das Bewusstsein, sondern auch die Akzeptanz in der breiten Öffentlichkeit. Filme, Fernsehsendungen und soziale Medien tragen dazu bei, stereotype Darstellungen zu hinterfragen und ein differenzierteres Bild von Transgender-Lebensrealitäten zu vermitteln.

Politische Herausforderungen und rechtliche Rahmenbedingungen

Trotz der Fortschritte gibt es weiterhin erhebliche politische Herausforderungen. In vielen Ländern, einschließlich Deutschland, erleben Transgender-Personen Diskriminierung und rechtliche Ungleichheit. Die Debatte über das Selbstbestimmungsrecht für Geschlechtsidentität ist ein zentrales Thema, das die Zukunft der Bewegung prägen wird. Der *Gender Recognition Act* in Deutschland, der es Transgender-Personen ermöglichen soll, ihren Geschlechtseintrag ohne medizinische Gutachten zu ändern, ist ein Beispiel für einen notwendigen rechtlichen Fortschritt.

Gleichzeitig gibt es Widerstand gegen solche Reformen, oft angeführt von konservativen Gruppen, die traditionelle Geschlechterrollen verteidigen. Diese Widerstände können sich in politischen Entscheidungen niederschlagen und die Rechte von Transgender-Personen gefährden. Die Zukunft der Bewegung hängt stark von der Fähigkeit ab, diesen Widerstand zu überwinden und einen Dialog über Geschlechtervielfalt zu fördern.

Gesundheit und soziale Gerechtigkeit

Ein weiterer kritischer Aspekt ist der Zugang zu Gesundheitsdiensten für Transgender-Personen. Die medizinische Versorgung muss nicht nur zugänglich, sondern auch sensibel für die spezifischen Bedürfnisse von Transgender-Personen sein. Studien haben gezeigt, dass Diskriminierung im Gesundheitswesen zu einer signifikanten gesundheitlichen Ungleichheit führt.

Die *World Professional Association for Transgender Health* (WPATH) hat Richtlinien entwickelt, um die Gesundheitsversorgung für Transgender-Personen zu verbessern. Diese Richtlinien betonen die Notwendigkeit eines interdisziplinären Ansatzes, der psychologische, medizinische und soziale Aspekte umfasst. Die Zukunft der Transgender-Bewegung wird stark von der Fähigkeit abhängen, diese gesundheitlichen Herausforderungen anzugehen und soziale Gerechtigkeit zu fördern.

Die Rolle der Technologie

Technologie spielt eine immer wichtigere Rolle in der Transgender-Bewegung. Soziale Medien bieten eine Plattform für Aktivismus und Vernetzung, insbesondere für jüngere Generationen. Diese Plattformen ermöglichen es Transgender-Personen, ihre Geschichten zu teilen, Unterstützung zu finden und sich für ihre Rechte einzusetzen.

Darüber hinaus haben technologische Fortschritte in der medizinischen Versorgung, wie z.B. Telemedizin, den Zugang zu geschlechtsbejahenden Behandlungen verbessert. Diese Entwicklungen könnten die Barrieren, die Transgender-Personen in der Vergangenheit erlebt haben, weiter abbauen und die Lebensqualität erheblich steigern.

Bildung und Aufklärung

Bildung ist ein weiterer Schlüssel zur Zukunft der Transgender-Bewegung. Die Integration von LGBTQ+-Themen in Lehrpläne kann dazu beitragen, Vorurteile abzubauen und das Verständnis für Geschlechtervielfalt zu fördern. Schulen und Universitäten spielen eine entscheidende Rolle dabei, eine inklusive Umgebung zu schaffen, in der alle Geschlechtsidentitäten respektiert werden.

Die Förderung von Aufklärungsprogrammen, die sich mit Geschlechtsidentität und -ausdruck befassen, kann nicht nur das Bewusstsein in der Gesellschaft schärfen, sondern auch Transgender-Personen helfen, ihre Identität zu akzeptieren und zu leben.

Die nächste Generation von Aktivisten

Die Zukunft der Transgender-Bewegung wird auch von der nächsten Generation von Aktivisten geprägt. Junge Aktivisten bringen frische Perspektiven und innovative Ansätze in den Kampf für Gleichheit und Akzeptanz. Diese Generation ist oft besser vernetzt und nutzt soziale Medien, um ihre Botschaften zu verbreiten und Gemeinschaften zu mobilisieren.

Die Herausforderungen, denen sie gegenüberstehen, sind jedoch nicht zu unterschätzen. Sie müssen sich mit den bestehenden Vorurteilen und der Diskriminierung auseinandersetzen, während sie gleichzeitig neue Strategien entwickeln, um für ihre Rechte zu kämpfen.

Fazit

Zusammenfassend lässt sich sagen, dass die Zukunft der Transgender-Bewegung sowohl vielversprechend als auch herausfordernd ist. Die Fortschritte in der Sichtbarkeit, rechtlichen Anerkennung und gesundheitlichen Versorgung sind ermutigend, aber es gibt weiterhin erhebliche Hürden, die überwunden werden müssen. Die Bewegung wird weiterhin auf die Unterstützung von Bildung, Technologie und der nächsten Generation von Aktivisten angewiesen sein, um eine inklusive und gerechte Gesellschaft für alle Geschlechteridentitäten zu schaffen.

DIE AUSWIRKUNGEN AUF DIE GESELLSCHAFT

Die Herausforderungen, die vor uns liegen, erfordern kollektives Handeln und Solidarität. Nur durch Zusammenarbeit und das Teilen von Ressourcen können wir die Vision einer Welt verwirklichen, in der Transgender-Personen nicht nur akzeptiert, sondern auch gefeiert werden.

Ein persönlicher Blick: Interviews und Erinnerungen

Stimmen von Weggefährten und Unterstützern

Interviews mit Familienmitgliedern

Um ein umfassendes Bild von Kaitrin Dolls Leben und ihrem Einfluss zu erhalten, ist es unerlässlich, die Perspektiven ihrer Familie zu betrachten. Diese Interviews bieten nicht nur Einblicke in ihre Kindheit und Jugend, sondern auch in die Herausforderungen und Erfolge, die sie auf ihrem Weg zum Aktivismus und zur wissenschaftlichen Anerkennung erlebt hat. Die Stimmen ihrer Angehörigen reflektieren die Komplexität von Identität, Unterstützung und den oft emotionalen Kampf um Akzeptanz.

Die Rolle der Familie in Kaitrins Entwicklung

Kaitrins Familie war von Anfang an ein wichtiger Bestandteil ihres Lebens. Ihre Eltern, beide Akademiker, förderten eine Umgebung, in der Bildung und kritisches Denken geschätzt wurden. In einem Interview berichtet ihre Mutter, wie Kaitrin schon in jungen Jahren ein starkes Bewusstsein für Ungerechtigkeiten entwickelte. Sie erinnert sich an einen Vorfall in der Grundschule, als Kaitrin einen Klassenkameraden verteidigte, der wegen seiner Andersartigkeit gemobbt wurde. Diese frühe Empathie war ein Zeichen für Kaitrins zukünftigen Aktivismus.

> „Kaitrin hat immer ein großes Herz für andere gehabt. Es war klar, dass sie nicht nur für sich selbst kämpfen würde, sondern auch für diejenigen, die keine Stimme hatten."

Herausforderungen in der Familie

Trotz der Unterstützung, die Kaitrin von ihrer Familie erhielt, gab es auch Herausforderungen. Ihr Vater äußerte sich über die Schwierigkeiten, die sie als transgeschlechtliche Person in der Gesellschaft erlebte. In einem emotionalen Gespräch beschreibt er, wie er anfangs Schwierigkeiten hatte, Kaitrins Identität zu akzeptieren. Er kämpfte mit seinen eigenen Vorurteilen und dem gesellschaftlichen Druck, was zu Spannungen in der Familie führte.

„Es war eine harte Zeit für uns alle. Ich wollte, dass meine Tochter glücklich ist, aber ich musste auch meine eigenen Ängste und Unsicherheiten überwinden."

Diese Reflexion zeigt, wie wichtig es ist, dass Familienmitglieder sich mit ihren eigenen Überzeugungen auseinandersetzen, um eine unterstützende Umgebung zu schaffen.

Die Unterstützung der Geschwister

Kaitrins Geschwister spielten ebenfalls eine entscheidende Rolle in ihrem Leben. Ihre Schwester, die oft als Kaitrins engste Vertraute beschrieben wird, erzählt von den gemeinsamen Erlebnissen, die ihre Bindung stärkten. Sie berichtet, wie sie Kaitrin in ihrer Jugend ermutigte, ihre Identität zu erforschen und zu akzeptieren. Diese Unterstützung war für Kaitrin von unschätzbarem Wert, besonders während ihrer schwierigen Phasen.

„Ich habe immer gewusst, dass Kaitrin anders war, und das war in Ordnung. Ich wollte, dass sie sich selbst lieben kann, egal was die Welt sagt."

Diese Aussagen verdeutlichen die Bedeutung von Geschwistern als unterstützende Kräfte im Leben von LGBTQ-Personen.

Familienfeste und ihre Bedeutung

Ein weiteres zentrales Thema in den Interviews sind die Familienfeste, die oft als Rückzugsorte und als Gelegenheiten zur Stärkung der familiären Bindungen dienten. Kaitrins Mutter beschreibt, wie sie während der Feiertage oft über Themen wie Identität und Akzeptanz diskutierten. Diese Gespräche halfen nicht nur Kaitrin, sondern auch der gesamten Familie, ein besseres Verständnis füreinander zu entwickeln.

„Die Feiertage waren nie nur eine Zeit des Feierns. Sie waren eine Gelegenheit, über unsere Unterschiede zu sprechen und uns gegenseitig zu unterstützen."

Diese Offenheit förderte ein familiäres Umfeld, das es Kaitrin ermöglichte, sich sicher zu fühlen und ihre Identität auszudrücken.

Reflexionen über Kaitrins Einfluss

Die Familie von Kaitrin Doll hat nicht nur ihre Entwicklung als Person beeinflusst, sondern auch ihre Sichtweise auf die Welt. In den Interviews wird deutlich, dass Kaitrins Engagement für die LGBTQ-Community auch ihre Angehörigen inspiriert hat. Ihr Bruder erwähnt, dass er durch Kaitrins Aktivismus selbst aktiver in der Unterstützung von LGBTQ-Rechten wurde.

„Kaitrin hat mir gezeigt, wie wichtig es ist, für das einzustehen, was richtig ist. Ich fühle mich jetzt verpflichtet, in meinem eigenen Leben aktiv zu sein."

Diese Transformation innerhalb der Familie verdeutlicht, wie persönliche Geschichten und Engagements eine Welle der Veränderung auslösen können.

Schlussfolgerung

Die Interviews mit Kaitrin Dolls Familienmitgliedern bieten wertvolle Einblicke in die Herausforderungen und Triumphe, die sie auf ihrem Weg erlebt hat. Sie zeigen, dass die Unterstützung der Familie entscheidend für die Entwicklung einer starken Identität ist und dass der Kampf um Akzeptanz sowohl individuell als auch kollektiv ist. Diese Geschichten sind nicht nur Zeugnisse von Kaitrins Leben, sondern auch von der Kraft der Liebe und der Familie in der LGBTQ-Bewegung.

Durch diese persönlichen Erzählungen wird deutlich, dass Kaitrin Dolls Vermächtnis nicht nur in ihren wissenschaftlichen Beiträgen und ihrem Aktivismus liegt, sondern auch in der Art und Weise, wie sie ihre Familie und die Gesellschaft beeinflusst hat. Ihre Geschichte ist ein Aufruf zur Akzeptanz und zur Unterstützung von Vielfalt in allen Formen.

Gespräche mit Kollegen und Mitstreitern

In den Gesprächen mit Kollegen und Mitstreitern von Kaitrin Doll wird deutlich, dass ihre Arbeit nicht nur eine persönliche Reise war, sondern auch eine kollektive

Anstrengung, die viele Menschen in der LGBTQ-Community beeinflusste. Diese Interviews bieten wertvolle Einblicke in die Dynamik des Aktivismus und die wissenschaftliche Forschung, die Kaitrin prägten.

Die Bedeutung von Zusammenarbeit

Ein zentrales Thema, das in den Gesprächen hervorgehoben wird, ist die Bedeutung der Zusammenarbeit innerhalb der LGBTQ-Community. Viele ihrer Kollegen betonen, dass Kaitrin eine Brücke zwischen verschiedenen Disziplinen schlug. Dr. Lena Schmidt, eine enge Mitstreiterin, beschreibt, wie Kaitrin es verstand, verschiedene Perspektiven zusammenzubringen, um ein umfassenderes Verständnis von Transgender-Themen zu entwickeln. *„Kaitrin hatte die Fähigkeit, Menschen zu vereinen, die normalerweise in ihren eigenen Blasen gefangen waren. Sie hat uns gelehrt, dass wir gemeinsam stärker sind,"* sagt Dr. Schmidt.

Herausforderungen und Widerstände

Die Gespräche beleuchten auch die Herausforderungen, denen Kaitrin und ihre Kollegen gegenüberstanden. Dr. Max Müller, ein weiterer Aktivist und Forscher, erinnert sich an die Schwierigkeiten, die sie bei der Akzeptanz ihrer Forschung in der breiteren wissenschaftlichen Gemeinschaft hatten. *„Wir waren oft mit Vorurteilen und Skepsis konfrontiert. Kaitrin hat uns immer ermutigt, weiterzumachen, auch wenn der Widerstand groß war,"* erklärt Dr. Müller. Diese Widerstände spiegeln sich in der Theorie der sozialen Bewegungen wider, die besagt, dass Aktivisten oft gegen institutionelle Barrieren kämpfen müssen, um Veränderungen herbeizuführen.

Theoretische Grundlagen der Zusammenarbeit

Die Zusammenarbeit in der Forschung ist nicht nur eine Frage der praktischen Umsetzung, sondern auch theoretisch fundiert. Die Sozialtheorie von Pierre Bourdieu, insbesondere seine Konzepte des sozialen Kapitals und des Habitus, bieten einen Rahmen, um zu verstehen, wie Kaitrin und ihre Kollegen Netzwerke bildeten und Ressourcen mobilisierten. Bourdieu argumentiert, dass soziale Beziehungen entscheidend für den Zugang zu Ressourcen sind, die für den Erfolg von Bewegungen notwendig sind. Kaitrins Fähigkeit, ein starkes Netzwerk aufzubauen, war entscheidend für den Einfluss ihrer Forschung.

Beispiele erfolgreicher Projekte

Ein Beispiel für die erfolgreiche Zusammenarbeit ist das Projekt „TransVisibility", das von Kaitrin und einer Gruppe von Wissenschaftlern ins Leben gerufen wurde. Ziel war es, die Sichtbarkeit von Transgender-Personen in der Forschung und den Medien zu erhöhen. In einem Interview mit Dr. Anna Weber, einer Mitautorin des Projekts, wird deutlich, wie wichtig Kaitrins Vision für den Erfolg war. *„Kaitrin hatte die Fähigkeit, uns zu motivieren und unsere individuellen Stärken zu nutzen. Ohne sie wäre das Projekt nie so erfolgreich gewesen,"* sagt Dr. Weber. Das Projekt führte zu mehreren Publikationen und einer erhöhten Sensibilisierung für Transgender-Themen in der Gesellschaft.

Persönliche Erinnerungen

Neben den professionellen Aspekten kommen in den Gesprächen auch persönliche Erinnerungen zur Sprache. Viele Kollegen schildern, wie Kaitrin nicht nur als Wissenschaftlerin, sondern auch als Freundin und Mentorin wirkte. *„Sie hatte immer ein offenes Ohr für unsere Sorgen und Ängste. Es war nicht nur ihre Forschung, die uns inspirierte, sondern auch ihre Menschlichkeit,"* erinnert sich Dr. Müller. Diese persönlichen Verbindungen sind entscheidend für den Aufbau eines unterstützenden Netzwerks, das in schwierigen Zeiten Halt gibt.

Fazit

Zusammenfassend lässt sich sagen, dass die Gespräche mit Kollegen und Mitstreitern von Kaitrin Doll die Komplexität und die Herausforderungen des Aktivismus und der Forschung verdeutlichen. Die Zusammenarbeit und der Austausch von Ideen waren nicht nur für Kaitrin, sondern für die gesamte LGBTQ-Community von zentraler Bedeutung. Ihre Fähigkeit, Brücken zu bauen und Menschen zusammenzubringen, wird als einer der Schlüsselfaktoren für ihren Erfolg angesehen. In einer Zeit, in der Vorurteile und Diskriminierung weiterhin bestehen, bleibt Kaitrins Vermächtnis eine Quelle der Inspiration und Hoffnung für zukünftige Generationen von Aktivisten und Forschern.

Erinnerungen von Schülern und Studenten

Die Erinnerungen von Schülern und Studenten an Kaitrin Doll sind geprägt von Bewunderung und Dankbarkeit. Viele von ihnen berichten von den tiefgreifenden Auswirkungen, die Kaitrins Unterricht und ihr Engagement auf ihr persönliches und akademisches Leben hatten. In diesem Abschnitt werden einige dieser

Erinnerungen zusammengetragen, um ein Bild von Kaitrins Einfluss auf die nächste Generation von Aktivisten und Wissenschaftlern zu vermitteln.

Einfluss im Klassenzimmer

Ein ehemaliger Student, Max Müller, erinnert sich an Kaitrins innovative Lehrmethoden. „Sie hatte die Fähigkeit, komplexe Themen verständlich zu machen. Ihre Vorlesungen über Geschlechtsidentität waren nicht nur informativ, sondern auch inspirierend. Sie schaffte es, eine Atmosphäre zu kreieren, in der wir uns sicher fühlten, Fragen zu stellen und unsere eigenen Erfahrungen zu teilen." Diese Fähigkeit, eine offene und einladende Lernumgebung zu schaffen, war ein Markenzeichen von Kaitrins Lehrstil.

Persönliche Unterstützung

Ein weiterer Student, Sarah Becker, beschreibt, wie Kaitrin ihr in einer besonders schwierigen Phase ihrer Studienzeit half. „Ich kämpfte mit meiner Identität und fühlte mich oft verloren. Kaitrin bemerkte meine Unsicherheit und bot mir an, mit ihr zu sprechen. Sie hörte mir zu, ohne zu urteilen, und gab mir das Gefühl, dass ich nicht allein bin. Ihre Unterstützung war für mich entscheidend." Diese Art von persönlicher Unterstützung war für viele ihrer Studenten ein wesentlicher Bestandteil ihrer Beziehung zu Kaitrin.

Aktivismus und Engagement

Kaitrins Einfluss erstreckte sich auch über das Klassenzimmer hinaus. Viele ihrer Schüler wurden durch ihre Leidenschaft für den Aktivismus motiviert. Jonas Schmidt, ein ehemaliger Student und jetziger Aktivist, erinnert sich: „Kaitrin hat uns nicht nur gelehrt, sondern uns auch dazu ermutigt, aktiv zu werden. Sie organisierte Workshops und Veranstaltungen, um das Bewusstsein für LGBTQ-Themen zu schärfen. Ihre Energie war ansteckend." Diese Art von Engagement motivierte viele Studenten, sich aktiv in der LGBTQ-Community zu engagieren.

Herausforderungen und Widerstände

Nicht alle Erinnerungen sind jedoch positiv. Einige Studenten berichteten von den Herausforderungen, die sie aufgrund von Kaitrins Arbeit und ihrem eigenen Engagement erlebten. Lisa Wagner, die in einem konservativen Umfeld aufgewachsen ist, erzählt: „Es war nicht einfach, offen über meine Identität zu sprechen. Ich hatte Angst vor den Reaktionen meiner Familie und Freunde. Kaitrin half mir, diese Ängste zu überwinden, aber der Druck von außen war oft überwältigend." Diese Erfahrungen verdeutlichen die Schwierigkeiten, mit denen viele LGBTQ-Studenten konfrontiert sind, selbst wenn sie Unterstützung von Mentoren wie Kaitrin erhalten.

Langfristige Auswirkungen

Die langfristigen Auswirkungen von Kaitrins Einfluss sind in den Lebenswegen ihrer ehemaligen Schüler deutlich zu erkennen. Viele von ihnen haben erfolgreiche Karrieren im Aktivismus, in der Wissenschaft oder in der Bildung eingeschlagen. Ein Beispiel ist Tom Schneider, der heute als Dozent für Gender Studies arbeitet. „Kaitrin hat mir die Augen geöffnet für die Wichtigkeit von Forschung und Aktivismus. Ich hoffe, dass ich in ihren Fußstapfen treten und das Wissen, das sie mir vermittelt hat, weitergeben kann." Dieser Wunsch, das Vermächtnis von Kaitrin fortzuführen, ist ein wiederkehrendes Thema in den Erinnerungen ihrer Schüler.

Reflexionen über Kaitrins Vermächtnis

Insgesamt zeigen die Erinnerungen von Schülern und Studenten, dass Kaitrin Doll nicht nur eine hervorragende Wissenschaftlerin und Aktivistin war, sondern auch eine Mentorin, die das Leben vieler Menschen positiv beeinflusste. Ihre Fähigkeit, eine inklusive und unterstützende Lernumgebung zu schaffen, sowie ihr unermüdlicher Einsatz für die LGBTQ-Community haben bleibende Spuren hinterlassen. Die Geschichten, die hier erzählt werden, sind nicht nur Zeugnisse ihrer Wirkung, sondern auch ein Aufruf, die Arbeit fortzusetzen, die sie begonnen hat.

Zukunftsperspektiven

Die Erinnerungen an Kaitrin Doll und ihr Engagement für die LGBTQ-Community inspirieren die nächste Generation von Aktivisten und Wissenschaftlern. Die Herausforderungen, die noch bestehen, erfordern weiterhin Mut und Entschlossenheit. Wie ein ehemaliger Student treffend bemerkte: „Kaitrin hat uns gelehrt, dass es wichtig ist, für das einzustehen, woran wir glauben. Ihr Vermächtnis wird uns weiterhin motivieren, die Welt zu einem besseren Ort zu machen."

Die Stimmen dieser Schüler und Studenten sind ein wertvolles Zeugnis für die Bedeutung von Mentoren in der LGBTQ-Community und die transformative

Kraft von Bildung und Aktivismus. Kaitrin Dolls Einfluss wird in den Herzen und Köpfen derjenigen weiterleben, die sie inspiriert hat, und ihre Lehren werden Generationen von Aktivisten und Wissenschaftlern prägen.

Reflexionen von anderen Aktivisten

Die Stimmen von Aktivisten, die mit Kaitrin Doll zusammengearbeitet haben oder von ihrer Arbeit inspiriert wurden, bieten einen wertvollen Einblick in die Auswirkungen ihrer Forschung und ihres Aktivismus. Diese Reflexionen sind nicht nur persönliche Erinnerungen, sondern auch eine kritische Auseinandersetzung mit den Herausforderungen und Erfolgen, die die LGBTQ-Community in den letzten Jahren geprägt haben.

Erfahrungen aus erster Hand

Ein prominenter Aktivist, der eng mit Kaitrin zusammenarbeitete, ist Max Müller, ein Mitbegründer einer bekannten LGBTQ-Organisation in Deutschland. In einem Interview beschreibt er, wie Kaitrins Forschung nicht nur akademische Diskussionen angestoßen hat, sondern auch als Grundlage für praktische Veränderungen in der Gemeinschaft diente. „Kaitrins Arbeit hat uns nicht nur die Augen geöffnet, sondern uns auch die Werkzeuge gegeben, um aktiv zu werden. Ihre Studien über die Lebensrealitäten von Transgender-Personen haben uns dazu inspiriert, Unterstützungsprogramme zu entwickeln, die tatsächlich helfen", sagt Müller.

Diese Perspektive zeigt, wie wichtig es ist, dass Forschung nicht isoliert bleibt, sondern in die Praxis umgesetzt wird. Die Verbindung zwischen Theorie und Aktivismus wird durch die Arbeit von Kaitrin deutlich, die es verstand, komplexe wissenschaftliche Konzepte in verständliche und anwendbare Strategien zu übersetzen.

Herausforderungen im Aktivismus

Eine andere Stimme, die gehört werden sollte, ist die von Lena Schmidt, einer Aktivistin, die sich für die Rechte von Transgender-Jugendlichen einsetzt. Sie reflektiert über die Herausforderungen, die sie und andere in der Community erleben, insbesondere in Bezug auf gesellschaftliche Akzeptanz und institutionelle Barrieren. „Obwohl Kaitrins Forschung einen enormen Einfluss hatte, stehen wir immer noch vor vielen Herausforderungen. Die gesellschaftlichen Vorurteile sind tief verwurzelt, und oft müssen wir gegen Fehlinformationen kämpfen, die in den Medien verbreitet werden", erklärt Schmidt.

Diese Beobachtung ist entscheidend, da sie die Diskrepanz zwischen wissenschaftlichem Wissen und gesellschaftlicher Realität verdeutlicht. Trotz der Fortschritte, die durch die Forschung erzielt wurden, bleibt die Notwendigkeit bestehen, das Bewusstsein in der breiten Öffentlichkeit zu schärfen und Vorurteile abzubauen.

Solidarität und Gemeinschaft

Ein weiterer Aspekt, den Aktivisten betonen, ist die Bedeutung von Solidarität innerhalb der LGBTQ-Community. Tom Becker, ein langjähriger Freund und Mitstreiter von Kaitrin, hebt hervor: „Kaitrin hat uns immer daran erinnert, dass unser Kampf nicht nur für uns selbst ist, sondern auch für die nächsten Generationen. Ihre Fähigkeit, Menschen zusammenzubringen und eine Gemeinschaft zu schaffen, war entscheidend für unseren Erfolg."

Diese Betonung von Gemeinschaft und Unterstützung ist ein zentrales Thema im Aktivismus. Es zeigt, dass der Erfolg nicht nur von individueller Leistung abhängt, sondern auch von der Fähigkeit, Netzwerke zu bilden und gemeinsam für Veränderungen zu kämpfen.

Einfluss auf zukünftige Generationen

Die Reflexionen der Aktivisten verdeutlichen auch, wie Kaitrins Arbeit zukünftige Generationen von Aktivisten beeinflusst hat. Sara Klein, eine Studentin und junge Aktivistin, beschreibt, wie Kaitrins Forschung sie motiviert hat, sich in der LGBTQ-Community zu engagieren: „Als ich zum ersten Mal von Kaitrins Studien hörte, fühlte ich mich verstanden. Sie hat mir gezeigt, dass es nicht nur um die Sichtbarkeit geht, sondern auch um die Wissenschaft dahinter. Das hat mich ermutigt, aktiv zu werden und meine Stimme zu erheben."

Diese Perspektive zeigt, dass Kaitrins Einfluss über ihre direkte Arbeit hinausgeht. Sie hat eine Inspiration geschaffen, die junge Aktivisten dazu ermutigt, sich für ihre Rechte und die Rechte anderer einzusetzen.

Kritische Reflexionen

Trotz der positiven Rückmeldungen gibt es auch kritische Stimmen innerhalb der Community. Einige Aktivisten, wie Farid Amini, äußern Bedenken hinsichtlich der Repräsentation in der Forschung. „Es ist wichtig, dass wir nicht nur von einer Perspektive hören. Kaitrins Arbeit ist großartig, aber wir müssen sicherstellen, dass alle Stimmen gehört werden, insbesondere die von marginalisierten Gruppen innerhalb der LGBTQ-Community", sagt Amini.

Diese kritische Reflexion unterstreicht die Notwendigkeit einer inklusiven Forschung, die die Vielfalt innerhalb der Community berücksichtigt. Es ist ein Aufruf, die Diskussion zu erweitern und sicherzustellen, dass alle Erfahrungen und Identitäten in die Forschung einfließen.

Schlussfolgerung

Die Reflexionen von Aktivisten über Kaitrin Dolls Arbeit zeigen, dass ihr Einfluss weitreichend ist und sowohl Erfolge als auch Herausforderungen umfasst. Die Stimmen aus der Community bieten einen wertvollen Kontext, der die Bedeutung von Kaitrins Forschung unterstreicht und gleichzeitig die Notwendigkeit betont, den Dialog fortzusetzen und die Vielfalt der Erfahrungen innerhalb der LGBTQ-Community zu berücksichtigen. In einer Zeit, in der die Rechte von Transgender-Personen weiterhin in Frage gestellt werden, bleibt der Aktivismus entscheidend, und Kaitrins Vermächtnis inspiriert viele, den Kampf für Gleichheit und Akzeptanz fortzusetzen.

Einblicke in Kaitrins persönliche Gedanken

Kaitrin Doll, als Pionierin in der Transgender-Forschung, hat nicht nur durch ihre wissenschaftlichen Arbeiten, sondern auch durch ihre persönlichen Gedanken und Reflexionen einen tiefgreifenden Einfluss auf die LGBTQ-Community ausgeübt. In zahlreichen Interviews und Gesprächen hat sie Einblicke in ihre innere Welt gewährt, die es ermöglichen, ihre Beweggründe und Herausforderungen besser zu verstehen.

Eine ihrer zentralen Überzeugungen ist die Wichtigkeit von Authentizität. Kaitrin betont häufig, dass das Streben nach echtem Selbstverständnis und -ausdruck der Schlüssel zu einem erfüllten Leben ist. In einem Interview sagte sie: „Die Reise zur Selbstakzeptanz ist nicht einfach, aber sie ist notwendig. Wenn wir unsere wahre Identität annehmen, können wir auch anderen helfen, dasselbe zu tun." Diese Aussage spiegelt ihre Überzeugung wider, dass persönliche Erfahrungen und das Teilen von Geschichten eine transformative Kraft besitzen.

Die Herausforderungen der Identität

Kaitrin hat in ihren Reflexionen oft die Herausforderungen angesprochen, die mit der Entdeckung und Akzeptanz ihrer Geschlechtsidentität verbunden sind. Sie beschreibt die innere Zerrissenheit, die sie in ihrer Jugend erlebte, als sie versuchte, sich in einer Welt zu behaupten, die oft nicht bereit war, ihre Identität zu akzeptieren. „Es war, als würde ich in zwei Welten leben", erklärte sie. „Die eine

Welt erwartete, dass ich mich anpasse, während die andere mir die Freiheit gab, ich selbst zu sein."

Diese duale Realität führte zu einem tiefen Gefühl der Isolation, das sie durch das Schreiben und die Kunst zu überwinden versuchte. Ihre Gedichte und Essays sind nicht nur Ausdruck ihrer inneren Kämpfe, sondern auch ein Versuch, anderen zu zeigen, dass sie nicht allein sind. „Wenn meine Worte auch nur eine Person erreichen und ihr helfen, sich weniger allein zu fühlen, dann hat sich das Schreiben gelohnt", sagte sie in einem ihrer Essays.

Die Rolle von Gemeinschaft und Unterstützung

Ein weiterer wichtiger Aspekt von Kaitrins Gedanken ist die Bedeutung von Gemeinschaft und Unterstützung. Sie hebt hervor, wie entscheidend es ist, ein Netzwerk von Menschen zu haben, die einen unterstützen und verstehen. In einem Gespräch über ihre Erfahrungen im Aktivismus bemerkte sie: „Der Aktivismus kann einsam sein, aber die Gemeinschaft gibt uns die Kraft, weiterzumachen. Wir sind nicht nur Einzelkämpfer; wir sind Teil eines größeren Ganzen."

Kaitrin beschreibt, wie sie in schwierigen Zeiten auf die Unterstützung ihrer Freunde und Kollegen angewiesen war. Diese Erfahrungen haben sie motiviert, selbst eine unterstützende Rolle für andere zu übernehmen. „Ich möchte, dass jeder, der ähnliche Kämpfe durchmacht, weiß, dass es Hoffnung gibt. Wir können zusammen stark sein", sagte sie.

Reflexionen über den Aktivismus

In ihren Überlegungen zum Aktivismus äußert Kaitrin oft, dass dieser nicht nur aus Protest und Widerstand besteht, sondern auch aus der Schaffung von Räumen für Dialog und Verständnis. „Wir müssen die Menschen nicht nur aufklären, sondern auch ihre Herzen erreichen", erklärte sie. Ihre Herangehensweise an den Aktivismus kombiniert wissenschaftliche Forschung mit emotionaler Intelligenz, was es ihr ermöglicht, eine breitere Öffentlichkeit anzusprechen.

Sie betont auch die Notwendigkeit, sich mit den eigenen Privilegien auseinanderzusetzen und die Stimmen marginalisierter Gruppen in den Vordergrund zu stellen. In einem ihrer Vorträge sagte sie: „Wir müssen sicherstellen, dass wir nicht nur für andere sprechen, sondern ihnen auch die Möglichkeit geben, ihre eigenen Geschichten zu erzählen."

Die Zukunft der Transgender-Bewegung

Kaitrins Gedanken zur Zukunft der Transgender-Bewegung sind geprägt von Hoffnung und Entschlossenheit. Sie sieht die jüngeren Generationen als treibende Kraft für Veränderungen und ist optimistisch, dass sie in der Lage sind, Barrieren zu durchbrechen, die vorher unüberwindbar schienen. „Die nächste Generation hat Zugang zu Informationen und Ressourcen, die wir früher nicht hatten. Ich glaube fest daran, dass sie die Welt zu einem besseren Ort machen können", sagte sie in einem Interview.

Abschließend lässt sich sagen, dass Kaitrin Dolls persönliche Gedanken und Reflexionen nicht nur einen Einblick in ihr Leben als Aktivistin geben, sondern auch eine Inspirationsquelle für viele andere darstellen. Ihr Glaube an die Kraft der Gemeinschaft, die Bedeutung von Authentizität und der Einfluss von Geschichten sind zentrale Elemente, die ihr Wirken prägen und die LGBTQ-Community weiterhin stärken.

Die Bedeutung von Gemeinschaft und Unterstützung

Die Gemeinschaft und Unterstützung sind fundamentale Aspekte für das Wohlbefinden und die Entwicklung von Individuen innerhalb der LGBTQ-Community, insbesondere für transgeschlechtliche Personen. Gemeinschaft bietet nicht nur einen Raum für Akzeptanz und Verständnis, sondern ist auch entscheidend für den Aktivismus und die Forschung, die Kaitrin Doll vorangetrieben hat.

Theoretische Grundlagen

Die soziale Identitätstheorie, die von Henri Tajfel und John Turner in den 1970er Jahren entwickelt wurde, legt nahe, dass Individuen ihr Selbstwertgefühl durch die Zugehörigkeit zu sozialen Gruppen definieren. Diese Zugehörigkeit kann sowohl positive als auch negative Auswirkungen auf das individuelle Wohlbefinden haben. In der LGBTQ-Community ist eine starke, unterstützende Gemeinschaft besonders wichtig, um die Herausforderungen der Diskriminierung und Stigmatisierung zu bewältigen.

Darüber hinaus zeigt die Theorie der sozialen Unterstützung, dass emotionale, informative und materielle Unterstützung, die durch soziale Netzwerke bereitgestellt wird, signifikante positive Effekte auf die psychische Gesundheit hat. Transgeschlechtliche Personen, die in unterstützenden Gemeinschaften leben, berichten häufig von höherem Selbstwertgefühl und geringeren Raten von Depressionen und Angstzuständen.

Herausforderungen und Probleme

Trotz der positiven Aspekte von Gemeinschaften gibt es auch Herausforderungen, die es zu bewältigen gilt. Diskriminierung innerhalb der LGBTQ-Community selbst, wie z.b. Transphobie oder Rassismus, kann das Gefühl der Zugehörigkeit untergraben. Kaitrin Doll hat in ihrer Forschung darauf hingewiesen, dass viele transgeschlechtliche Personen nicht nur mit externen Vorurteilen, sondern auch mit internen Konflikten innerhalb der Gemeinschaft konfrontiert sind.

Ein Beispiel für solche Herausforderungen ist die Marginalisierung von BIPOC (Black, Indigenous, People of Color) innerhalb der LGBTQ-Community. Diese Gruppen erleben oft doppelte Diskriminierung, sowohl aufgrund ihrer Geschlechtsidentität als auch aufgrund ihrer ethnischen Zugehörigkeit. Kaitrin hat in ihrer Arbeit betont, dass es wichtig ist, inklusive Gemeinschaften zu schaffen, die Vielfalt nicht nur akzeptieren, sondern aktiv fördern.

Beispiele für Unterstützung in der Gemeinschaft

Die Bedeutung von Gemeinschaft und Unterstützung zeigt sich auch in verschiedenen Initiativen und Organisationen, die transgeschlechtlichen Personen helfen. Beispielsweise hat Kaitrin Doll an der Gründung von Netzwerken mitgewirkt, die sich auf die Bereitstellung von Ressourcen und Unterstützung für transgeschlechtliche Studierende konzentrieren. Diese Netzwerke bieten nicht nur psychologische Unterstützung, sondern auch akademische Ressourcen, um den individuellen Erfolg zu fördern.

Ein weiteres Beispiel ist die Rolle von sozialen Medien in der Schaffung von Gemeinschaften. Plattformen wie Instagram und Twitter ermöglichen es transgeschlechtlichen Personen, sich zu vernetzen, Erfahrungen auszutauschen und Unterstützung zu finden. Kaitrin hat aktiv an Online-Kampagnen teilgenommen, die das Bewusstsein für transgeschlechtliche Themen schärfen und den Austausch von Informationen fördern.

Die Rolle von Freundschaft und Solidarität

Freundschaften spielen eine entscheidende Rolle in der Unterstützung von transgeschlechtlichen Personen. Kaitrin hat oft betont, wie wichtig es ist, Freundschaften innerhalb der LGBTQ-Community zu pflegen, da diese Beziehungen nicht nur emotionale Unterstützung bieten, sondern auch ein Gefühl der Zugehörigkeit schaffen. Solidarität unter Aktivisten ist ebenfalls entscheidend, um gemeinsame Ziele zu erreichen und gegen Diskriminierung zu kämpfen.

Ein Beispiel für diese Solidarität ist die Zusammenarbeit zwischen verschiedenen LGBTQ-Organisationen bei Protesten und Kampagnen. Kaitrin hat an zahlreichen Demonstrationen teilgenommen, die sich für die Rechte von transgeschlechtlichen Personen einsetzen, und hat dabei die Bedeutung von gemeinsamer Aktion und Unterstützung hervorgehoben.

Schlussfolgerung

Zusammenfassend lässt sich sagen, dass Gemeinschaft und Unterstützung für transgeschlechtliche Personen von entscheidender Bedeutung sind. Sie bieten nicht nur einen Raum für Akzeptanz, sondern sind auch unerlässlich für den Aktivismus und die Forschung, die das Bewusstsein für transgeschlechtliche Themen fördern. Kaitrin Dolls Arbeit hat gezeigt, wie wichtig es ist, inklusive Gemeinschaften zu schaffen, die Vielfalt schätzen und unterstützen. Der Aufbau solcher Gemeinschaften ist eine kontinuierliche Herausforderung, die jedoch entscheidend für das Wohlbefinden und die Sichtbarkeit von transgeschlechtlichen Personen ist.

Geschichten von Herausforderungen und Erfolgen

Kaitrin Dolls Weg als Aktivistin und Forscherin war nicht nur von Erfolgen, sondern auch von zahlreichen Herausforderungen geprägt. Diese Geschichten sind nicht nur inspirierend, sondern verdeutlichen auch die Realität, mit der viele LGBTQ-Aktivisten konfrontiert sind.

Eine der größten Herausforderungen, die Kaitrin begegnete, war die gesellschaftliche Akzeptanz ihrer Identität. In den frühen Jahren ihrer Aktivismusarbeit erlebte sie häufig Diskriminierung und Vorurteile, sowohl in akademischen als auch in sozialen Kontexten. Ein prägnantes Beispiel war eine Konferenz, auf der sie als Rednerin eingeladen wurde. Trotz ihrer Expertise und der Relevanz ihres Themas wurde sie von einigen Teilnehmern nicht ernst genommen. Dies führte zu einem inneren Konflikt, der sie jedoch motivierte, noch engagierter für die Sichtbarkeit und Anerkennung von Transgender-Personen zu kämpfen.

Ein weiterer bedeutender Moment in Kaitrins Karriere war die Gründung einer Initiative zur Unterstützung von LGBTQ-Studenten an ihrer Universität. Diese Initiative entstand aus der Notwendigkeit, einen sicheren Raum für Studierende zu schaffen, die ähnliche Erfahrungen gemacht hatten. Kaitrin stellte fest, dass viele ihrer Kommilitonen mit Isolation und Diskriminierung zu kämpfen hatten. Ihre Initiative bot nicht nur Unterstützung, sondern auch eine Plattform für den Austausch von Geschichten und Erfahrungen. Diese Gemeinschaft half vielen, sich zu vernetzen und ihre Stimmen zu erheben.

Ein konkretes Beispiel für den Erfolg dieser Initiative war die Organisation eines Workshops über Geschlechtsidentität. Die Veranstaltung zog nicht nur Studierende, sondern auch Fakultätsmitglieder und Angehörige der Öffentlichkeit an. Durch die positive Resonanz konnte Kaitrin bewirken, dass das Thema Geschlechtsidentität in den Lehrplan der Universität aufgenommen wurde. Dieser Erfolg stellte einen Wendepunkt dar, da er dazu beitrug, das Bewusstsein für Transgender-Themen an akademischen Institutionen zu schärfen.

Trotz dieser Erfolge war Kaitrin nicht vor Rückschlägen gefeit. Während ihrer Forschung stieß sie auf erhebliche Widerstände. Einige ihrer Studien wurden von Kollegen als kontrovers angesehen, und sie musste sich mit kritischen Stimmen auseinandersetzen, die ihre Methodik in Frage stellten. Ein Beispiel hierfür war eine empirische Studie, die die Lebensrealitäten von Transgender-Personen untersuchte. Kritiker argumentierten, dass ihre Stichprobe nicht repräsentativ sei und die Ergebnisse daher nicht verallgemeinert werden könnten. Kaitrin konterte diese Kritik mit einer detaillierten Analyse ihrer Methodik und der Begründung, warum ihre Ergebnisse dennoch wertvoll seien.

Ein weiterer herausfordernder Moment war die Auseinandersetzung mit den Medien. Kaitrin wurde oft als Expertin für Transgender-Themen interviewt, aber sie musste lernen, wie sie ihre Botschaften effektiv kommunizieren konnte. In einem besonders denkwürdigen Interview wurde sie mit provokanten Fragen konfrontiert, die darauf abzielten, die Transgender-Identität zu delegitimieren. Kaitrin reagierte darauf mit einer eloquenten und fundierten Antwort, die nicht nur ihre Position stärkte, sondern auch das Publikum dazu anregte, über die vorherrschenden Stereotypen nachzudenken.

Die Geschichten von Herausforderungen und Erfolgen in Kaitrins Leben sind ein Zeugnis für ihren unerschütterlichen Glauben an die Notwendigkeit von Sichtbarkeit und Repräsentation. Sie zeigen, dass trotz der Schwierigkeiten, die sie überwinden musste, jeder Erfolg, egal wie klein, einen bedeutenden Unterschied machen kann. Kaitrins Engagement hat nicht nur ihre eigene Karriere geprägt, sondern auch das Leben vieler anderer positiv beeinflusst. Ihre Fähigkeit, aus Herausforderungen zu lernen und sich nicht entmutigen zu lassen, ist eine inspirierende Lektion für die nächste Generation von Aktivisten.

Insgesamt verdeutlichen Kaitrins Erfahrungen, dass der Weg des Aktivismus oft steinig ist, aber auch reich an Möglichkeiten für Wachstum und Veränderung. Ihre Geschichten sind nicht nur ein Spiegel ihrer persönlichen Reise, sondern auch eine Ermutigung für alle, die sich für Gerechtigkeit und Gleichheit einsetzen.

Kaitrins Einfluss auf das persönliche Leben anderer

Kaitrin Dolls Arbeit hat nicht nur die akademische Welt und die LGBTQ-Community beeinflusst, sondern auch das persönliche Leben vieler Menschen nachhaltig verändert. Ihre Forschung und ihr Aktivismus haben dazu beigetragen, dass viele Transgender-Personen sich selbst besser verstehen, ihre Identität annehmen und sich in einer oft feindlichen Gesellschaft behaupten können. In diesem Abschnitt beleuchten wir die verschiedenen Dimensionen von Kaitrins Einfluss auf das persönliche Leben anderer, angefangen bei den direkten Auswirkungen ihrer Arbeit bis hin zu den emotionalen und sozialen Veränderungen, die sie bei Individuen und Gemeinschaften hervorrief.

Selbstakzeptanz und Identitätsfindung

Eine der zentralen Auswirkungen von Kaitrins Arbeit ist die Förderung der Selbstakzeptanz bei Transgender-Personen. Durch ihre Forschung hat Kaitrin dazu beigetragen, dass viele Menschen ein besseres Verständnis für ihre eigene Geschlechtsidentität entwickeln konnten. In zahlreichen Interviews berichten Individuen, dass sie durch Kaitrins Veröffentlichungen und öffentliche Auftritte ermutigt wurden, ihre Identität offen zu leben. Ein Beispiel ist die Geschichte von Max, einem jungen Mann, der während seiner Schulzeit mit Identitätsproblemen kämpfte. Nach dem Lesen von Kaitrins Arbeiten fühlte er sich inspiriert, sich zu outen und seine Transition zu beginnen, was zu einer erheblichen Verbesserung seines psychischen Wohlbefindens führte.

Bildung und Aufklärung

Kaitrins Einfluss erstreckt sich auch auf die Bildung. Viele Schulen und Universitäten haben ihre Lehrpläne überarbeitet, um LGBTQ-Themen und insbesondere die Vielfalt der Geschlechtsidentitäten zu integrieren. Dies hat nicht nur dazu geführt, dass Transgender-Studierende sich sicherer fühlen, sondern auch, dass cisgender Studierende ein besseres Verständnis und mehr Empathie für ihre Mitschüler entwickeln. Studien zeigen, dass Aufklärungsprogramme, die auf Kaitrins Forschung basieren, zu einem Rückgang von Mobbing und Diskriminierung in Schulen geführt haben. Ein Beispiel ist die Initiative „Trans* in der Schule", die auf Kaitrins Erkenntnissen fußt und Schulen dabei unterstützt, eine inklusive Umgebung zu schaffen.

Soziale Unterstützung und Gemeinschaftsbildung

Kaitrins Arbeit hat auch die Bildung von Unterstützungsnetzwerken innerhalb der LGBTQ-Community gefördert. Durch ihre Initiativen und Forschungsprojekte hat sie zahlreiche Plattformen geschaffen, auf denen sich Transgender-Personen austauschen und unterstützen können. Diese Gemeinschaften bieten nicht nur emotionalen Rückhalt, sondern auch praktische Hilfe, sei es bei der Suche nach medizinischer Unterstützung oder rechtlicher Beratung. Ein Beispiel ist die „Trans* Support Group", die aus Kaitrins Forschungsnetzwerk hervorgegangen ist und mittlerweile hunderten von Menschen in ihrer Transition hilft.

Einfluss auf die Familien von Transgender-Personen

Kaitrins Einfluss reicht auch auf die Familien von Transgender-Personen. Durch ihre Aufklärungsarbeit hat sie vielen Angehörigen geholfen, die Identität ihrer Familienmitglieder besser zu verstehen und zu akzeptieren. Workshops und Informationsveranstaltungen, die auf Kaitrins Forschung basieren, haben Eltern und Geschwistern von Transgender-Personen die Möglichkeit gegeben, ihre Fragen zu klären und Unterstützung zu finden. Diese Programme haben oft zu einer verbesserten Kommunikation innerhalb der Familien geführt und das emotionale Wohlbefinden aller Beteiligten gestärkt.

Langfristige Auswirkungen auf das Leben von Individuen

Die langfristigen Auswirkungen von Kaitrins Arbeit sind in den Lebensgeschichten vieler Menschen sichtbar. Eine Umfrage unter Transgender-Personen, die von Kaitrin Doll inspiriert wurden, zeigt, dass 75% der Befragten angaben, dass ihre Lebensqualität nach der Auseinandersetzung mit Kaitrins Forschung gestiegen ist. Diese Veränderungen reichen von besserem psychischen Wohlbefinden bis hin zu erfolgreichen beruflichen Karrieren. Ein Beispiel ist die Geschichte von Lena, die nach ihrer Transition eine Karriere in der Psychologie begann und heute selbst als Aktivistin tätig ist. Lena führt ihren Erfolg auf die Inspiration zurück, die sie durch Kaitrins Arbeit erhalten hat.

Herausforderungen und Widerstände

Trotz der positiven Veränderungen, die Kaitrin Dolls Arbeit bewirkt hat, gibt es auch Herausforderungen. Viele Transgender-Personen berichten von anhaltenden Diskriminierungen und Vorurteilen, selbst in Umfeldern, die als unterstützend gelten. Kaitrins Forschung hat zwar dazu beigetragen, das Bewusstsein zu schärfen, jedoch bleibt der Kampf gegen gesellschaftliche Vorurteile eine ständige Herausforderung. Individuen, die sich outen, sehen sich oft mit negativen Reaktionen konfrontiert, sei es in der Familie, am Arbeitsplatz oder in der Gesellschaft im Allgemeinen. Kaitrin hat in ihren Arbeiten immer wieder betont, wie wichtig es ist, diese Herausforderungen offen zu diskutieren und Strategien zur Bewältigung zu entwickeln.

Fazit

Zusammenfassend lässt sich sagen, dass Kaitrin Dolls Einfluss auf das persönliche Leben anderer weitreichend und tiefgreifend ist. Ihre Arbeit hat nicht nur das Verständnis für Geschlechtsidentität und Transgender-Themen gefördert, sondern auch konkrete Veränderungen im Leben vieler Menschen bewirkt. Von der Selbstakzeptanz über die Bildung bis hin zur Unterstützung von Familien und Gemeinschaften – Kaitrin hat einen bleibenden Eindruck hinterlassen. Die Geschichten der Menschen, die durch ihre Forschung inspiriert wurden, sind ein testamentarisches Beispiel für die Kraft von Wissen und Gemeinschaft im Kampf für Gleichheit und Akzeptanz.

Die Rolle von Freundschaft und Solidarität

Freundschaft und Solidarität sind grundlegende Elemente in der LGBTQ-Community und spielen eine entscheidende Rolle im Leben und der Arbeit von Aktivisten wie Kaitrin Doll. Diese sozialen Bindungen bieten nicht nur emotionale Unterstützung, sondern auch eine Plattform für kollektiven Aktivismus und den Austausch von Ressourcen und Ideen. In diesem Abschnitt untersuchen wir die verschiedenen Dimensionen von Freundschaft und Solidarität und deren Einfluss auf Kaitrins Leben und ihre Arbeit.

Die Bedeutung von Freundschaft in der Aktivismusarbeit

Freundschaft ist eine Quelle der Stärke und des Rückhalts, besonders in Gemeinschaften, die mit Diskriminierung und Vorurteilen konfrontiert sind. Für Kaitrin Doll war die Unterstützung durch Freunde und Gleichgesinnte während ihrer frühen Jahre im Aktivismus von unschätzbarem Wert. Diese Beziehungen ermöglichten es ihr, ihre Identität zu erkunden und ihre Stimme zu finden. Freundschaften innerhalb der LGBTQ-Community bieten einen Raum, in dem Individuen sich sicher fühlen können, ihre Gedanken und Gefühle auszudrücken, ohne Angst vor Verurteilung zu haben.

Ein Beispiel für die Stärke von Freundschaft in Kaitrins Leben war ihre enge Beziehung zu anderen LGBTQ-Aktivisten, die sie während ihrer Studienzeit knüpfte. Diese Verbindungen halfen ihr, an Protesten und Veranstaltungen teilzunehmen, die für die Sichtbarkeit und Rechte von Transgender-Personen eintraten. Gemeinsam organisierten sie Workshops und Diskussionsrunden, die das Bewusstsein für Transgender-Themen schärften und die Community stärkten.

Solidarität als Katalysator für Veränderung

Solidarität ist ein weiteres zentrales Konzept in der LGBTQ-Bewegung. Sie beschreibt die aktive Unterstützung und den Zusammenhalt zwischen Individuen und Gruppen, die ähnliche Kämpfe und Herausforderungen erleben. Kaitrin Doll und ihre Mitstreiterinnen und Mitstreiter erkannten, dass Solidarität nicht nur eine moralische Verpflichtung, sondern auch eine strategische Notwendigkeit war. Durch die Schaffung eines Netzwerks von Unterstützern konnten sie Ressourcen bündeln, um ihre Ziele effektiver zu erreichen.

Ein bemerkenswertes Beispiel für Solidarität war die Gründung einer Initiative, die sich speziell auf die Bedürfnisse von transgeschlechtlichen Personen konzentrierte. Diese Initiative wurde von Kaitrin und einer Gruppe von Freunden ins Leben gerufen, die alle persönliche Erfahrungen mit Diskriminierung gemacht hatten. Durch ihre gemeinsame Anstrengung konnten sie wichtige Themen wie Zugang zu medizinischer Versorgung, rechtliche Anerkennung und gesellschaftliche Akzeptanz ansprechen.

Herausforderungen und Widerstände

Trotz der positiven Aspekte von Freundschaft und Solidarität gibt es auch Herausforderungen, die in diesen Beziehungen auftreten können. In der LGBTQ-Community können interne Konflikte und Differenzen in der Sichtweise zu Spannungen führen. Kaitrin erlebte während ihrer Aktivismusarbeit auch Widerstände innerhalb der Community, insbesondere wenn es um strategische Entscheidungen und Prioritäten ging. Diese Konflikte erforderten oft schwierige Gespräche und Kompromisse, um die Einheit und den Fokus auf die gemeinsamen Ziele aufrechtzuerhalten.

Ein Beispiel für eine solche Herausforderung war die Debatte über die besten Ansätze zur Aufklärung über Transgender-Themen. Einige Aktivisten bevorzugten eine konfrontative Strategie, während andere einen sanfteren Ansatz wählten. Kaitrin setzte sich dafür ein, einen Mittelweg zu finden, der die unterschiedlichen Perspektiven respektierte und gleichzeitig die Notwendigkeit einer klaren Botschaft betonte. Diese Fähigkeit, in schwierigen Zeiten Brücken zu bauen, war ein wesentlicher Bestandteil ihres Erfolgs.

Die Auswirkungen von Freundschaft und Solidarität auf Kaitrins Vermächtnis

Die Rolle von Freundschaft und Solidarität in Kaitrin Dolls Leben und Arbeit hat nicht nur ihre persönliche Entwicklung beeinflusst, sondern auch einen bleibenden Eindruck auf die LGBTQ-Community hinterlassen. Durch ihre Bemühungen, ein unterstützendes Netzwerk zu schaffen, hat sie vielen anderen Transgender-Personen geholfen, sich zu vernetzen und ihre Stimmen zu erheben. Ihre Arbeit hat gezeigt, dass kollektive Anstrengungen, die auf Freundschaft und Solidarität basieren, zu bedeutenden Veränderungen führen können.

In der Reflexion über Kaitrins Vermächtnis ist es klar, dass Freundschaft und Solidarität nicht nur persönliche Werte sind, sondern auch politische Werkzeuge, die den Fortschritt in der LGBTQ-Bewegung vorantreiben können. Die Geschichten von Freundschaften, die in schwierigen Zeiten entstanden sind, und die Solidarität, die in Momenten der Not gezeigt wurde, sind ein testamentarischer Beweis für die Kraft der Gemeinschaft.

Schlussfolgerung

Zusammenfassend lässt sich sagen, dass Freundschaft und Solidarität zentrale Elemente in Kaitrin Dolls Leben waren, die sowohl ihre persönliche als auch ihre berufliche Entwicklung geprägt haben. Diese Beziehungen ermöglichten es ihr, sich in der Welt des Aktivismus zu orientieren und bedeutende Fortschritte in der Transgender-Forschung und -Aufklärung zu erzielen. Die Lektionen, die aus ihrer Erfahrung gezogen werden können, sind nicht nur für zukünftige Generationen von Aktivisten von Bedeutung, sondern auch für die gesamte LGBTQ-Community, die weiterhin für Gleichheit und Akzeptanz kämpft.

Ein Blick auf die Zukunft durch die Augen anderer

In dieser Sektion werfen wir einen Blick auf die Zukunft der Transgender-Bewegung und die Perspektiven von Menschen, die von Kaitrin Dolls Arbeit direkt beeinflusst wurden. Die Stimmen von Weggefährten, Unterstützern und jungen Aktivisten bieten uns wertvolle Einblicke in die Herausforderungen und Hoffnungen, die die nächste Generation von LGBTQ-Aktivisten prägen werden.

Die Perspektive von jungen Aktivisten

Junge Aktivisten, die in der heutigen Zeit aufwachsen, berichten von einem anderen Klima als das, was Kaitrin in ihrer Jugend erlebte. Max, ein 22-jähriger Aktivist aus Berlin, hebt hervor, dass die Sichtbarkeit von Transgender-Personen in den Medien und in der Gesellschaft zugenommen hat. „Es gibt mehr Vorbilder, die uns zeigen, dass es möglich ist, authentisch zu leben", sagt Max. Diese Sichtbarkeit hat jedoch auch ihre Herausforderungen, insbesondere in Bezug auf die Darstellung in sozialen Medien.

$$V = \frac{I}{A} \quad (27)$$

Hierbei steht V für die Sichtbarkeit, I für die Identität und A für die Akzeptanz. Max erklärt, dass die Gleichung metaphorisch die Balance zwischen Identität und Akzeptanz darstellt, die für viele Transgender-Personen entscheidend ist. Je mehr Akzeptanz in der Gesellschaft vorhanden ist, desto leichter wird es für Individuen, ihre Identität zu leben.

Herausforderungen der nächsten Generation

Trotz der Fortschritte gibt es nach wie vor erhebliche Herausforderungen. Lisa, eine 19-jährige Studentin, betont, dass die rechtlichen Rahmenbedingungen für Transgender-Personen in Deutschland weiterhin unzureichend sind. „Wir kämpfen immer noch gegen Diskriminierung, insbesondere im Gesundheitswesen", sagt sie. Diese Probleme sind nicht nur theoretischer Natur, sondern betreffen das tägliche Leben von Transgender-Personen direkt.

$$D = \frac{R}{C} \quad (28)$$

In dieser Gleichung steht D für Diskriminierung, R für Rechte und C für Chancengleichheit. Lisa argumentiert, dass die Diskriminierung sinkt, wenn die Rechte von Transgender-Personen gestärkt werden und die Chancengleichheit in verschiedenen Lebensbereichen gefördert wird.

Die Rolle von Bildung und Aufklärung

Ein weiterer zentraler Punkt, den viele Aktivisten ansprechen, ist die Rolle von Bildung. Tom, ein 21-jähriger Lehrer, erklärt, dass die Aufklärung über Geschlechtsidentität in Schulen und Universitäten dringend notwendig ist. „Die nächste Generation muss lernen, dass Geschlecht ein Spektrum ist und nicht nur binär", sagt er. Der Zugang zu Bildung und die Sensibilisierung für LGBTQ-Themen können dazu beitragen, Vorurteile abzubauen und eine inklusive Gesellschaft zu schaffen.

Die Bedeutung von Gemeinschaft und Unterstützung

Die Stimmen der Unterstützer und Weggefährten von Kaitrin Doll verdeutlichen die Bedeutung von Gemeinschaft und Unterstützung. Sarah, eine enge Freundin von Kaitrin, reflektiert über die Solidarität, die sie in den letzten Jahren erlebt hat. „Die Stärke unserer Gemeinschaft hat mir gezeigt, dass wir zusammen viel erreichen können", sagt sie. Diese Solidarität ist entscheidend, um die Herausforderungen zu bewältigen, die Transgender-Personen weiterhin begegnen.

Ein Ausblick auf die Zukunft

Zusammenfassend lässt sich sagen, dass die Zukunft der Transgender-Bewegung sowohl Herausforderungen als auch Chancen mit sich bringt. Die Stimmen der nächsten Generation sind entschlossen, die Arbeit von Aktivisten wie Kaitrin Doll fortzusetzen und die Errungenschaften zu verteidigen. Es ist klar, dass die Verbindung von Forschung, Aktivismus und Bildung eine entscheidende Rolle spielen wird, um eine inklusive und gerechte Gesellschaft zu schaffen.

Die Perspektiven, die wir hier präsentiert haben, sind ein Aufruf zum Handeln. Es liegt an uns allen, die nächste Generation zu unterstützen und sicherzustellen, dass die Kämpfe, die von Pionieren wie Kaitrin Doll begonnen wurden, nicht umsonst waren. Die Zukunft ist vielversprechend, wenn wir gemeinsam für eine Welt kämpfen, in der jeder Mensch in seiner Identität akzeptiert und respektiert wird.

Fazit: Die Bedeutung von Kaitrin Dolls Vermächtnis

Zusammenfassung der wichtigsten Erkenntnisse

Die Verbindung von Forschung und Aktivismus

Die Verbindung zwischen Forschung und Aktivismus ist ein zentrales Thema in der Arbeit von Kaitrin Doll und hat tiefgreifende Auswirkungen auf die LGBTQ-Community, insbesondere im Bereich der Transgender-Rechte. Diese Verbindung ist nicht nur theoretischer Natur, sondern manifestiert sich in konkreten Beispielen und Herausforderungen, die sowohl Forscher als auch Aktivisten in ihrem Bestreben, soziale Gerechtigkeit zu erreichen, bewältigen müssen.

Theoretische Grundlagen

Die Theorie des *engagierten Wissens* (engaged knowledge) betont, dass Forschung nicht isoliert von den sozialen und politischen Kontexten, in denen sie stattfindet, betrachtet werden kann. Diese Perspektive wird durch die Arbeiten von Wissenschaftlern wie [?] und [?] unterstützt, die argumentieren, dass Wissen und Macht untrennbar miteinander verbunden sind. Insbesondere in der LGBTQ-Forschung ist es entscheidend, die sozialen Konstrukte von Geschlecht und Sexualität zu hinterfragen und zu analysieren, wie diese Konstrukte in der Gesellschaft verankert sind.

Ein weiteres wichtiges Konzept ist die *transformativen Forschung* (transformative research), die darauf abzielt, nicht nur Wissen zu generieren, sondern auch aktiv zur Veränderung von gesellschaftlichen Strukturen beizutragen. Dies geschieht häufig durch partizipative Methoden, die es den

Betroffenen ermöglichen, an der Forschung teilzunehmen und ihre eigenen Erfahrungen und Perspektiven einzubringen.

Herausforderungen in der Verbindung

Trotz der theoretischen Grundlagen gibt es zahlreiche Herausforderungen, die die Verbindung von Forschung und Aktivismus erschweren. Eine der größten Hürden ist die *Institutionalisierung* von Forschung. Oftmals sind akademische Institutionen nicht bereit, sich auf aktivistische Ansätze einzulassen, da diese als unobjektiv oder nicht wissenschaftlich angesehen werden. Dies führt zu einer Kluft zwischen der akademischen Welt und der Praxis, die es Aktivisten erschwert, auf relevante Forschungsarbeiten zuzugreifen und diese in ihren Kampagnen zu nutzen.

Ein weiteres Problem ist die *Finanzierung* der Forschung. Viele Forschungsprojekte im Bereich der LGBTQ-Themen sind auf externe Mittel angewiesen, die oft an bestimmte Bedingungen geknüpft sind. Dies kann dazu führen, dass die Forschungsfragen nicht die dringendsten Bedürfnisse der Community widerspiegeln, sondern eher den Interessen der Geldgeber dienen. Kaitrin Doll hat in ihrer Karriere immer wieder betont, wie wichtig es ist, unabhängige Forschung zu fördern, die direkt auf die Bedürfnisse der Transgender-Community eingeht.

Beispiele für gelungene Verbindungen

Trotz dieser Herausforderungen gibt es zahlreiche Beispiele, wie Forschung und Aktivismus erfolgreich miteinander verbunden werden können. Ein herausragendes Beispiel ist die *Transgender-Studie* von [Budge et al.(2013)], die nicht nur wichtige Daten über die Erfahrungen von Transgender-Personen in den USA lieferte, sondern auch direkt in die politische Advocacy einfloss, um Gesetze zur Gleichstellung und zum Schutz der Rechte von Transgender-Personen zu fördern. Die Ergebnisse dieser Studie wurden von Aktivisten genutzt, um auf Diskriminierung aufmerksam zu machen und politische Entscheidungsträger zu beeinflussen.

Ein weiteres Beispiel ist die Initiative *Transgender Europe*, die Forschungsergebnisse über die Lebensbedingungen von Transgender-Personen in Europa veröffentlicht und diese Informationen aktiv in ihre Advocacy-Arbeit integriert. Durch die Kombination von empirischer Forschung und aktivistischer Arbeit konnte die Initiative signifikante Veränderungen in der politischen Landschaft und im öffentlichen Bewusstsein bewirken.

Schlussfolgerung

Die Verbindung von Forschung und Aktivismus ist von entscheidender Bedeutung für den Fortschritt der LGBTQ-Bewegung, insbesondere im Bereich der Transgender-Rechte. Kaitrin Dolls Arbeit illustriert, wie wichtig es ist, dass Forscher sich aktiv in die Community einbringen und ihre Erkenntnisse nutzen, um soziale Veränderungen zu bewirken. Die Herausforderungen, die diese Verbindung mit sich bringt, erfordern Kreativität und Engagement, aber die Erfolge, die daraus resultieren, sind ein Beweis dafür, dass Forschung und Aktivismus Hand in Hand gehen können, um eine inklusivere und gerechtere Gesellschaft zu schaffen.

Die Notwendigkeit von Sichtbarkeit und Repräsentation

In der heutigen Gesellschaft ist die Sichtbarkeit von LGBTQ-Personen, insbesondere von Transgender-Individuen, von entscheidender Bedeutung. Sichtbarkeit bedeutet nicht nur, dass Menschen in den Medien, in der Politik und in der Wissenschaft vertreten sind, sondern auch, dass ihre Geschichten, Herausforderungen und Errungenschaften anerkannt und gewürdigt werden. Diese Sichtbarkeit trägt dazu bei, Vorurteile abzubauen, das Bewusstsein zu schärfen und eine inklusive Gesellschaft zu fördern.

Theoretische Grundlagen

Die Notwendigkeit von Sichtbarkeit und Repräsentation kann durch verschiedene theoretische Rahmenbedingungen erklärt werden. Der *Social Identity Theory* zufolge, formuliert von Henri Tajfel und John Turner, identifizieren sich Menschen mit Gruppen, die ähnliche Merkmale aufweisen, und entwickeln ein Zugehörigkeitsgefühl. Diese Identifikation beeinflusst das Selbstwertgefühl und die soziale Interaktion. Sichtbarkeit in den Medien und in der Gesellschaft kann dazu beitragen, dass sich Mitglieder der LGBTQ-Community mit positiven Rollenmodellen identifizieren, was wiederum ihr Selbstwertgefühl stärkt und ihre gesellschaftliche Akzeptanz fördert.

Ein weiterer relevanter theoretischer Rahmen ist das Konzept der *Intersectionality*, das von Kimberlé Crenshaw geprägt wurde. Dieses Konzept betont, dass verschiedene Identitäten – wie Geschlecht, sexuelle Orientierung, ethnische Zugehörigkeit und soziale Klasse – miteinander verwoben sind und die Erfahrungen von Individuen prägen. Sichtbarkeit und Repräsentation müssen daher vielfältig sein, um die unterschiedlichen Realitäten innerhalb der LGBTQ-Community widerzuspiegeln.

Gesellschaftliche Probleme durch mangelnde Sichtbarkeit

Die mangelnde Sichtbarkeit von Transgender-Personen hat schwerwiegende gesellschaftliche Probleme zur Folge. Studien zeigen, dass Transgender-Individuen häufig Diskriminierung, Gewalt und soziale Isolation erfahren. Laut dem *National Center for Transgender Equality* (NCTE) berichten 47% der Befragten über Diskriminierung bei der Arbeit, 50% über Diskriminierung im Gesundheitswesen und 46% über Gewalt aufgrund ihrer Geschlechtsidentität.

Diese Diskriminierung ist oft das Ergebnis von Vorurteilen und Stereotypen, die durch eine fehlende Repräsentation in den Medien verstärkt werden. Wenn Transgender-Personen nicht sichtbar sind oder nur in negativen Kontexten dargestellt werden, perpetuiert dies die Stigmatisierung und das Unverständnis in der Gesellschaft.

Beispiele für positive Sichtbarkeit

Positive Beispiele für Sichtbarkeit und Repräsentation sind in den letzten Jahren zunehmend sichtbar geworden. Die Darstellung von Transgender-Personen in Filmen und Serien, wie in *Pose* oder *Transparent*, hat dazu beigetragen, das Bewusstsein für die Herausforderungen und Errungenschaften dieser Gemeinschaft zu schärfen. Diese Produktionen bieten nicht nur eine Plattform für Transgender-Schauspieler, sondern erzählen auch Geschichten, die die Realität dieser Lebensweisen widerspiegeln.

Ein weiteres Beispiel ist die politische Repräsentation von Transgender-Personen, wie die Wahl von Sarah McBride als erste Transgender-Politikerin in den US-Senat. Ihre Sichtbarkeit in der Politik inspiriert viele und zeigt, dass Transgender-Personen in Führungspositionen erfolgreich sein können.

Die Rolle von Bildung und Aufklärung

Bildung spielt eine wesentliche Rolle bei der Förderung von Sichtbarkeit und Repräsentation. Schulen und Bildungseinrichtungen sind Schlüsselorte, an denen Aufklärung über LGBTQ-Themen stattfinden kann. Lehrpläne, die die Geschichten und Beiträge von LGBTQ-Personen integrieren, können dazu beitragen, Vorurteile abzubauen und ein besseres Verständnis für die Vielfalt menschlicher Identität zu fördern.

Darüber hinaus können Workshops und Schulungen für Lehrkräfte dabei helfen, ein inklusives Umfeld zu schaffen, in dem alle Schüler, unabhängig von ihrer Geschlechtsidentität, respektiert und unterstützt werden. Die

ZUSAMMENFASSUNG DER WICHTIGSTEN ERKENNTNISSE 197

Implementierung solcher Bildungsprogramme ist entscheidend, um die nächste Generation für die Vielfalt der menschlichen Erfahrungen zu sensibilisieren.

Schlussfolgerung

Die Notwendigkeit von Sichtbarkeit und Repräsentation in der Gesellschaft ist unbestreitbar. Sie ist ein Schlüssel zur Schaffung einer inklusiven und gerechten Welt, in der alle Menschen, unabhängig von ihrer Geschlechtsidentität oder sexuellen Orientierung, die gleichen Chancen und Rechte genießen. Kaitrin Dolls Arbeit und ihr Engagement für die Sichtbarkeit von Transgender-Personen sind ein leuchtendes Beispiel dafür, wie Forschung und Aktivismus Hand in Hand gehen können, um Veränderungen herbeizuführen. Die Geschichten von Transgender-Personen müssen weiterhin gehört werden, um die Barrieren abzubauen, die sie in der Gesellschaft erleben, und um eine Zukunft zu schaffen, in der jeder Mensch in seiner Identität akzeptiert und gefeiert wird.

Die Rolle von Bildung in der Aufklärung

Bildung spielt eine entscheidende Rolle in der Aufklärung über Transgender-Themen und die LGBTQ-Community im Allgemeinen. Sie ist nicht nur ein Werkzeug zur Wissensvermittlung, sondern auch ein Mittel zur Förderung von Empathie, Verständnis und Akzeptanz in der Gesellschaft. In diesem Abschnitt werden wir die verschiedenen Dimensionen der Bildung in Bezug auf die Aufklärung über Transgender-Personen und deren Erfahrungen betrachten.

Theoretische Grundlagen

Die Theorie des sozialen Konstruktivismus, die von Denkern wie Lev Vygotsky und Jean Piaget geprägt wurde, betont die Bedeutung von Interaktion und sozialem Kontext im Lernprozess. Bildung wird als ein dynamischer Prozess verstanden, bei dem Wissen nicht nur vermittelt, sondern auch durch soziale Interaktionen konstruiert wird. Diese Theorie ist besonders relevant für die Aufklärung über Transgender-Themen, da sie die Notwendigkeit unterstreicht, dass Lernende aktiv in den Prozess der Wissensbildung einbezogen werden.

Problematik der Wissenslücken

Eine der größten Herausforderungen in der Bildung über Transgender-Themen ist die weit verbreitete Wissenslücke und das Vorurteil. Viele Lehrpläne ignorieren die Vielfalt der Geschlechtsidentitäten, was zu einem Mangel an Verständnis und

Empathie führt. Diese Wissenslücken können zu Diskriminierung und Stigmatisierung von Transgender-Personen beitragen. Um diesen Herausforderungen entgegenzuwirken, ist es wichtig, dass Bildungseinrichtungen sich aktiv mit diesen Themen auseinandersetzen.

Beispiele für erfolgreiche Bildungsinitiativen

Ein Beispiel für eine erfolgreiche Bildungsinitiative ist das Programm „Transgender Awareness in Schools", das in verschiedenen deutschen Schulen implementiert wurde. Dieses Programm zielt darauf ab, Schüler und Lehrer über Transgender-Themen aufzuklären und ein sicheres und unterstützendes Umfeld für alle Schüler zu schaffen. Durch Workshops, Informationsmaterialien und Schulungen wird das Bewusstsein für die Herausforderungen, mit denen Transgender-Personen konfrontiert sind, geschärft.

Ein weiteres Beispiel ist das Projekt „LGBTQ+ History Month", das in vielen Bildungseinrichtungen in Deutschland gefeiert wird. Während dieses Monats werden Veranstaltungen und Aktivitäten organisiert, die sich mit der Geschichte und den Errungenschaften der LGBTQ-Community befassen. Diese Art von Bildung fördert nicht nur das Verständnis, sondern auch die Sichtbarkeit von LGBTQ-Personen in der Gesellschaft.

Die Rolle der Lehrer und Pädagogen

Lehrer und Pädagogen spielen eine zentrale Rolle in der Aufklärung über Transgender-Themen. Sie sind oft die ersten Ansprechpartner für Schüler, die Fragen zu ihrer Identität haben oder Diskriminierung erfahren. Daher ist es wichtig, dass Lehrer in Bezug auf LGBTQ-Themen gut ausgebildet sind und über die notwendigen Ressourcen verfügen, um eine unterstützende Umgebung zu schaffen. Fortbildungen und Workshops für Lehrer können dazu beitragen, ihre Kenntnisse zu erweitern und ihre Fähigkeit zu verbessern, mit sensiblen Themen umzugehen.

Bildung als Werkzeug für Veränderung

Bildung hat das Potenzial, gesellschaftliche Normen und Einstellungen zu verändern. Durch die Aufklärung über Transgender-Themen können Vorurteile abgebaut und ein besseres Verständnis für die Herausforderungen, mit denen Transgender-Personen konfrontiert sind, gefördert werden. Dies kann zu einer inklusiveren und gerechteren Gesellschaft führen, in der Vielfalt akzeptiert und gefeiert wird.

Ein Beispiel für den Einfluss von Bildung auf gesellschaftliche Veränderungen ist die zunehmende Akzeptanz von Transgender-Personen in den letzten Jahren. Studien zeigen, dass Menschen, die in einem Umfeld aufwachsen, in dem Vielfalt gefördert wird, eher bereit sind, Transgender-Personen zu akzeptieren und zu unterstützen. Bildung kann somit als Katalysator für positive Veränderungen in der Gesellschaft fungieren.

Fazit

Zusammenfassend lässt sich sagen, dass Bildung eine zentrale Rolle in der Aufklärung über Transgender-Themen spielt. Sie ist ein kraftvolles Werkzeug, um Wissen zu vermitteln, Vorurteile abzubauen und ein unterstützendes Umfeld zu schaffen. Durch gezielte Bildungsinitiativen, die Einbeziehung von Lehrern und die Förderung von Empathie und Verständnis kann Bildung dazu beitragen, eine inklusive Gesellschaft zu schaffen, in der Transgender-Personen respektiert und akzeptiert werden. Die Herausforderungen sind zwar groß, aber die Möglichkeiten, die Bildung bietet, sind noch größer. Es liegt an uns allen, diese Möglichkeiten zu nutzen und die Bildung als Mittel zur Aufklärung und Veränderung zu fördern.

$$E = mc^2 \tag{29}$$

Kaitrins Einfluss auf zukünftige Generationen

Kaitrin Dolls Arbeit hat nicht nur die gegenwärtige Landschaft der Transgender-Forschung und des Aktivismus geprägt, sondern auch einen tiefgreifenden Einfluss auf zukünftige Generationen von Aktivisten, Forschern und der breiten Öffentlichkeit. Ihr Ansatz, der Forschung und Aktivismus miteinander verknüpft, bietet ein Modell, das auch von kommenden Generationen übernommen werden kann. In diesem Abschnitt werden wir die verschiedenen Dimensionen von Kaitrins Einfluss untersuchen und die Herausforderungen sowie die Möglichkeiten, die sich daraus ergeben, beleuchten.

Die Rolle von Bildung und Aufklärung

Ein zentraler Aspekt von Kaitrins Einfluss ist ihr Engagement für Bildung und Aufklärung. Sie hat erkannt, dass Wissen der Schlüssel zur Überwindung von Vorurteilen und Diskriminierung ist. Ihre Publikationen und Vorträge haben dazu beigetragen, dass Transgender-Themen in akademischen und gesellschaftlichen Diskursen sichtbarer werden.

In ihrer Arbeit hat Kaitrin die Theorie des sozialen Konstruktivismus angewandt, die besagt, dass Wissen und Realität durch soziale Interaktionen konstruiert werden. Diese Theorie ist besonders relevant für die LGBTQ-Community, da sie die Bedeutung von Gemeinschaft und Austausch in der Bildungsarbeit betont. Kaitrins Einfluss zeigt sich in der zunehmenden Integration von LGBTQ-Themen in Lehrpläne an Schulen und Universitäten, was eine Grundlage für zukünftige Generationen schafft, um die Komplexität von Geschlechtsidentität und -ausdruck zu verstehen.

Mentoring und Unterstützung

Kaitrin hat nicht nur als Forscherin, sondern auch als Mentorin gewirkt. Ihre Unterstützung für junge Aktivisten und Wissenschaftler hat eine Welle von neuen Stimmen in der LGBTQ-Bewegung gefördert. Durch Programme, die sie ins Leben gerufen hat, konnten zahlreiche junge Menschen aus der LGBTQ-Community Zugang zu Ressourcen und Netzwerken erhalten, die ihnen helfen, ihre eigenen Projekte und Initiativen zu entwickeln.

Ein Beispiel für ihren Einfluss ist die Gründung von Stipendienprogrammen, die speziell für transgeschlechtliche Studierende konzipiert sind. Diese Programme bieten finanzielle Unterstützung, aber auch Zugang zu Mentoren und Netzwerken, die in der Vergangenheit oft unzugänglich waren. Die Erfolge dieser Stipendiaten zeigen, wie Kaitrins Vision und Unterstützung direkte Auswirkungen auf die Lebenswege zukünftiger Generationen haben können.

Die Bedeutung von Sichtbarkeit

Kaitrin hat die Bedeutung von Sichtbarkeit in der LGBTQ-Community betont. Ihre eigenen Erfahrungen und die Geschichten, die sie geteilt hat, haben dazu beigetragen, das Bewusstsein für die Herausforderungen und Errungenschaften von Transgender-Personen zu schärfen. Dies hat nicht nur die öffentliche Wahrnehmung verbessert, sondern auch das Selbstbewusstsein junger Menschen gestärkt, die sich mit ihrer Geschlechtsidentität auseinandersetzen.

Die Theorie der Sichtbarkeit, wie sie von Judith Butler und anderen vertreten wird, besagt, dass die Darstellung von Identitäten in der Öffentlichkeit entscheidend für die Anerkennung und Akzeptanz ist. Kaitrin hat durch ihre Forschung und ihren Aktivismus dazu beigetragen, dass Transgender-Personen nicht nur als Objekte des Studiums, sondern als aktive Akteure in der Gesellschaft wahrgenommen werden. Dies hat eine neue Generation von Aktivisten inspiriert, die sich für ihre Rechte und die Rechte anderer einsetzen.

Herausforderungen und Widerstände

Trotz ihres positiven Einflusses sieht sich die LGBTQ-Community weiterhin Herausforderungen gegenüber. Kaitrins Arbeit hat zwar den Weg für viele erleichtert, aber es gibt immer noch institutionelle und gesellschaftliche Widerstände, die überwunden werden müssen. Die anhaltenden Debatten über Geschlechtsidentität in der Politik und der Gesellschaft zeigen, dass die Arbeit von Aktivisten wie Kaitrin weiterhin notwendig ist.

Ein Beispiel für solche Herausforderungen ist die Debatte über die Anerkennung von Geschlechtsidentität in rechtlichen Rahmenbedingungen. In vielen Ländern gibt es immer noch Gesetze, die Transgender-Personen diskriminieren. Kaitrins Einfluss auf zukünftige Generationen bedeutet auch, dass diese Generationen lernen müssen, sich gegen solche Ungerechtigkeiten zu wehren und für ihre Rechte einzutreten.

Die Vision für die Zukunft

Kaitrins Einfluss auf zukünftige Generationen ist untrennbar mit ihrer Vision für eine inklusive und gerechte Gesellschaft verbunden. Sie hat die Idee gefördert, dass Forschung und Aktivismus Hand in Hand gehen sollten, um nachhaltige Veränderungen zu bewirken. Diese Vision inspiriert nicht nur junge Aktivisten, sondern auch Wissenschaftler, die neue Wege suchen, um die Lebensrealitäten von Transgender-Personen zu verstehen und zu verbessern.

Die Herausforderungen, vor denen zukünftige Generationen stehen, erfordern innovative Ansätze und interdisziplinäre Zusammenarbeit. Kaitrins Betonung der interdisziplinären Forschung hat dazu beigetragen, dass neue Perspektiven und Methoden in die Transgender-Forschung integriert werden. Dies wird auch in Zukunft entscheidend sein, um die Komplexität von Geschlechtsidentität und -ausdruck zu erfassen und zu adressieren.

Schlussfolgerung

Zusammenfassend lässt sich sagen, dass Kaitrin Dolls Einfluss auf zukünftige Generationen weitreichend und vielschichtig ist. Ihre Arbeit hat nicht nur das Bewusstsein für Transgender-Themen geschärft, sondern auch eine neue Generation von Aktivisten und Forschern inspiriert. Die Herausforderungen, die noch bestehen, sind nicht zu unterschätzen, aber die Grundlagen, die Kaitrin gelegt hat, bieten Hoffnung und Möglichkeiten für eine inklusive Zukunft. Die Verbindung von Bildung, Unterstützung und Sichtbarkeit wird entscheidend sein, um die Errungenschaften der LGBTQ-Community zu sichern und weiter auszubauen.

Die Herausforderungen, die noch bestehen

Trotz der bedeutenden Fortschritte, die die LGBTQ-Community in den letzten Jahrzehnten erzielt hat, stehen wir weiterhin vor zahlreichen Herausforderungen, die die Gleichstellung und das Wohlbefinden von Transgender-Personen betreffen. Diese Herausforderungen sind vielschichtig und betreffen verschiedene Bereiche des Lebens, einschließlich Gesundheit, Bildung, Rechtsprechung und gesellschaftlicher Akzeptanz.

Gesundheitliche Herausforderungen

Ein zentrales Problem, das Transgender-Personen betrifft, sind die gesundheitlichen Ungleichheiten, die sich aus Diskriminierung und Stigmatisierung ergeben. Laut einer Studie von [Budge et al.(2013)] haben Transgender-Personen ein höheres Risiko für psychische Erkrankungen, einschließlich Depressionen und Angststörungen. Diese Probleme sind oft auf den sozialen Stress zurückzuführen, der mit der Geschlechtsidentität verbunden ist.

Ein weiteres gesundheitliches Problem ist der Zugang zu geschlechtsspezifischen Gesundheitsdiensten. Viele Transgender-Personen berichten von Schwierigkeiten, medizinische Versorgung zu erhalten, die ihren Bedürfnissen entspricht. Eine Umfrage von [Grant et al.(2011)] ergab, dass 19% der Befragten aufgrund ihrer Geschlechtsidentität von einem Arzt abgewiesen wurden. Diese Diskriminierung kann zu einer Verzögerung oder Verweigerung notwendiger medizinischer Behandlungen führen, was die Lebensqualität erheblich beeinträchtigt.

Bildung und Aufklärung

Im Bildungsbereich sind Transgender-Schüler*innen oft mit Mobbing und Diskriminierung konfrontiert. Eine Studie von [Kosciw et al.(2018)] zeigt, dass 59,1% der LGBTQ-Schüler*innen in den USA in den letzten 12 Monaten aufgrund ihrer sexuellen Orientierung oder Geschlechtsidentität gemobbt wurden. Diese Erfahrungen können zu einem schlechten schulischen Umfeld führen, das sich negativ auf die akademische Leistung und das psychische Wohlbefinden auswirkt.

Die Notwendigkeit von Aufklärung über Geschlechtsidentität und -ausdruck in Schulen ist von entscheidender Bedeutung. Programme, die sich mit den Themen

ZUSAMMENFASSUNG DER WICHTIGSTEN ERKENNTNISSE

Geschlecht und Sexualität befassen, können dazu beitragen, Vorurteile abzubauen und ein inklusives Umfeld zu schaffen. Jedoch sind solche Programme nicht in allen Schulen vorhanden und oft gibt es Widerstand gegen ihre Einführung.

Rechtliche Herausforderungen

Obwohl einige Fortschritte im rechtlichen Bereich erzielt wurden, gibt es immer noch erhebliche Hindernisse. In vielen Ländern, einschließlich Deutschland, sind die Gesetze zur Anerkennung der Geschlechtsidentität oft unzureichend. Der *Transsexuellengesetz* (TSG) in Deutschland, das die rechtliche Anerkennung des Geschlechts regelt, wurde vielfach kritisiert, da es diskriminierende Anforderungen an Transgender-Personen stellt, einschließlich der Notwendigkeit, eine medizinische Diagnose zu erhalten. Diese Anforderungen können als invasiv und entmenschlichend empfunden werden.

Zudem gibt es in vielen Ländern immer noch keine umfassenden Antidiskriminierungsgesetze, die Transgender-Personen schützen. Dies führt zu einer erhöhten Anfälligkeit für Diskriminierung am Arbeitsplatz, in der Wohnungssuche und im Alltag.

Gesellschaftliche Akzeptanz

Die gesellschaftliche Akzeptanz von Transgender-Personen ist nach wie vor ein großes Thema. Trotz einer zunehmenden Sichtbarkeit in den Medien und der Popkultur gibt es immer noch tief verwurzelte Vorurteile und Stereotypen. Eine Umfrage von [Pew Research Center(2019)] zeigt, dass 39% der Befragten in den USA der Meinung sind, dass die Gesellschaft zu viel Aufmerksamkeit auf Transgender-Themen lenkt, was auf eine weit verbreitete Ablehnung hinweist.

Die Stigmatisierung von Transgender-Personen kann auch zu Gewalt und Belästigung führen. Laut dem *Human Rights Campaign* wurden im Jahr 2020 in den USA mindestens 44 Transgender-Personen ermordet, die meisten von ihnen waren Frauen of Color. Diese erschreckenden Statistiken verdeutlichen die dringende Notwendigkeit, das Bewusstsein zu schärfen und Maßnahmen zum Schutz der Transgender-Community zu ergreifen.

Fazit

Die Herausforderungen, die Transgender-Personen heute gegenüberstehen, sind komplex und erfordern einen multidimensionalen Ansatz. Um diese Probleme anzugehen, ist es entscheidend, dass wir als Gesellschaft zusammenarbeiten, um Bildung, rechtliche Reformen und gesundheitliche Unterstützung zu fördern. Nur durch ein gemeinsames Engagement können wir die Barrieren abbauen, die Transgender-Personen weiterhin belasten und eine inklusive und gerechte Gesellschaft schaffen.

Bibliography

[Budge et al.(2013)] Budge, S. L., Adelson, J. L., & Howard, K. A. (2013). Anxiety and depression in transgender individuals: The roles of social support and social identity. *Journal of Consulting and Clinical Psychology*, 81(3), 545-557.

[Grant et al.(2011)] Grant, J. M., Mottet, L., & Tanis, J. (2011). *Injustice at Every Turn: A Report of the National Transgender Discrimination Survey*. National Center for Transgender Equality and National Gay and Lesbian Task Force.

[Kosciw et al.(2018)] Kosciw, J. G., Greytak, E. A., Palmer, N. A., & Boesen, M. J. (2018). *The 2017 National School Climate Survey: The Experiences of Lesbian, Gay, Bisexual, Transgender, and Queer Youth in Our Nation's Schools*. GLSEN.

[Pew Research Center(2019)] Pew Research Center. (2019). *The Global Divide on Homosexuality Persists*. Retrieved from https://www.pewresearch.org/global/2019/05/14/the-global-divide-on-homosexuality

Reflexion über den Fortschritt der LGBTQ-Bewegung

Die LGBTQ-Bewegung hat in den letzten Jahrzehnten bemerkenswerte Fortschritte erzielt, doch es bleibt noch ein langer Weg zu gehen. Um den Fortschritt der Bewegung zu reflektieren, ist es wichtig, sowohl die Erfolge als auch die bestehenden Herausforderungen zu betrachten. In diesem Abschnitt werden wir die wesentlichen Errungenschaften der LGBTQ-Bewegung analysieren, die theoretischen Grundlagen, die diesen Fortschritt unterstützen, sowie die Probleme, die weiterhin bestehen.

Erfolge der LGBTQ-Bewegung

Die LGBTQ-Bewegung hat in vielen Ländern bedeutende Fortschritte erzielt, insbesondere in Bezug auf rechtliche Anerkennung und gesellschaftliche

Akzeptanz. Ein herausragendes Beispiel ist die Legalisierung der gleichgeschlechtlichen Ehe in vielen Ländern, einschließlich Deutschland, wo die Ehe für gleichgeschlechtliche Paare im Jahr 2017 legalisiert wurde. Diese rechtlichen Veränderungen sind nicht nur ein Zeichen für Fortschritt, sondern auch für die Anerkennung der Gleichheit und Menschenrechte.

Ein weiterer Erfolg ist die zunehmende Sichtbarkeit von LGBTQ-Personen in den Medien und der Popkultur. Filme, Fernsehsendungen und Musik, die LGBTQ-Themen behandeln, tragen zur Normalisierung und Akzeptanz bei. Diese Sichtbarkeit hat dazu geführt, dass viele Menschen, die zuvor in der Unsichtbarkeit lebten, sich nun sicherer fühlen, ihre Identität zu leben und zu feiern.

Theoretische Grundlagen

Die Fortschritte der LGBTQ-Bewegung können durch verschiedene theoretische Rahmenbedingungen verstanden werden. Eine der zentralen Theorien ist die Queer-Theorie, die die sozialen Konstruktionen von Geschlecht und Sexualität in Frage stellt. Diese Theorie betont, dass Geschlecht und Sexualität nicht binär sind und dass es eine Vielzahl von Identitäten gibt, die nicht in traditionelle Kategorien passen. Dies hat zu einem breiteren Verständnis von Geschlechtsidentität und sexueller Orientierung geführt und die Basis für viele der Forderungen der LGBTQ-Bewegung gebildet.

Ein weiterer wichtiger theoretischer Beitrag ist das Konzept der Intersektionalität, das von Kimberlé Crenshaw geprägt wurde. Diese Theorie untersucht, wie verschiedene Identitätskategorien wie Geschlecht, Rasse, Klasse und sexuelle Orientierung miteinander interagieren und wie diese Interaktionen Diskriminierung und Ungleichheit verstärken können. Die Anwendung der Intersektionalität auf die LGBTQ-Bewegung hat dazu beigetragen, die Erfahrungen von marginalisierten Gruppen innerhalb der Gemeinschaft besser zu verstehen und zu adressieren.

Bestehende Herausforderungen

Trotz der erzielten Fortschritte gibt es weiterhin erhebliche Herausforderungen, mit denen die LGBTQ-Bewegung konfrontiert ist. Diskriminierung und Gewalt gegen LGBTQ-Personen sind nach wie vor weit verbreitet. Statistiken zeigen, dass insbesondere transgeschlechtliche Personen und People of Color einem höheren Risiko ausgesetzt sind, Opfer von Gewalt und Diskriminierung zu werden. Diese Probleme sind nicht nur gesellschaftlicher Natur, sondern finden auch ihren

Ausdruck in der Gesetzgebung, wo in vielen Ländern Gesetze erlassen werden, die die Rechte von LGBTQ-Personen einschränken.

Ein weiteres bedeutendes Problem ist die psychische Gesundheit innerhalb der LGBTQ-Community. Studien haben gezeigt, dass LGBTQ-Personen ein höheres Risiko für psychische Erkrankungen wie Depressionen und Angstzustände haben, häufig als Folge von Diskriminierung, Stigmatisierung und Isolation. Die Bereitstellung von Ressourcen und Unterstützung für die psychische Gesundheit ist daher ein dringendes Anliegen.

Beispiele für Widerstand und Rückschläge

Es gibt zahlreiche Beispiele für Widerstand gegen die LGBTQ-Bewegung, die den Fortschritt behindern. In einigen Ländern wurden Gesetze erlassen, die die Rechte von LGBTQ-Personen einschränken oder kriminalisieren, wie z.b. in Ungarn, wo das Parlament 2020 ein Gesetz verabschiedete, das die rechtliche Anerkennung von Geschlechtsidentität für transgeschlechtliche Personen einschränkt. Solche Maßnahmen zeigen, dass der Kampf für Gleichheit und Akzeptanz noch lange nicht vorbei ist.

Darüber hinaus gibt es innerhalb der LGBTQ-Community selbst Spannungen und Konflikte, die den Fortschritt behindern können. Fragen der Sichtbarkeit, der Repräsentation und der Prioritäten innerhalb der Bewegung führen manchmal zu Spaltungen, die es erschweren, einheitlich für die Rechte aller LGBTQ-Personen einzutreten.

Ausblick auf die Zukunft

Um den Fortschritt der LGBTQ-Bewegung zu sichern, ist es entscheidend, dass die Gemeinschaft weiterhin zusammenarbeitet und sich für die Rechte aller einsetzt. Bildung und Aufklärung sind Schlüsselkomponenten, um Vorurteile abzubauen und die Akzeptanz in der Gesellschaft zu fördern. Es ist auch wichtig, dass die Stimmen marginalisierter Gruppen innerhalb der Bewegung gehört werden, um sicherzustellen, dass die Vielfalt der Erfahrungen und Identitäten anerkannt und respektiert wird.

Zusammenfassend lässt sich sagen, dass die LGBTQ-Bewegung in den letzten Jahrzehnten bedeutende Fortschritte erzielt hat, die jedoch von bestehenden Herausforderungen und Rückschlägen begleitet werden. Die Reflexion über diese Fortschritte und Probleme ist entscheidend, um die nächsten Schritte in Richtung einer gerechteren und inklusiveren Gesellschaft zu planen. Die Arbeit von Aktivisten wie Kaitrin Doll ist ein Beispiel dafür, wie Forschung und Aktivismus

Hand in Hand gehen können, um positive Veränderungen herbeizuführen und das Bewusstsein für die Bedürfnisse der LGBTQ-Community zu schärfen.

Die Bedeutung von Gemeinschaft und Solidarität

Die Gemeinschaft und Solidarität sind zentrale Elemente der LGBTQ-Bewegung, insbesondere in der Transgender-Community. Diese Konzepte tragen nicht nur zur Stärkung individueller Identitäten bei, sondern fördern auch das kollektive Handeln und die Unterstützung innerhalb der Gemeinschaft. In dieser Sektion werden wir die theoretischen Grundlagen der Gemeinschaft und Solidarität untersuchen, die Herausforderungen, mit denen die Gemeinschaft konfrontiert ist, sowie einige inspirierende Beispiele für Solidarität innerhalb der LGBTQ-Community.

Theoretische Grundlagen

Die Theorie der sozialen Identität, entwickelt von Henri Tajfel und John Turner, legt nahe, dass Individuen sich durch ihre Zugehörigkeit zu bestimmten Gruppen definieren. Diese Gruppenidentität kann ein starkes Gefühl der Zugehörigkeit und Unterstützung erzeugen, was besonders wichtig für marginalisierte Gemeinschaften ist. In der LGBTQ-Community, insbesondere unter Transgender-Personen, kann die Zugehörigkeit zu einer unterstützenden Gemeinschaft den psychischen und emotionalen Stress verringern, der häufig mit Diskriminierung und Isolation einhergeht.

$$S = \frac{N}{N+D} \quad (30)$$

Hierbei steht S für die Stärke der sozialen Identität, N für die Anzahl der positiven Interaktionen innerhalb der Gemeinschaft und D für die Anzahl der negativen Erfahrungen. Ein höherer Wert von S deutet auf eine stärkere Gemeinschaft und damit auf ein höheres Maß an Solidarität hin.

Herausforderungen der Gemeinschaft

Trotz der positiven Aspekte von Gemeinschaft und Solidarität sieht sich die LGBTQ-Community, insbesondere die Transgender-Community, mehreren Herausforderungen gegenüber. Diskriminierung, Vorurteile und soziale Stigmatisierung können das Gefühl der Zugehörigkeit untergraben. In vielen Fällen erleben Transgender-Personen nicht nur Diskriminierung von außen, sondern auch innerhalb ihrer eigenen Gemeinschaft. Dies kann zu Spaltungen führen, die das Gefühl der Solidarität beeinträchtigen.

Ein Beispiel dafür ist die Debatte über die Inklusion von nicht-binären und gender-nonkonformen Personen in die breitere Transgender-Bewegung. Während viele in der Gemeinschaft für eine inklusive Haltung plädieren, gibt es auch Stimmen, die sich gegen diese Inklusion aussprechen. Solche internen Konflikte können das Gefühl der Solidarität schwächen und die Gemeinschaft fragmentieren.

Beispiele für Solidarität

Trotz dieser Herausforderungen gibt es zahlreiche inspirierende Beispiele für Solidarität innerhalb der LGBTQ-Community. Eine bemerkenswerte Initiative ist die „Transgender Day of Remembrance", die jährlich am 20. November stattfindet. Dieser Tag dient dazu, die Transgender-Personen zu gedenken, die aufgrund von Transphobie und Gewalt ums Leben gekommen sind. Veranstaltungen rund um diesen Tag fördern das Bewusstsein und die Solidarität innerhalb der Gemeinschaft und darüber hinaus.

Ein weiteres Beispiel ist die „#TransRightsAreHumanRights"-Bewegung, die weltweit Unterstützung für Transgender-Rechte mobilisiert. Diese Bewegung hat nicht nur die Aufmerksamkeit auf die spezifischen Bedürfnisse von Transgender-Personen gelenkt, sondern auch eine breite Koalition von Unterstützern aus verschiedenen Bereichen der Gesellschaft mobilisiert, darunter Aktivisten, Akademiker und Künstler.

Die Rolle von Bildung und Aufklärung

Bildung spielt eine entscheidende Rolle bei der Förderung von Gemeinschaft und Solidarität. Durch Aufklärung über die Herausforderungen, mit denen Transgender-Personen konfrontiert sind, können Vorurteile abgebaut und Empathie gefördert werden. Programme in Schulen und Universitäten, die sich mit LGBTQ-Themen befassen, sind entscheidend, um ein unterstützendes Umfeld zu schaffen.

Darüber hinaus können interdisziplinäre Forschungsprojekte, die verschiedene Perspektiven einbeziehen, dazu beitragen, ein umfassenderes Verständnis für die Bedürfnisse und Erfahrungen von Transgender-Personen zu entwickeln. Solche Projekte fördern nicht nur das Bewusstsein, sondern stärken auch die Solidarität innerhalb der Gemeinschaft.

Fazit

Die Bedeutung von Gemeinschaft und Solidarität in der LGBTQ-Bewegung, insbesondere innerhalb der Transgender-Community, kann nicht genug betont werden. Diese Konzepte sind entscheidend für die Stärkung individueller Identitäten und die Förderung kollektiven Handelns. Trotz der Herausforderungen, mit denen die Gemeinschaft konfrontiert ist, gibt es zahlreiche Beispiele für Solidarität, die Hoffnung geben und den Weg für eine inklusive Zukunft ebnen. Bildung und Aufklärung sind dabei wesentliche Werkzeuge, um das Bewusstsein zu schärfen und eine unterstützende Gemeinschaft zu fördern. Die Verbindung zwischen Gemeinschaft und Solidarität ist nicht nur eine Frage des Überlebens, sondern auch eine Quelle der Stärke und Inspiration für kommende Generationen von Aktivisten.

Ein Aufruf zum Handeln für die Leser

In einer Zeit, in der die Stimmen der LGBTQ-Community lauter denn je sind, ist es an der Zeit, dass wir alle aktiv werden und uns für eine inklusive Gesellschaft einsetzen. Kaitrin Dolls Vermächtnis erinnert uns daran, dass jeder von uns die Fähigkeit hat, Veränderungen herbeizuführen, sei es durch Bildung, Aktivismus oder einfache Freundlichkeit im Alltag. Dieser Aufruf zum Handeln richtet sich an jeden Einzelnen von uns, um die Prinzipien von Respekt, Gleichheit und Unterstützung zu fördern.

Die Bedeutung von Bildung und Aufklärung

Bildung ist der Schlüssel zur Veränderung. Kaitrin selbst hat gezeigt, wie wichtig es ist, Wissen zu verbreiten und Vorurteile abzubauen. Wir können alle dazu beitragen, indem wir uns über LGBTQ-Themen informieren und dieses Wissen in unseren Gemeinschaften verbreiten. Besuchen Sie lokale Bibliotheken oder Online-Ressourcen, um sich über die Geschichte und die Herausforderungen der LGBTQ-Community zu informieren. Teilen Sie Ihr Wissen mit Freunden, Familie und Kollegen. Ein Beispiel für ein effektives Bildungsprojekt könnte die Organisation von Workshops oder Diskussionsrunden an Schulen oder Universitäten sein, um das Verständnis für Transgender-Themen zu fördern.

Aktivismus im Alltag

Aktivismus muss nicht immer in großen Demonstrationen oder Protesten stattfinden. Jeder kleine Schritt zählt. Unterstützen Sie LGBTQ-Organisationen in Ihrer Nähe, sei es durch Spenden, Freiwilligenarbeit oder einfach durch die Teilnahme an Veranstaltungen. Ein weiteres Beispiel könnte die Unterstützung von LGBTQ-freundlichen Unternehmen sein, um deren Sichtbarkeit und Einfluss zu stärken. Nutzen Sie soziale Medien, um positive Botschaften zu verbreiten und auf die Belange der LGBTQ-Community aufmerksam zu machen. Ihre Stimme kann einen Unterschied machen.

Solidarität und Unterstützung

Solidarität ist ein zentrales Element des Aktivismus. Zeigen Sie Unterstützung für LGBTQ-Personen in Ihrem Umfeld, sei es durch aktives Zuhören oder indem Sie sich gegen Diskriminierung einsetzen. Wenn Sie Zeuge von Diskriminierung oder Vorurteilen werden, ergreifen Sie das Wort. Ein einfaches „Das ist nicht in Ordnung" kann oft viel bewirken. Es ist wichtig, eine Kultur des Respekts und der Akzeptanz zu fördern, in der sich jeder sicher und geschätzt fühlt.

Politisches Engagement

Ein weiterer wichtiger Aspekt des Handelns ist das politische Engagement. Informieren Sie sich über lokale und nationale politische Themen, die die LGBTQ-Community betreffen. Nehmen Sie an Wahlen teil, unterstützen Sie Kandidaten, die sich für die Rechte der LGBTQ-Community einsetzen, und beteiligen Sie sich an Kampagnen, die Gleichheit und Gerechtigkeit fördern. Ein Beispiel hierfür ist die Teilnahme an Petitionen, die sich für die Gleichstellung von LGBTQ-Personen in der Gesetzgebung einsetzen.

Schaffung von Unterstützungsnetzwerken

Die Schaffung von Unterstützungsnetzwerken kann einen großen Unterschied im Leben von LGBTQ-Personen machen. Initiieren Sie oder treten Sie bestehenden Gruppen bei, die sich für LGBTQ-Rechte einsetzen. Diese Netzwerke bieten nicht nur emotionale Unterstützung, sondern auch Ressourcen und Informationen, die für das persönliche und gemeinschaftliche Wachstum entscheidend sind. Ein Beispiel könnte die Gründung eines LGBTQ-Support-Teams an Ihrer Schule oder Universität sein, das sich für die Rechte und das Wohlbefinden von LGBTQ-Studierenden einsetzt.

Ein persönlicher Aufruf

Abschließend möchte ich jeden Leser dazu aufrufen, aktiv zu werden. Die Herausforderungen, vor denen die LGBTQ-Community steht, sind vielfältig und oft überwältigend. Doch wie Kaitrin Doll uns lehrt, ist jeder von uns in der Lage, einen Unterschied zu machen. Beginnen Sie heute, indem Sie sich informieren, aktiv werden und andere unterstützen. Ihre Stimme zählt, und gemeinsam können wir eine Welt schaffen, in der jeder Mensch, unabhängig von Geschlecht oder sexueller Orientierung, in Würde und Respekt leben kann.

$$\text{Aktivismus} = \text{Bildung} + \text{Solidarität} + \text{Engagement} \quad (31)$$

Lassen Sie uns gemeinsam für eine inklusive Zukunft arbeiten, in der die Werte von Kaitrin Doll und vielen anderen Pionieren lebendig bleiben. Ihre Handlungen, so klein sie auch erscheinen mögen, können eine Welle der Veränderung auslösen. Werden Sie Teil dieser Bewegung und gestalten Sie die Zukunft aktiv mit!

Die Vision für eine inklusive Zukunft

In einer Welt, die zunehmend von Diversität und Inklusion geprägt ist, ist die Vision für eine inklusive Zukunft unerlässlich, insbesondere im Kontext der LGBTQ-Community und der Transgender-Bewegung. Diese Vision zielt darauf ab, eine Gesellschaft zu schaffen, in der jeder Mensch, unabhängig von Geschlechtsidentität, sexueller Orientierung, ethnischer Zugehörigkeit oder anderen Merkmalen, gleichberechtigt und respektiert wird. Der Weg zu dieser Zukunft ist jedoch mit Herausforderungen und Problemen gepflastert, die es zu überwinden gilt.

Ein zentraler Aspekt dieser Vision ist die Notwendigkeit, Diskriminierung und Vorurteile abzubauen. In vielen Gesellschaften bestehen tief verwurzelte Stereotypen und negative Einstellungen gegenüber Transgender-Personen, die oft zu Gewalt, sozialer Isolation und psychischen Problemen führen. Um diese Probleme zu bekämpfen, sind umfassende Bildungsinitiativen erforderlich, die Aufklärung über Geschlechtsidentität und sexuelle Orientierung fördern. Studien haben gezeigt, dass Bildung ein entscheidender Faktor für die Verringerung von Vorurteilen ist. Beispielsweise hat eine Untersuchung von Herek (2009) gezeigt, dass Menschen, die über LGBTQ-Themen informiert sind, weniger wahrscheinlich diskriminierende Ansichten vertreten.

Ein weiterer wichtiger Punkt in Kaitrin Dolls Vision für eine inklusive Zukunft ist die Förderung von Sichtbarkeit und Repräsentation. Sichtbarkeit in den Medien, in der Politik und in der Wissenschaft kann dazu beitragen, das

Bewusstsein für die Herausforderungen und Errungenschaften von Transgender-Personen zu schärfen. Die Repräsentation in verschiedenen Bereichen des Lebens ist entscheidend, um die Vielfalt menschlicher Erfahrungen widerzuspiegeln und das Gefühl der Zugehörigkeit zu stärken. Ein Beispiel hierfür ist die zunehmende Präsenz von Transgender-Personen in Film und Fernsehen, wie die Serie *Pose*, die nicht nur die Geschichten von Transgender-Personen erzählt, sondern auch deren Kämpfe und Triumphe sichtbar macht.

Darüber hinaus ist die Schaffung von unterstützenden Netzwerken und Gemeinschaften von großer Bedeutung. Kaitrin Doll hat immer betont, wie wichtig es ist, dass Transgender-Personen Zugang zu sicheren Räumen haben, in denen sie sich austauschen und gegenseitig unterstützen können. Solche Gemeinschaften bieten nicht nur emotionale Unterstützung, sondern auch Ressourcen und Informationen, die für den persönlichen und beruflichen Erfolg entscheidend sind. Die Gründung von Organisationen wie *Transgender Europe* und *GLAAD* hat eine Plattform geschaffen, um die Stimmen von Transgender-Personen zu stärken und ihre Anliegen auf nationaler und internationaler Ebene zu vertreten.

Ein weiteres Schlüsselelement der Vision für eine inklusive Zukunft ist die politische Mobilisierung. Kaitrin Doll hat immer wieder betont, dass es wichtig ist, politische Veränderungen herbeizuführen, um die Rechte von Transgender-Personen zu schützen und zu fördern. Dies umfasst die Bekämpfung von Gesetzen, die Diskriminierung legitimieren, sowie die Einführung von Gesetzen, die Gleichheit und Schutz garantieren. Ein Beispiel für solche politischen Initiativen ist das *Equality Act* in den USA, das darauf abzielt, Diskriminierung aufgrund der Geschlechtsidentität in verschiedenen Lebensbereichen zu verbieten.

Die Rolle der Wissenschaft und Forschung ist ebenfalls von entscheidender Bedeutung für die Verwirklichung dieser Vision. Kaitrin Doll hat durch ihre innovative Forschung dazu beigetragen, das Verständnis von Geschlechtsidentität zu erweitern und das Bewusstsein für die Bedürfnisse von Transgender-Personen zu schärfen. Interdisziplinäre Ansätze, die Psychologie, Medizin, Soziologie und andere Bereiche kombinieren, sind notwendig, um die komplexen Erfahrungen von Transgender-Personen zu erfassen und zu adressieren. Die Entwicklung von evidenzbasierten Praktiken in der medizinischen Versorgung ist ein Beispiel dafür, wie Forschung direkt zur Verbesserung der Lebensqualität von Transgender-Personen beitragen kann.

Schließlich ist es wichtig, dass die Vision für eine inklusive Zukunft nicht nur in den Köpfen der Aktivisten und Forscher verankert bleibt, sondern auch in den Herzen und Köpfen der breiten Öffentlichkeit. Jeder Einzelne kann dazu beitragen, eine inklusive Gesellschaft zu fördern, indem er Vorurteile hinterfragt, sich für Gleichheit einsetzt und die Stimmen von marginalisierten Gruppen hört. Die Vision von Kaitrin Doll ist eine, die alle Menschen einbezieht und die Vielfalt menschlicher Erfahrungen feiert.

Zusammenfassend lässt sich sagen, dass die Vision für eine inklusive Zukunft von einer Vielzahl von Faktoren abhängt, einschließlich Bildung, Sichtbarkeit, politischer Mobilisierung, wissenschaftlicher Forschung und individueller Verantwortung. Die Herausforderungen sind groß, aber mit dem Engagement von Aktivisten, Forschern und der Gemeinschaft können wir eine Welt schaffen, in der jeder Mensch in seiner Identität anerkannt und respektiert wird. Diese Vision ist nicht nur ein Traum, sondern ein erreichbares Ziel, das durch kollektives Handeln und unermüdlichen Einsatz verwirklicht werden kann. Die Zukunft liegt in unseren Händen, und es liegt an uns, sie inklusiv und gerecht zu gestalten.

Abschließende Gedanken und Dankeschön

In der Reflexion über das beeindruckende Leben und Werk von Kaitrin Doll wird deutlich, dass ihr Vermächtnis weit über die Grenzen der Wissenschaft hinausgeht. Kaitrin hat nicht nur als Forscherin, sondern auch als Aktivistin die Welt um sich herum beeinflusst. Sie hat es verstanden, die Brücke zwischen Theorie und Praxis zu schlagen, und hat uns gelehrt, dass Wissen und Aktivismus Hand in Hand gehen müssen, um echte Veränderungen zu bewirken.

Die Herausforderungen, denen sie gegenüberstand, sind nicht nur individuelle Kämpfe, sondern spiegeln die systematischen Probleme wider, mit denen viele in der LGBTQ-Community konfrontiert sind. Diskriminierung, Vorurteile und fehlende Akzeptanz sind nach wie vor alltägliche Realitäten, die es zu überwinden gilt. Kaitrin hat uns gezeigt, dass es notwendig ist, diese Themen nicht nur zu benennen, sondern aktiv zu bekämpfen. Ihr Ansatz, der sowohl wissenschaftliche als auch persönliche Perspektiven integriert, ist ein Beispiel für die Art von interdisziplinärer Forschung, die in der heutigen Zeit unerlässlich ist.

Ein zentrales Element von Kaitrins Arbeit war die Betonung der Sichtbarkeit. Sie hat immer wieder betont, dass Sichtbarkeit nicht nur für die Akzeptanz, sondern auch für die Selbstakzeptanz entscheidend ist. In einer Welt, in der viele Menschen noch immer gezwungen sind, ihre Identität zu verstecken, ist es wichtig, dass wir die Stimmen derjenigen, die oft im Schatten stehen, hören und fördern. Kaitrins Engagement hat dazu beigetragen, dass viele sich trauen, ihre Geschichten zu erzählen, und das ist ein entscheidender Schritt in Richtung Veränderung.

Darüber hinaus möchten wir uns bei allen bedanken, die Kaitrin auf ihrem Weg unterstützt haben. Ihre Familie, Freunde und Kollegen haben nicht nur ihre

Arbeit gefördert, sondern auch ihre Visionen geteilt und verbreitet. Diese Gemeinschaft von Unterstützern hat es Kaitrin ermöglicht, ihre Stimme zu erheben und für die Rechte der Transgender-Personen zu kämpfen. In einer Zeit, in der viele Stimmen zum Schweigen gebracht werden, ist die Unterstützung von Gemeinschaften unerlässlich.

Abschließend möchten wir betonen, dass Kaitrins Vermächtnis nicht nur in den wissenschaftlichen Publikationen und den vielen Initiativen, die sie ins Leben gerufen hat, weiterlebt. Es lebt in jedem Einzelnen von uns weiter, der sich für Gerechtigkeit und Gleichheit einsetzt. Wir sind alle aufgerufen, die Lehren und Werte, die sie uns vermittelt hat, in unserem eigenen Leben anzuwenden.

Lassen Sie uns zusammenarbeiten, um die Welt zu einem inklusiveren Ort zu machen. Lassen Sie uns die Herausforderungen, die noch vor uns liegen, mit Mut und Entschlossenheit angehen. Kaitrins Vision für eine gerechtere Gesellschaft ist nicht nur ein Traum, sondern eine erreichbare Realität, die wir gemeinsam gestalten können.

Wir danken Ihnen, liebe Leserinnen und Leser, für Ihr Interesse an dieser Biografie und für Ihr Engagement in der LGBTQ-Community. Ihre Unterstützung und Ihr Einsatz sind entscheidend, um die Veränderungen zu bewirken, die wir alle anstreben. Lassen Sie uns die Botschaft von Kaitrin Doll weitertragen und dafür sorgen, dass ihre Stimme und die Stimmen vieler anderer gehört werden.

Anhang: Ressourcen und weiterführende Literatur

Wichtige Organisationen und Netzwerke

LGBTQ-Organisationen in Deutschland

In Deutschland gibt es eine Vielzahl von LGBTQ-Organisationen, die sich für die Rechte und das Wohlbefinden von Lesben, Schwulen, Bisexuellen, Transgender- und Queer-Personen einsetzen. Diese Organisationen spielen eine entscheidende Rolle in der Förderung von Sichtbarkeit, Aufklärung und Unterstützung innerhalb der LGBTQ-Community. Sie bieten nicht nur Ressourcen und Informationen, sondern engagieren sich auch aktiv in der politischen Advocacy und der gesellschaftlichen Aufklärung.

Wichtige Organisationen

Eine der bekanntesten Organisationen ist der **Lesben- und Schwulenverband in Deutschland (LSVD)**. Gegründet im Jahr 1990, setzt sich der LSVD für die Rechte von LGBTQ-Personen auf politischer, gesellschaftlicher und kultureller Ebene ein. Die Organisation hat maßgeblich zur rechtlichen Gleichstellung von LGBTQ-Personen in Deutschland beigetragen, einschließlich der Ehe für alle, die 2017 eingeführt wurde.

Ein weiteres Beispiel ist die **Deutsche Gesellschaft für Transidentität und Intersexualität (dgti)**. Diese Organisation konzentriert sich auf die spezifischen Bedürfnisse von trans- und intergeschlechtlichen Menschen und setzt sich für deren Rechte ein. Die dgti bietet Informationen, Unterstützung und Beratungsdienste an und arbeitet daran, Vorurteile und Diskriminierung abzubauen.

Zusätzlich gibt es die **Schwulenberatung Berlin**, die eine Vielzahl von Dienstleistungen anbietet, einschließlich psychosozialer Beratung, HIV-Prävention und -Aufklärung sowie Unterstützung für LGBTQ-Jugendliche. Diese Organisation ist ein Beispiel für die praktische Unterstützung, die LGBTQ-Personen in Deutschland erhalten können.

Theoretische Grundlagen

Die Arbeit dieser Organisationen basiert auf verschiedenen theoretischen Ansätzen, die die Herausforderungen und Bedürfnisse der LGBTQ-Community berücksichtigen. Eine wichtige Theorie ist die **Queer-Theorie**, die die sozialen Konstruktionen von Geschlecht und Sexualität hinterfragt. Diese Theorie betont die Fluidität von Identitäten und die Notwendigkeit, heteronormative Standards zu hinterfragen.

Ein weiterer relevanter Ansatz ist die **Intersektionalität**, die die Überschneidungen von Identitäten und Diskriminierungsformen analysiert. LGBTQ-Personen sind oft nicht nur aufgrund ihrer sexuellen Orientierung oder Geschlechtsidentität diskriminiert, sondern auch aufgrund anderer Faktoren wie Ethnizität, sozialer Klasse oder Behinderung. Organisationen, die diesen Ansatz verfolgen, sind besser in der Lage, die komplexen Herausforderungen zu adressieren, mit denen viele LGBTQ-Personen konfrontiert sind.

Herausforderungen und Probleme

Trotz der Fortschritte, die durch diese Organisationen erzielt wurden, gibt es nach wie vor erhebliche Herausforderungen. Diskriminierung und Gewalt gegen LGBTQ-Personen sind in Deutschland, wie auch in vielen anderen Ländern, weit verbreitet. Laut einer Studie der **Antidiskriminierungsstelle des Bundes** berichten viele LGBTQ-Personen von Diskriminierung im Alltag, sei es am Arbeitsplatz, in der Schule oder im öffentlichen Raum.

Ein weiteres Problem ist die **Sichtbarkeit** von LGBTQ-Personen in der Gesellschaft. Während es in städtischen Gebieten oft eine größere Akzeptanz gibt, erleben viele LGBTQ-Personen in ländlichen Regionen eine verstärkte Isolation und Ablehnung. Organisationen versuchen, diese Lücken zu schließen, indem sie gezielte Programme und Initiativen in weniger vertretenen Gebieten anbieten.

Beispiele für erfolgreiche Initiativen

Eine bemerkenswerte Initiative ist der **Pride Month**, der in vielen Städten in Deutschland gefeiert wird. Diese Veranstaltungen fördern nicht nur die

Sichtbarkeit der LGBTQ-Community, sondern dienen auch als Plattform für politische Forderungen und gesellschaftliche Veränderungen. Der **Christopher Street Day (CSD)** in Berlin ist einer der größten Pride-Paraden in Europa und zieht jedes Jahr Hunderttausende von Teilnehmern an.

Ein weiteres Beispiel ist die **Aktion Mensch**, die Projekte unterstützt, die sich mit der Inklusion und Gleichstellung von LGBTQ-Personen befassen. Diese Organisation fördert innovative Ansätze zur Verbesserung der Lebensbedingungen von LGBTQ-Personen und hat zahlreiche Initiativen ins Leben gerufen, die sich auf Bildung, Aufklärung und gesellschaftliche Akzeptanz konzentrieren.

Zukunftsperspektiven

Die Zukunft der LGBTQ-Organisationen in Deutschland wird von mehreren Faktoren beeinflusst. Die fortschreitende Digitalisierung bietet neue Möglichkeiten für Vernetzung und Aufklärung. Soziale Medien spielen eine entscheidende Rolle bei der Mobilisierung von Unterstützung und der Verbreitung von Informationen. Organisationen nutzen Plattformen wie Instagram und Twitter, um ihre Botschaften zu verbreiten und jüngere Generationen zu erreichen.

Darüber hinaus wird die Zusammenarbeit zwischen verschiedenen Organisationen immer wichtiger. Durch interdisziplinäre Ansätze und Netzwerke können Ressourcen besser genutzt und die Reichweite von Initiativen erhöht werden. Die Herausforderungen, die noch bestehen, erfordern ein gemeinsames Vorgehen und die Bildung von Allianzen, um eine inklusive Gesellschaft zu fördern.

Fazit

LGBTQ-Organisationen in Deutschland sind unverzichtbare Akteure im Kampf für Gleichheit und Akzeptanz. Durch ihre Arbeit tragen sie dazu bei, die Lebensrealitäten von LGBTQ-Personen zu verbessern, Vorurteile abzubauen und eine inklusive Gesellschaft zu schaffen. Die Herausforderungen sind zwar erheblich, doch die Fortschritte und Erfolge dieser Organisationen zeigen, dass Veränderung möglich ist. Es liegt an uns allen, diese Bewegung zu unterstützen und für eine gerechtere Zukunft zu kämpfen.

Internationale Unterstützungsnetzwerke

In der globalisierten Welt ist es für LGBTQ-Aktivisten und -Gemeinschaften von entscheidender Bedeutung, internationale Unterstützungsnetzwerke zu bilden.

220 ANHANG: RESSOURCEN UND WEITERFÜHRENDE LITERATUR

Diese Netzwerke bieten nicht nur Ressourcen und Informationen, sondern auch eine Plattform für den Austausch von Erfahrungen und Strategien im Kampf für Gleichheit und Anerkennung. In diesem Abschnitt werden wir verschiedene internationale Unterstützungsnetzwerke untersuchen, die für die LGBTQ-Community von Bedeutung sind, sowie die Herausforderungen, die sie bewältigen müssen.

Die Bedeutung internationaler Netzwerke

Internationale Unterstützungsnetzwerke sind unerlässlich, um die Sichtbarkeit und die Anliegen der LGBTQ-Community weltweit zu fördern. Sie ermöglichen den Austausch bewährter Verfahren, die Mobilisierung von Ressourcen und die Schaffung eines globalen Bewusstseins für die Herausforderungen, mit denen LGBTQ-Personen konfrontiert sind. Diese Netzwerke spielen eine entscheidende Rolle bei der Koordination von Kampagnen, der Bereitstellung von rechtlicher Unterstützung und der Förderung von Bildung und Aufklärung.

Beispiele für internationale Unterstützungsnetzwerke

1. ILGA (International Lesbian, Gay, Bisexual, Trans and Intersex Association) Die ILGA ist eine der ältesten und bekanntesten internationalen Organisationen, die sich für die Rechte von LGBTQ-Personen einsetzt. Gegründet 1978, hat die ILGA Mitglieder in über 150 Ländern und arbeitet an der Förderung von Gleichheit und Menschenrechten für LGBTQ-Personen auf globaler Ebene. Die Organisation bietet eine Plattform für den Austausch von Informationen und Ressourcen, organisiert Konferenzen und unterstützt lokale Initiativen in verschiedenen Ländern.

2. OutRight Action International OutRight Action International ist eine weitere bedeutende Organisation, die sich für die Rechte von LGBTQ-Personen weltweit einsetzt. Die Organisation arbeitet eng mit den Vereinten Nationen zusammen und setzt sich für die Anerkennung der Menschenrechte von LGBTQ-Personen in internationalen Menschenrechtsforen ein. OutRight bietet rechtliche Unterstützung, führt Forschung durch und mobilisiert Ressourcen, um die Bedürfnisse von LGBTQ-Personen in verschiedenen Regionen zu adressieren.

3. Stonewall Foundation Die Stonewall Foundation, benannt nach den Stonewall-Unruhen von 1969, ist eine britische Organisation, die sich für die Rechte von LGBTQ-Personen einsetzt. Sie arbeitet an der Förderung von

Bildung, der Bekämpfung von Diskriminierung und der Unterstützung von LGBTQ-Jugendlichen. Die Stonewall Foundation hat internationale Programme entwickelt, die darauf abzielen, LGBTQ-Personen in verschiedenen Ländern zu unterstützen und ihre Sichtbarkeit zu erhöhen.

Herausforderungen internationaler Netzwerke

Trotz der positiven Auswirkungen internationaler Unterstützungsnetzwerke gibt es zahlreiche Herausforderungen, die sie bewältigen müssen. Dazu gehören:

1. **Politische Widerstände** In vielen Ländern sind LGBTQ-Personen nach wie vor mit Diskriminierung und Gewalt konfrontiert. Politische Widerstände gegen die Rechte von LGBTQ-Personen können die Arbeit internationaler Netzwerke erheblich behindern. Regierungen, die LGBTQ-Rechte ablehnen, können die Aktivitäten dieser Organisationen einschränken oder sogar kriminalisieren.

2. **Kulturelle Unterschiede** Die LGBTQ-Community ist nicht homogen, und kulturelle Unterschiede können die Art und Weise beeinflussen, wie verschiedene Gemeinschaften auf die Herausforderungen reagieren, mit denen sie konfrontiert sind. Internationale Unterstützungsnetzwerke müssen sensibel für diese Unterschiede sein und sicherstellen, dass ihre Strategien und Programme an die spezifischen Bedürfnisse und Kontexte der jeweiligen Gemeinschaften angepasst sind.

3. **Ressourcenmangel** Viele internationale Unterstützungsnetzwerke kämpfen mit einem Mangel an finanziellen und personellen Ressourcen. Dies kann ihre Fähigkeit einschränken, effektive Programme durchzuführen, Kampagnen zu organisieren oder rechtliche Unterstützung anzubieten. Die Mobilisierung von Ressourcen ist daher eine ständige Herausforderung.

Schlussfolgerung

Internationale Unterstützungsnetzwerke spielen eine entscheidende Rolle im Kampf für die Rechte von LGBTQ-Personen weltweit. Sie bieten Ressourcen, Mobilisierung und eine Plattform für den Austausch von Ideen und Strategien. Trotz der Herausforderungen, denen sie gegenüberstehen, bleibt ihr Einfluss auf die LGBTQ-Bewegung von großer Bedeutung. Die Stärkung dieser Netzwerke und die Förderung der Zusammenarbeit zwischen ihnen sind entscheidend für den Fortschritt in der globalen LGBTQ-Rechtsbewegung.

Bildungseinrichtungen mit LGBTQ-Fokus

Die Rolle von Bildungseinrichtungen mit LGBTQ-Fokus ist von entscheidender Bedeutung für die Förderung von Akzeptanz, Verständnis und Unterstützung innerhalb der Gesellschaft. Diese Institutionen bieten nicht nur einen sicheren Raum für LGBTQ-Studierende, sondern fördern auch eine umfassende Bildung, die auf die spezifischen Bedürfnisse und Herausforderungen dieser Gemeinschaft eingeht. In diesem Abschnitt werden wir die verschiedenen Arten von Bildungseinrichtungen, deren Programme und die Herausforderungen, mit denen sie konfrontiert sind, untersuchen.

Universitäten und Hochschulen

Universitäten und Hochschulen spielen eine zentrale Rolle in der LGBTQ-Bildung. Viele von ihnen haben spezielle Programme und Zentren eingerichtet, die sich auf die Bedürfnisse von LGBTQ-Studierenden konzentrieren. Diese Einrichtungen bieten Ressourcen wie Beratungsdienste, Workshops, Informationsveranstaltungen und Netzwerkmöglichkeiten. Ein Beispiel ist das *LGBTQ Center* an der Universität von California, Los Angeles (UCLA), das eine Vielzahl von Programmen zur Unterstützung von LGBTQ-Studierenden anbietet, einschließlich Mentoring-Programmen und sozialen Veranstaltungen.

Schulen und Weiterbildungseinrichtungen

In vielen Ländern gibt es Bestrebungen, LGBTQ-Themen in den Lehrplan von Schulen und Weiterbildungseinrichtungen zu integrieren. Diese Initiativen zielen darauf ab, das Bewusstsein für LGBTQ-Fragen zu schärfen und Diskriminierung vorzubeugen. Ein Beispiel ist das *Safe Schools Program* in Australien, das Schulen unterstützt, sichere und inklusive Umgebungen für LGBTQ-Studierende zu schaffen. Solche Programme sind entscheidend, um eine positive Schulatmosphäre zu fördern und Mobbing zu reduzieren.

Fachhochschulen

Fachhochschulen, die sich auf bestimmte Berufsbereiche konzentrieren, spielen ebenfalls eine wichtige Rolle in der LGBTQ-Bildung. Diese Institutionen können spezifische Programme anbieten, die LGBTQ-Themen in den Kontext ihrer Fachrichtungen integrieren. Beispielsweise könnte eine Fachhochschule für Sozialarbeit spezielle Kurse anbieten, die sich mit den Herausforderungen von

LGBTQ-Personen in sozialen Diensten befassen. Solche Programme helfen, Fachkräfte auszubilden, die sensibel auf die Bedürfnisse von LGBTQ-Klienten eingehen können.

Herausforderungen und Probleme

Trotz der Fortschritte, die in der Bildung für LGBTQ-Personen gemacht wurden, gibt es nach wie vor erhebliche Herausforderungen. Diskriminierung, Stigmatisierung und Mangel an Ressourcen sind häufige Probleme, mit denen Bildungseinrichtungen konfrontiert sind. Eine Studie des *National LGBTQ Task Force* hat gezeigt, dass LGBTQ-Studierende häufig mit höheren Raten von psychischen Gesundheitsproblemen konfrontiert sind, was teilweise auf ein feindliches Umfeld in Bildungseinrichtungen zurückzuführen ist.

Theoretische Ansätze

Die Bildungsforschung hat verschiedene theoretische Ansätze hervorgebracht, um die Integration von LGBTQ-Themen in Bildungseinrichtungen zu unterstützen. Der *Queer Theory* Ansatz, beispielsweise, bietet einen kritischen Rahmen, um Geschlecht und Sexualität als soziale Konstrukte zu betrachten. Diese Theorie kann Bildungseinrichtungen helfen, ihre Programme so zu gestalten, dass sie die Vielfalt der Geschlechtsidentitäten und sexuellen Orientierungen berücksichtigen.

Beispiele für erfolgreiche Programme

Ein herausragendes Beispiel für ein erfolgreiches Programm ist das *Pride Center* an der Universität von Michigan. Dieses Zentrum bietet nicht nur Unterstützung für LGBTQ-Studierende, sondern engagiert sich auch in der Forschung zu LGBTQ-Themen und der Sensibilisierung der breiteren Gemeinschaft. Durch Workshops, öffentliche Vorträge und kulturelle Veranstaltungen hat das Pride Center einen erheblichen Einfluss auf die Akzeptanz von LGBTQ-Personen innerhalb der Universität und der umliegenden Gemeinschaft.

Fazit

Bildungseinrichtungen mit LGBTQ-Fokus sind unerlässlich für die Förderung einer integrativen und unterstützenden Umgebung für LGBTQ-Personen. Sie bieten nicht nur Ressourcen und Unterstützung, sondern tragen auch dazu bei, das Bewusstsein für LGBTQ-Themen in der breiteren Gesellschaft zu schärfen. Trotz der bestehenden Herausforderungen ist es wichtig, dass diese Institutionen weiterhin innovative Programme entwickeln und sich für die Rechte und das Wohlergehen von LGBTQ-Studierenden einsetzen. Die Schaffung sicherer Räume und die Förderung von Verständnis und Akzeptanz sind entscheidend für die Zukunft der LGBTQ-Gemeinschaft in Bildungseinrichtungen und darüber hinaus.

Forschungsinstitute und -zentren

Die Erforschung von Transgender-Themen und Geschlechtsidentität ist ein dynamisches und multidisziplinäres Feld, das in den letzten Jahrzehnten an Bedeutung gewonnen hat. Verschiedene Forschungsinstitute und -zentren haben sich darauf spezialisiert, wissenschaftliche Erkenntnisse zu generieren, die sowohl die medizinische als auch die soziale Dimension der Transgender-Erfahrung beleuchten. In diesem Abschnitt werden einige der bedeutendsten Einrichtungen vorgestellt, die sich mit der Forschung zu Transgender-Themen beschäftigen.

Deutsches Institut für Normung (DIN)

Das *Deutsche Institut für Normung* spielt eine zentrale Rolle bei der Entwicklung von Standards, die auch in der medizinischen Versorgung von Transgender-Personen Anwendung finden. Die Normen, die hier entwickelt werden, helfen dabei, die Qualität und Sicherheit von medizinischen Behandlungen zu gewährleisten. Ein Beispiel ist die Normung von Verfahren zur Geschlechtsangleichung, die sowohl chirurgische als auch hormonelle Behandlungen umfasst.

Institut für Geschlechterforschung

Das *Institut für Geschlechterforschung* an der Universität Göttingen ist eine der führenden Einrichtungen in Deutschland, die sich mit Gender-Studien befasst. Hier wird interdisziplinär geforscht, um ein besseres Verständnis für die sozialen, kulturellen und psychologischen Aspekte von Geschlechtsidentität zu entwickeln. Ein zentrales Forschungsprojekt befasst sich mit der Frage, wie gesellschaftliche Normen die Identität von Transgender-Personen beeinflussen und welche Strategien zur Bewältigung von Diskriminierung entwickelt werden können.

Zentrum für Transgender-Gesundheit

Das *Zentrum für Transgender-Gesundheit* in Berlin ist eine spezialisierte Einrichtung, die sich auf die medizinische Versorgung von Transgender-Personen konzentriert. Hier werden nicht nur medizinische Behandlungen angeboten, sondern auch umfassende Forschungsprojekte durchgeführt, die die Bedürfnisse und Herausforderungen von Transgender-Personen untersuchen. Ein Beispiel für eine solche Studie ist die Untersuchung der psychischen Gesundheit von Transgender-Personen vor und nach einer Geschlechtsangleichung.

Forschungszentrum Gender und Diversity

Das *Forschungszentrum Gender und Diversity* an der Universität Wien ist ein weiteres Beispiel für eine Einrichtung, die sich mit Gender-Studien befasst. Die Forschung hier konzentriert sich auf die Schnittstellen von Geschlecht, Sexualität und Identität. Ein aktuelles Projekt untersucht die Auswirkungen von Geschlecht und Geschlechtsidentität auf die Berufserfahrung von Transgender-Personen in verschiedenen Branchen.

Transgender Research Network (TRN)

Das *Transgender Research Network* ist ein internationales Netzwerk von Forschern, die sich mit Transgender-Themen beschäftigen. Das Netzwerk fördert den Austausch von Ideen und Forschungsergebnissen und organisiert regelmäßig Konferenzen, um die neuesten Entwicklungen in der Transgender-Forschung zu präsentieren. Ein Beispiel für eine aktuelle Studie im Rahmen des TRN ist die Untersuchung der Auswirkungen von sozialen Medien auf das Selbstbewusstsein von Transgender-Jugendlichen.

Gender Identity Research and Education Society (GIRES)

Die *Gender Identity Research and Education Society* ist eine britische Organisation, die sich der Förderung von Forschung und Bildung im Bereich der Geschlechtsidentität widmet. GIRES hat zahlreiche Studien veröffentlicht, die sich mit der medizinischen Versorgung und den sozialen Herausforderungen von Transgender-Personen befassen. Ein bemerkenswerter Bericht von GIRES hat gezeigt, dass Transgender-Personen im Gesundheitswesen häufig auf Vorurteile stoßen, was ihre Bereitschaft zur Inanspruchnahme medizinischer Hilfe beeinträchtigt.

Institute of Gender Studies

Das *Institute of Gender Studies* an der Universität Sheffield ist bekannt für seine kritische Auseinandersetzung mit Gender-Themen. Hier werden

Forschungsprojekte durchgeführt, die sich mit der sozialen Konstruktion von Geschlecht und den Erfahrungen von Transgender-Personen befassen. Ein Beispiel für eine solche Forschung ist die Analyse von Medienberichterstattung über Transgender-Personen und deren Einfluss auf die öffentliche Wahrnehmung.

Forschungsstelle Gender und Diversity an der FH Dortmund

Die *Forschungsstelle Gender und Diversity* an der Fachhochschule Dortmund hat sich auf die Erforschung von Genderfragen in verschiedenen gesellschaftlichen Kontexten spezialisiert. Ein aktuelles Projekt untersucht die Rolle von Gender in der Bildung und die Erfahrungen von transgeschlechtlichen Schülern und Schülerinnen in Schulen. Die Ergebnisse dieser Forschung sollen dazu beitragen, inklusivere Bildungsstrategien zu entwickeln.

Interdisziplinäres Zentrum für Geschlechterforschung

Das *Interdisziplinäre Zentrum für Geschlechterforschung* an der Universität Bielefeld ist ein weiterer wichtiger Akteur in der Forschung zu Geschlecht und Geschlechtsidentität. Die Einrichtung fördert die Zusammenarbeit zwischen verschiedenen Disziplinen, um ein umfassendes Bild der Herausforderungen zu gewinnen, mit denen Transgender-Personen konfrontiert sind. Ein bemerkenswertes Projekt befasst sich mit den rechtlichen Aspekten der Geschlechtsidentität und den Auswirkungen von Gesetzen auf das Leben von Transgender-Personen.

Gender and Sexuality Studies Program

Das *Gender and Sexuality Studies Program* an der University of California, Berkeley, ist ein Beispiel für ein internationales Forschungsprogramm, das sich mit Gender- und Sexualitätsfragen beschäftigt. Die Forschung hier ist vielfältig und reicht von der Untersuchung der Erfahrungen von Transgender-Personen in verschiedenen Kulturen bis hin zu politischen Bewegungen, die sich für die Rechte von LGBTQ+-Personen einsetzen. Ein aktuelles Projekt untersucht die Rolle von Kunst und Medien in der Förderung von Sichtbarkeit und Repräsentation von Transgender-Personen.

Forschungsherausforderungen und -probleme

Trotz der Fortschritte in der Forschung zu Transgender-Themen gibt es weiterhin zahlreiche Herausforderungen und Probleme. Eine der größten

Herausforderungen besteht darin, qualitativ hochwertige Daten zu sammeln, die die Vielfalt der Transgender-Erfahrungen widerspiegeln. Viele Studien basieren auf kleinen Stichproben oder sind nicht repräsentativ, was die Verallgemeinerbarkeit der Ergebnisse einschränkt.

Ein weiteres Problem ist die Stigmatisierung und Diskriminierung, die Transgender-Personen häufig erfahren. Diese sozialen Barrieren können die Teilnahme an Forschungsstudien erschweren und die Qualität der gesammelten Daten beeinträchtigen. Forscher müssen daher sensible und inklusive Methoden entwickeln, um das Vertrauen der Gemeinschaft zu gewinnen und die Teilnahme an ihren Studien zu fördern.

Zusätzlich gibt es auch ethische Überlegungen, die bei der Forschung zu Transgender-Themen berücksichtigt werden müssen. Die Wahrung der Privatsphäre und die informierte Zustimmung der Teilnehmer sind von größter Bedeutung, um sicherzustellen, dass die Forschung respektvoll und verantwortungsbewusst durchgeführt wird.

Fazit

Die Forschungsinstitute und -zentren, die sich mit Transgender-Themen beschäftigen, leisten einen entscheidenden Beitrag zur Verbesserung des Verständnisses und der Unterstützung von Transgender-Personen in der Gesellschaft. Durch interdisziplinäre Ansätze und die Zusammenarbeit mit der Gemeinschaft können diese Einrichtungen dazu beitragen, die Herausforderungen, mit denen Transgender-Personen konfrontiert sind, zu identifizieren und Lösungen zu entwickeln. Die fortlaufende Forschung ist unerlässlich, um die Bedürfnisse von Transgender-Personen zu verstehen und eine inklusive und gerechte Gesellschaft zu fördern.

Online-Ressourcen und Communities

In der digitalen Ära sind Online-Ressourcen und Communities zu einem unverzichtbaren Bestandteil der LGBTQ-Community geworden. Sie bieten nicht nur Informationen und Unterstützung, sondern auch Plattformen für den Austausch von Erfahrungen und die Vernetzung. In diesem Abschnitt werden wichtige Online-Ressourcen und Communities vorgestellt, die sich speziell auf Transgender-Themen konzentrieren.

Soziale Medien als Plattformen für Aktivismus

Soziale Medien haben die Art und Weise revolutioniert, wie Aktivisten und Unterstützer miteinander kommunizieren. Plattformen wie *Twitter*, *Instagram* und *Facebook* ermöglichen es Einzelpersonen, ihre Geschichten zu teilen, Informationen zu verbreiten und Mobilisierungen zu organisieren. Diese Plattformen haben sich als äußerst effektiv erwiesen, um das Bewusstsein für Transgender-Themen zu schärfen und eine breitere Öffentlichkeit zu erreichen.

Ein Beispiel für eine erfolgreiche Kampagne ist der Hashtag #TransRightsAreHumanRights, der in verschiedenen sozialen Medien verwendet wird, um auf die Diskriminierung von Transgender-Personen aufmerksam zu machen. Solche Hashtags fördern die Sichtbarkeit und ermöglichen es den Nutzern, sich mit anderen zu vernetzen, die ähnliche Erfahrungen gemacht haben.

Online-Foren und Communities

Neben sozialen Medien gibt es auch spezialisierte Online-Foren und Communities, die sich auf die Bedürfnisse von Transgender-Personen konzentrieren. Websites wie *Reddit* bieten Subreddits wie /r/transgender, wo Mitglieder Fragen stellen, Erfahrungen teilen und Unterstützung erhalten können. Diese Foren bieten eine Anonymität, die es den Nutzern ermöglicht, offen über ihre Herausforderungen zu sprechen, ohne Angst vor Stigmatisierung zu haben.

Ein weiteres Beispiel ist die Plattform *Transgender Support*, die eine sichere Umgebung für Transgender-Personen bietet, um über ihre Erfahrungen zu diskutieren und Ratschläge zu erhalten. Solche Communities fördern den Austausch von Wissen und die Unterstützung unter Gleichgesinnten.

Bildungsressourcen und Informationsportale

Es gibt zahlreiche Online-Ressourcen, die wertvolle Informationen über Transgender-Themen bereitstellen. Websites wie *GLAAD* und *Human Rights Campaign* bieten umfassende Leitfäden, Artikel und Studien, die sich mit den Herausforderungen und Bedürfnissen von Transgender-Personen befassen. Diese Ressourcen sind entscheidend für die Aufklärung und Sensibilisierung der Öffentlichkeit.

Ein Beispiel für eine solche Informationsquelle ist das *Transgender Map*, das detaillierte Informationen über den Übergangsprozess, rechtliche Aspekte und Gesundheitsversorgung bietet. Solche Ressourcen sind besonders wichtig für Menschen, die sich in der Anfangsphase ihrer Reise befinden und nach verlässlichen Informationen suchen.

Online-Supportgruppen

Online-Supportgruppen bieten eine wichtige Plattform für Menschen, die Unterstützung und Ermutigung suchen. Plattformen wie *Meetup* und *Facebook* ermöglichen es Nutzern, lokale und virtuelle Gruppen zu finden, die sich auf Transgender-Themen konzentrieren. Diese Gruppen bieten nicht nur emotionale Unterstützung, sondern auch praktische Ratschläge zu Themen wie rechtlichen Fragen, medizinischen Aspekten und sozialen Herausforderungen.

Ein Beispiel für eine solche Gruppe ist die *Trans Lifeline*, die eine Hotline für Transgender-Personen betreibt und Unterstützung in Krisensituationen bietet. Diese Art von Unterstützung ist von unschätzbarem Wert für Menschen, die sich isoliert oder in Not fühlen.

Herausforderungen und Probleme

Trotz der Vorteile, die Online-Ressourcen und Communities bieten, gibt es auch Herausforderungen, die es zu beachten gilt. Ein zentrales Problem ist die Verbreitung von Fehlinformationen. In einer Zeit, in der jeder Inhalte erstellen und teilen kann, ist es schwierig, verlässliche Informationen von unzuverlässigen zu unterscheiden. Dies kann zu Missverständnissen und falschen Vorstellungen über Transgender-Themen führen.

Darüber hinaus können Online-Communities auch negative Erfahrungen wie Cybermobbing und Diskriminierung fördern. Es ist wichtig, dass Plattformen klare Richtlinien und Mechanismen zur Bekämpfung von Belästigung und Diskriminierung implementieren, um eine sichere Umgebung für alle Nutzer zu gewährleisten.

Fazit

Online-Ressourcen und Communities spielen eine entscheidende Rolle im Leben von Transgender-Personen und der LGBTQ-Community insgesamt. Sie bieten nicht nur Zugang zu Informationen und Unterstützung, sondern fördern auch das Bewusstsein und die Sichtbarkeit von Transgender-Themen. Es ist jedoch wichtig, die Herausforderungen zu erkennen, die mit der Nutzung dieser Ressourcen verbunden sind, und Maßnahmen zu ergreifen, um eine sichere und unterstützende Umgebung zu schaffen. Durch die Förderung von Bildung, Unterstützung und Solidarität können Online-Communities weiterhin eine positive Kraft im Leben von Transgender-Personen sein.

230 ANHANG: RESSOURCEN UND WEITERFÜHRENDE LITERATUR

Literatur über Transgender-Themen

Die Auseinandersetzung mit Transgender-Themen hat in den letzten Jahrzehnten an Bedeutung gewonnen und spiegelt sich in einer Vielzahl von wissenschaftlichen und populären Publikationen wider. Diese Literatur reicht von theoretischen Abhandlungen über empirische Studien bis hin zu autobiografischen Erzählungen und fiktionalen Werken, die das Leben von Transgender-Personen beleuchten. In diesem Abschnitt werden einige der wichtigsten Werke und Themen aufgeführt, die für das Verständnis der Transgender-Thematik von Bedeutung sind.

Theoretische Grundlagen

Ein zentraler Text in der Transgender-Theorie ist *Gender Trouble* von Judith Butler (1990), in dem sie das Konzept der Geschlechtsidentität als performativ beschreibt. Butler argumentiert, dass Geschlecht nicht eine feste Eigenschaft ist, sondern durch wiederholte Handlungen und gesellschaftliche Normen konstruiert wird. Diese Perspektive hat die Diskussion über Geschlechtsidentität revolutioniert und eröffnet neue Wege für das Verständnis von Transgender-Erfahrungen.

Ein weiterer bedeutender Beitrag ist *The Transgender Studies Reader* (2006), herausgegeben von Susan Stryker und Paisley Currah. Diese Anthologie versammelt Essays, die verschiedene Aspekte der Transgender-Erfahrung behandeln, einschließlich der medizinischen, sozialen und politischen Dimensionen. Die Beiträge bieten einen interdisziplinären Ansatz und zeigen, wie Transgender-Studien in verschiedene akademische Disziplinen integriert werden können.

Empirische Studien

Zahlreiche empirische Studien haben die Lebensrealitäten von Transgender-Personen untersucht. Eine wichtige Studie ist *The 2015 U.S. Transgender Survey* (2016), die von der National Center for Transgender Equality durchgeführt wurde. Diese Umfrage bietet umfassende Daten über Diskriminierung, Gewalt und die Gesundheitsversorgung von Transgender-Personen in den USA. Die Ergebnisse zeigen alarmierende Raten von Gewalt und Diskriminierung, die Transgender-Personen erfahren, und unterstreichen die Notwendigkeit für politische und soziale Veränderungen.

Ein weiteres Beispiel ist *Transgender Health: A Clinical Guide for Health Care Providers* (2016) von Wylie C. Hembree et al. Diese Publikation bietet eine umfassende Übersicht über die gesundheitlichen Bedürfnisse von

Transgender-Personen und diskutiert die Herausforderungen, die bei der Bereitstellung von medizinischer Versorgung auftreten. Die Autoren betonen die Bedeutung von Sensibilität und Verständnis in der medizinischen Praxis, um die bestmögliche Versorgung für Transgender-Patienten zu gewährleisten.

Autobiografische Erzählungen und Fiktion

Autobiografische Werke bieten eine persönliche Perspektive auf die Erfahrungen von Transgender-Personen. Ein herausragendes Beispiel ist *Redefining Realness* (2014) von Janet Mock, in dem sie ihre eigene Reise als transgeschlechtliche Frau beschreibt. Mock thematisiert die Herausforderungen und Triumphe, die sie auf ihrem Weg erlebt hat, und bietet einen Einblick in die Komplexität der Geschlechtsidentität.

Fiktionale Werke, die Transgender-Themen behandeln, sind ebenfalls von großer Bedeutung. *Middlesex* (2002) von Jeffrey Eugenides erzählt die Geschichte von Calliope Stephanides, die als intersexuelle Person geboren wird und sich mit ihrer Geschlechtsidentität auseinandersetzt. Der Roman beleuchtet die Themen Identität, Geschlecht und kulturelle Herkunft und zeigt, wie diese Faktoren das individuelle Leben beeinflussen können.

Probleme und Herausforderungen in der Literatur

Trotz der wachsenden Zahl an Publikationen über Transgender-Themen gibt es weiterhin Herausforderungen in der Darstellung und dem Verständnis dieser Themen. Eine häufige Kritik ist, dass viele Werke entweder die Erfahrungen von cisgender Autoren oder stereotype Darstellungen von Transgender-Personen reproduzieren. Dies kann zu einer verzerrten Wahrnehmung der Transgender-Community führen und die Vielfalt der Erfahrungen nicht angemessen widerspiegeln.

Darüber hinaus gibt es Bedenken hinsichtlich der Repräsentation in der akademischen Literatur. Während einige Stimmen in der Transgender-Community Gehör finden, bleiben andere marginalisiert. Es ist wichtig, dass die Literatur nicht nur die Stimmen von privilegierten Transgender-Personen berücksichtigt, sondern auch die Erfahrungen von People of Color, Menschen mit Behinderungen und anderen unterrepräsentierten Gruppen in den Mittelpunkt stellt.

Beispiele für relevante Literatur

Um einen umfassenden Überblick über die Literatur zu Transgender-Themen zu geben, werden im Folgenden einige bedeutende Werke aufgeführt:

- *Gender Trouble: Feminism and the Subversion of Identity* von Judith Butler (1990)

- *The Transgender Studies Reader* von Susan Stryker und Paisley Currah (2006)

- *The 2015 U.S. Transgender Survey* von der National Center for Transgender Equality (2016)

- *Transgender Health: A Clinical Guide for Health Care Providers* von Wylie C. Hembree et al. (2016)

- *Redefining Realness* von Janet Mock (2014)

- *Middlesex* von Jeffrey Eugenides (2002)

Diese Werke bilden eine wertvolle Grundlage für das Verständnis der komplexen Themen rund um Geschlechtsidentität und Transgender-Erfahrungen. Sie bieten sowohl theoretische als auch praktische Perspektiven und sind unerlässlich für jeden, der sich mit der Transgender-Thematik auseinandersetzen möchte.

Schlussfolgerung

Die Literatur über Transgender-Themen ist vielfältig und bietet einen tiefen Einblick in die Herausforderungen und Errungenschaften der Transgender-Community. Sie ist ein wichtiger Bestandteil des Diskurses über Geschlecht und Identität und trägt dazu bei, das Bewusstsein und das Verständnis für die Erfahrungen von Transgender-Personen zu fördern. Die fortlaufende Auseinandersetzung mit diesen Themen ist entscheidend für die Schaffung einer inklusiven und gerechten Gesellschaft, in der die Stimmen aller Menschen gehört und respektiert werden.

Filme und Dokumentationen

In der heutigen Zeit spielen Filme und Dokumentationen eine entscheidende Rolle bei der Sensibilisierung und Aufklärung über Transgender-Themen. Sie bieten nicht nur eine Plattform für die Darstellung von Geschichten, sondern fördern auch das Verständnis und die Akzeptanz innerhalb der Gesellschaft. In diesem Abschnitt werden wir einige bedeutende Filme und Dokumentationen untersuchen, die sich mit der Transgender-Erfahrung befassen, sowie die Theorien und Probleme, die in diesen Medien behandelt werden.

Die Bedeutung von Filmen und Dokumentationen

Filme und Dokumentationen sind kraftvolle Werkzeuge, um komplexe Themen zu vermitteln. Sie können Emotionen wecken, Empathie fördern und tiefere Einblicke in die Lebensrealitäten von Transgender-Personen bieten. Laut der *Cultural Studies Theory* tragen audiovisuelle Medien dazu bei, gesellschaftliche Normen und Werte zu hinterfragen und zu verändern. Dies geschieht oft durch die Darstellung von Geschichten, die das Publikum direkt ansprechen und zum Nachdenken anregen.

Beispiele für Filme

1. *Boys Don't Cry* (1999)   *Boys Don't Cry* erzählt die wahre Geschichte von Brandon Teena, einem transgeschlechtlichen Mann, der in Nebraska lebt. Der Film beleuchtet die Herausforderungen, denen Brandon gegenübersteht, einschließlich Diskriminierung und Gewalt. Die Darstellung von Brandons Identität und seinem tragischen Schicksal hat weltweit Aufmerksamkeit erregt und Diskussionen über Transgender-Rechte angestoßen.

2. *The Danish Girl* (2015)   Basierend auf dem Leben von Lili Elbe, einer der ersten bekannten Transgender-Personen, zeigt *The Danish Girl* die Reise von Lili zur Geschlechtsanpassung. Der Film thematisiert sowohl die persönlichen als auch die gesellschaftlichen Herausforderungen, die mit der Transidentität verbunden sind. Er regt dazu an, über die medizinischen und psychologischen Aspekte der Transition nachzudenken.

3. *Disclosure* (2020)   Diese Dokumentation untersucht die Darstellung von Transgender-Personen in den Medien und deren Auswirkungen auf die Gesellschaft. *Disclosure* bietet Einblicke von Transgender-Personen selbst und analysiert, wie stereotype Darstellungen in Film und Fernsehen zu Vorurteilen und Missverständnissen beitragen können. Die Dokumentation ist ein wichtiger Beitrag zur Diskussion über Repräsentation und Sichtbarkeit.

Theorien zur Medienrepräsentation

Die *Representation Theory* besagt, dass die Art und Weise, wie Gruppen in den Medien dargestellt werden, direkte Auswirkungen auf die gesellschaftliche Wahrnehmung dieser Gruppen hat. Diese Theorie ist besonders relevant für die Transgender-Community, da viele Filme und Dokumentationen entweder Stereotypen verstärken oder dazu beitragen, ein differenzierteres Bild zu vermitteln.

Ein Beispiel hierfür ist die *Queer Theory*, die die Konstruktion von Geschlecht und Sexualität hinterfragt und die fluiden Naturen dieser Konzepte betont. Filme, die diese Theorien in ihren Erzählungen widerspiegeln, können dazu beitragen, die Akzeptanz von Transgender-Personen in der Gesellschaft zu fördern.

Herausforderungen und Probleme

Trotz der positiven Auswirkungen von Filmen und Dokumentationen gibt es auch Herausforderungen. Oftmals werden Transgender-Rollen von cisgender Schauspielern dargestellt, was zu einer verzerrten Wahrnehmung führen kann. Dies wirft Fragen zur Authentizität und Repräsentation auf.

Zusätzlich können Filme, die sich mit Transgender-Themen befassen, manchmal das Risiko eingehen, die Erfahrungen von Transgender-Personen zu sensationalisieren oder zu vereinfacht darzustellen. Diese Probleme können zu einer weiteren Stigmatisierung führen und die Komplexität der Transgender-Erfahrung nicht angemessen widerspiegeln.

Fazit

Filme und Dokumentationen sind essenzielle Elemente in der Darstellung von Transgender-Themen. Sie bieten eine Plattform für Geschichten, die oft ignoriert werden, und fördern das Verständnis für die Herausforderungen, denen Transgender-Personen gegenüberstehen. Um jedoch eine wirkliche Veränderung in der Wahrnehmung und Akzeptanz zu bewirken, ist es wichtig, dass diese Medien verantwortungsbewusst und authentisch gestaltet werden. Nur so kann ein echter Dialog über die Realität von Transgender-Personen angestoßen und eine inklusive Gesellschaft gefördert werden.

Möglichkeiten zur Unterstützung von LGBTQ-Aktivismus

Die Unterstützung von LGBTQ-Aktivismus ist entscheidend für die Förderung von Gleichheit, Sichtbarkeit und Repräsentation in der Gesellschaft. Es gibt verschiedene Möglichkeiten, wie Einzelpersonen und Gemeinschaften aktiv zur Stärkung der LGBTQ-Rechte beitragen können. In diesem Abschnitt werden wir einige dieser Möglichkeiten untersuchen, sowie die damit verbundenen Herausforderungen und theoretischen Grundlagen.

Bildung und Aufklärung

Eine der grundlegendsten Möglichkeiten, LGBTQ-Aktivismus zu unterstützen, besteht darin, Bildung und Aufklärung zu fördern. Bildungseinrichtungen können Programme entwickeln, die LGBTQ-Themen in den Lehrplan integrieren. Dies kann durch Workshops, Seminare oder sogar durch die Einführung spezifischer Kurse zu Themen wie Geschlechtsidentität und sexueller Orientierung geschehen.

$$E = mc^2 \qquad (32)$$

Hierbei steht E für das Verständnis, m für die Motivation und c für die Kommunikation. Diese Gleichung verdeutlicht, dass durch die Kombination von Motivation und effektiver Kommunikation ein höheres Verständnis für LGBTQ-Themen erreicht werden kann.

Freiwilligenarbeit und Engagement in lokalen Organisationen

Freiwilligenarbeit ist eine hervorragende Möglichkeit, aktiv zu werden. Lokale LGBTQ-Organisationen und -Initiativen benötigen oft Unterstützung durch Freiwillige, sei es durch organisatorische Hilfe, Öffentlichkeitsarbeit oder die Durchführung von Veranstaltungen.

Ein Beispiel hierfür ist die *Lesbenberatung*, die in vielen Städten Unterstützung für lesbische Frauen bietet und Freiwillige sucht, die in verschiedenen Bereichen helfen können, um ihre Reichweite zu erhöhen.

Spenden und Fundraising

Finanzielle Unterstützung ist für viele LGBTQ-Organisationen von entscheidender Bedeutung. Durch Spenden oder die Teilnahme an Fundraising-Veranstaltungen können Einzelpersonen direkt zur Finanzierung von Programmen und Dienstleistungen beitragen, die LGBTQ-Personen unterstützen.

Ein Beispiel ist der *Pride Month*, in dem viele Unternehmen und Organisationen spezielle Veranstaltungen und Kampagnen durchführen, um Gelder für LGBTQ-Organisationen zu sammeln. Diese Gelder werden oft für Bildungsprogramme, Notunterkünfte oder rechtliche Unterstützung verwendet.

Nutzung sozialer Medien

Soziale Medien sind ein kraftvolles Werkzeug für den Aktivismus. Individuen können Plattformen wie Twitter, Instagram und Facebook nutzen, um auf LGBTQ-Themen aufmerksam zu machen, Informationen zu verbreiten und sich mit Gleichgesinnten zu vernetzen.

Die Nutzung von Hashtags wie #Pride, #TransRightsAreHumanRights oder #LoveIsLove kann helfen, wichtige Themen ins Rampenlicht zu rücken und eine breitere Öffentlichkeit zu erreichen.

Politisches Engagement

Ein weiterer wichtiger Aspekt der Unterstützung von LGBTQ-Aktivismus ist das politische Engagement. Dies kann durch die Teilnahme an Wahlen, das Schreiben an politische Vertreter oder das Engagement in politischen Kampagnen geschehen.

Studien zeigen, dass politische Unterstützung für LGBTQ-Rechte in vielen Ländern stark variiert. Der Einfluss von Wahlen auf die Gesetzgebung ist erheblich, und die Mobilisierung der Wählerschaft kann entscheidend sein, um Fortschritte in der Gesetzgebung zu erzielen.

$$P(A) = \frac{N(A)}{N} \qquad (33)$$

Hierbei steht $P(A)$ für die Wahrscheinlichkeit, dass ein bestimmtes Ereignis (z.B. die Wahl eines LGBTQ-freundlichen Politikers) eintritt, $N(A)$ für die Anzahl der günstigen Ergebnisse und N für die Gesamtanzahl der möglichen Ergebnisse. Diese Gleichung zeigt, dass das Engagement in der Politik die Wahrscheinlichkeit erhöhen kann, positive Veränderungen zu bewirken.

Unterstützung von LGBTQ-Künstlern und -Schöpfern

Die Unterstützung von LGBTQ-Künstlern und -Schöpfern ist eine weitere Möglichkeit, den Aktivismus zu fördern. Kunst und Kultur sind entscheidend für die Sichtbarkeit von LGBTQ-Themen und -Identitäten.

Durch den Kauf von Kunstwerken, den Besuch von LGBTQ-Veranstaltungen oder die Unterstützung von LGBTQ-Filmen und -Büchern können Individuen dazu beitragen, diese Stimmen zu fördern und sichtbar zu machen.

Schaffung sicherer Räume

Die Schaffung sicherer Räume für LGBTQ-Personen ist von zentraler Bedeutung. Dies kann in Schulen, am Arbeitsplatz oder in der Gemeinschaft geschehen.

Ein Beispiel hierfür ist die Implementierung von LGBTQ-Schutzrichtlinien in Schulen, die sicherstellen, dass alle Schüler unabhängig von ihrer sexuellen Orientierung oder Geschlechtsidentität respektiert und geschützt werden.

Mentoring und Unterstützung

Mentoring-Programme können eine wertvolle Ressource für LGBTQ-Jugendliche sein, die Unterstützung und Orientierung suchen. Durch die Bereitstellung von Mentoren, die ähnliche Erfahrungen gemacht haben, können junge Menschen ermutigt werden, ihre Identität zu akzeptieren und ihre Stimme zu erheben.

Forschung und Dokumentation

Die Unterstützung von Forschung zu LGBTQ-Themen ist entscheidend, um die Sichtbarkeit und das Verständnis für die Herausforderungen zu erhöhen, mit denen die Gemeinschaft konfrontiert ist.

Durch die Finanzierung von Studien oder die Veröffentlichung von Forschungsergebnissen können Individuen und Organisationen dazu beitragen, dass die Erfahrungen von LGBTQ-Personen anerkannt und dokumentiert werden.

Vernetzung und Zusammenarbeit

Die Vernetzung mit anderen Aktivisten und Organisationen kann die Reichweite und den Einfluss von LGBTQ-Aktivismus erheblich erhöhen. Durch die Zusammenarbeit können Ressourcen geteilt und gemeinsame Ziele verfolgt werden, um eine stärkere und vereinte Stimme zu schaffen.

Fazit

Die Unterstützung von LGBTQ-Aktivismus ist ein vielschichtiger Prozess, der Bildung, Engagement, finanzielle Unterstützung und politische Mobilisierung erfordert. Durch individuelle und kollektive Anstrengungen können wir eine inklusivere und gerechtere Gesellschaft schaffen, in der die Rechte und die Würde aller Menschen respektiert werden. Es ist wichtig, dass jede Person, unabhängig von ihrer eigenen Identität, aktiv wird und einen Beitrag leistet, um die Sichtbarkeit und die Rechte der LGBTQ-Community zu fördern.

238 ANHANG: RESSOURCEN UND WEITERFÜHRENDE LITERATUR

Veranstaltungen und Konferenzen

In der heutigen Zeit sind Veranstaltungen und Konferenzen von entscheidender Bedeutung für die Sichtbarkeit und den Austausch innerhalb der LGBTQ-Community. Sie bieten nicht nur einen Raum für Diskussionen und Wissensaustausch, sondern fördern auch die Vernetzung und Solidarität unter Aktivisten, Forschern und Unterstützern. In diesem Abschnitt werden wir verschiedene Arten von Veranstaltungen und Konferenzen betrachten, die sich mit Themen rund um LGBTQ-Rechte, Transgender-Forschung und Aktivismus befassen, sowie deren Einfluss auf die Gemeinschaft.

Bedeutung von Veranstaltungen

Veranstaltungen und Konferenzen spielen eine zentrale Rolle in der LGBTQ-Community, indem sie:

- **Plattform für Dialog:** Sie bieten eine Bühne für den Austausch von Ideen, Erfahrungen und Strategien, die für den Aktivismus und die Forschung von Bedeutung sind.

- **Netzwerkmöglichkeiten:** Teilnehmer können wertvolle Kontakte knüpfen, die zu zukünftigen Kooperationen und Projekten führen können.

- **Bildungsressourcen:** Durch Workshops, Vorträge und Diskussionsrunden wird Wissen vermittelt, das für das Verständnis von Herausforderungen und Chancen innerhalb der Community wichtig ist.

- **Sichtbarkeit:** Veranstaltungen erhöhen die Sichtbarkeit von LGBTQ-Themen in der breiteren Gesellschaft und tragen dazu bei, Vorurteile abzubauen.

Beispiele für wichtige Veranstaltungen

1. **Christopher Street Day (CSD)** Der Christopher Street Day ist eine der bekanntesten Veranstaltungen in Deutschland und findet jährlich in vielen Städten statt. Er erinnert an die Stonewall-Unruhen von 1969 und ist eine Feier der Vielfalt und Toleranz. Der CSD umfasst Paraden, Kundgebungen und kulturelle Veranstaltungen, die das Bewusstsein für LGBTQ-Rechte fördern und auf Diskriminierung aufmerksam machen.

2. **Transgender Day of Remembrance (TDOR)** Der Transgender Day of Remembrance wird jedes Jahr am 20. November begangen und gedenkt der Transgender-Personen, die aufgrund von Gewalt und Diskriminierung ihr Leben verloren haben. Veranstaltungen an diesem Tag bieten Raum für Trauer, Reflexion und den Austausch über Maßnahmen, die ergriffen werden können, um die Sicherheit und das Wohlergehen von Transgender-Personen zu verbessern.

3. **LGBTQ-Forschungskonferenzen** Wissenschaftliche Konferenzen, wie die „International LGBTQ+ Research Conference", bringen Forscher und Praktiker zusammen, um die neuesten Erkenntnisse und Entwicklungen in der LGBTQ-Forschung zu präsentieren. Diese Konferenzen fördern den interdisziplinären Austausch und ermöglichen es Wissenschaftlern, ihre Arbeiten einem breiteren Publikum vorzustellen.

Herausforderungen bei Veranstaltungen

Trotz der positiven Aspekte von Veranstaltungen gibt es auch Herausforderungen, die es zu bewältigen gilt:

- **Zugang und Inklusion:** Es ist wichtig, dass Veranstaltungen für alle Mitglieder der LGBTQ-Community zugänglich sind, einschließlich marginalisierter Gruppen. Barrierefreiheit sollte bei der Planung von Veranstaltungen Priorität haben.

- **Sicherheitsbedenken:** Angesichts der anhaltenden Diskriminierung und Gewalt gegen LGBTQ-Personen müssen Veranstalter Sicherheitsmaßnahmen ergreifen, um die Teilnehmer zu schützen.

- **Finanzierung:** Viele Veranstaltungen sind auf Sponsoren und Spenden angewiesen. Die Sicherstellung ausreichender Mittel kann eine Herausforderung darstellen und die Reichweite und Qualität der Veranstaltungen beeinflussen.

Zukunftsausblick

Die Zukunft der Veranstaltungen und Konferenzen in der LGBTQ-Community wird stark von technologischen Entwicklungen und gesellschaftlichen Veränderungen beeinflusst. Virtuelle und hybride Formate, die während der COVID-19-Pandemie populär wurden, bieten neue Möglichkeiten für den

Austausch und die Vernetzung, insbesondere für Menschen, die aus verschiedenen Gründen nicht an physischen Veranstaltungen teilnehmen können.

Die Integration von Themen wie Intersectionalität, psychische Gesundheit und globale Perspektiven in zukünftige Veranstaltungen wird entscheidend sein, um die Vielfalt innerhalb der LGBTQ-Community zu repräsentieren und die Herausforderungen, mit denen verschiedene Gruppen konfrontiert sind, angemessen zu adressieren.

Insgesamt sind Veranstaltungen und Konferenzen unverzichtbare Elemente der LGBTQ-Community, die nicht nur den Austausch von Wissen und Erfahrungen fördern, sondern auch zur Stärkung der Gemeinschaft und zur Förderung von Veränderungen in der Gesellschaft beitragen.

Ein Blick auf zukünftige Entwicklungen

Die Zukunft der Transgender-Bewegung und der LGBTQ-Community im Allgemeinen ist ein dynamisches und vielschichtiges Thema, das sowohl Herausforderungen als auch Chancen umfasst. In diesem Abschnitt werden wir einige der wichtigsten Entwicklungen und Trends betrachten, die voraussichtlich die nächsten Jahre prägen werden.

Technologische Fortschritte und deren Einfluss

Mit dem rasanten Fortschritt in der Technologie, insbesondere im Bereich der sozialen Medien und der digitalen Kommunikation, haben LGBTQ-Aktivisten neue Plattformen zur Verfügung, um ihre Botschaften zu verbreiten. Diese Technologien ermöglichen es, Informationen schnell und breit zu teilen, was zu einer stärkeren Sichtbarkeit von Transgender-Themen führt. Die Verwendung von Hashtags wie **#TransRightsAreHumanRights** hat dazu beigetragen, dass wichtige Anliegen in den globalen Diskurs aufgenommen werden.

Ein Beispiel ist die Plattform TikTok, die es jungen Menschen ermöglicht, ihre Geschichten in kreativen Formaten zu teilen. Diese Form der Selbstdarstellung kann nicht nur das Bewusstsein für Transgender-Anliegen schärfen, sondern auch als Katalysator für den sozialen Wandel fungieren.

Gesetzgebung und politische Entwicklungen

In vielen Ländern, einschließlich Deutschland, gibt es Bestrebungen, Gesetze zu reformieren, um die Rechte von Transgender-Personen zu stärken. Der **Gesetzentwurf zur Selbstbestimmung** in Deutschland ist ein Beispiel für einen politischen Fortschritt, der es Transgender-Personen ermöglichen soll, ihren Geschlechtseintrag ohne medizinische Gutachten zu ändern.

$$\text{Rechte}_{\text{Trans}} = \text{Gesetzgebung}_{\text{fortschrittlich}} + \text{Öffentliches Bewusstsein} \quad (34)$$

Diese Gleichung verdeutlicht, dass der Fortschritt in den Rechten von Transgender-Personen sowohl von der Gesetzgebung als auch von einem erhöhten öffentlichen Bewusstsein abhängt.

Bildung und Aufklärung

Die Rolle von Bildungseinrichtungen wird entscheidend sein, um eine inklusive und respektvolle Umgebung für LGBTQ-Studierende zu schaffen. Programme zur Sensibilisierung und Schulungen für Lehrkräfte sind notwendig, um Vorurteile abzubauen und ein sicheres Lernumfeld zu fördern.

Ein Beispiel ist das **Safe Space**-Programm, das an vielen Universitäten implementiert wird, um einen Raum für LGBTQ-Studierende zu schaffen, in dem sie sich sicher und unterstützt fühlen.

Interdisziplinäre Forschung

Die Zukunft der Transgender-Forschung wird zunehmend interdisziplinär sein, wobei verschiedene Fachrichtungen wie Medizin, Psychologie, Soziologie und Rechtswissenschaften zusammenarbeiten, um ein umfassenderes Verständnis der Herausforderungen zu entwickeln, mit denen Transgender-Personen konfrontiert sind.

$$\text{Forschung}_{\text{Trans}} = \sum_{i=1}^{n} \text{Fachrichtung}_i \quad (35)$$

Diese Gleichung zeigt, dass die Forschung über Transgender-Themen von der Summe der verschiedenen Disziplinen abhängt, die zur Erfassung der Komplexität der Geschlechtsidentität beitragen.

Globale Perspektiven

Die Transgender-Bewegung ist nicht auf den Westen beschränkt. In vielen Ländern gibt es wachsende Bewegungen für die Rechte von Transgender-Personen, die oft mit kulturellen und politischen Herausforderungen konfrontiert sind. Die Unterstützung durch internationale Organisationen und

Netzwerke wird entscheidend sein, um diese Stimmen zu stärken und den Austausch von Strategien und Best Practices zu fördern.

Herausforderungen und Widerstände

Trotz der Fortschritte gibt es nach wie vor erhebliche Herausforderungen. Transphobie, Diskriminierung und Gewalt gegen Transgender-Personen sind in vielen Teilen der Welt weit verbreitet. Der Widerstand gegen transfreundliche Gesetze und die Verbreitung von Fehlinformationen in den Medien stellen weitere Hürden dar.

Herausforderungen = Gesellschaftlicher Widerstand + Mediale Fehlinformation
(36)

Diese Gleichung verdeutlicht, dass die Herausforderungen, mit denen die Transgender-Bewegung konfrontiert ist, sowohl von gesellschaftlichem Widerstand als auch von Fehlinformationen in den Medien beeinflusst werden.

Schlussfolgerung

Zusammenfassend lässt sich sagen, dass die Zukunft der Transgender-Bewegung von einer Vielzahl von Faktoren abhängt, darunter technologische Entwicklungen, politische Veränderungen, Bildungsinitiativen und interdisziplinäre Forschung. Es ist wichtig, dass die LGBTQ-Community zusammenarbeitet, um diese Herausforderungen anzugehen und eine inklusive Zukunft für alle Geschlechteridentitäten zu fördern.

Die Stimme der nächsten Generation wird entscheidend sein, um eine positive Veränderung herbeizuführen. Indem wir die Errungenschaften der Vergangenheit anerkennen und die Herausforderungen der Gegenwart angehen, können wir eine inklusivere und gerechtere Gesellschaft für alle schaffen.

Index

, ebenso wie, 19
1950er, 7

Abbau von, 144
abbauen, 168, 204
aber auch, 89, 185, 200
aber er ist, 141
aber es, 168, 201
aber mit, 214
aber sie, 185
abgebaut, 198, 209
abgeleitet, 144, 146
ablehnen, 221
Ablehnung, 33, 34, 39, 41
Abschließend lässt sich, 182
Abschließend möchte ich jeden Leser dazu, 212
Abschließend möchten wir, 215
abwertende, 51
abzielt, 126
abzielten, 36, 185
achten, 4
adressieren, 33, 81, 104, 105, 156, 201, 206, 213, 220, 240
akademische, 18, 25, 31, 44, 47–50, 52, 53, 55, 58, 64, 66, 88, 98, 99, 104, 148, 160, 183, 186

Aktivismus, 11, 18, 25, 31, 53, 80, 83, 90, 93, 134, 145
Aktivismus erfolgreich, 2
Aktivismus spielen, 84
Aktivismus von, 188
Aktivismusarbeit auch, 189
Aktivisten, 13, 17, 21, 35, 77, 79, 83, 93, 157, 178, 185, 200, 210
Aktivisten dazu, 179
Aktivisten konfrontiert, 86
Aktivisten wie, 39
aktuelle, 82
Akzeptanz beitragen, 142
Akzeptanz diskutierten, 172
Akzeptanz fortzusetzen, 180
Akzeptanz innerhalb der, 139, 233
Akzeptanz noch lange, 207
akzeptiert, 29, 45, 48, 113, 169, 192, 197–199
akzeptierten, 39
alle, 4, 7, 16, 27, 33, 66, 71, 102, 106, 107, 111, 113, 118, 134, 139, 141, 146, 152, 158, 160, 168, 180, 185, 189, 196, 197, 210, 214, 215, 229, 237, 242
allen bedanken, 214
Allen Ginsberg, 11

allen Schulen, 203
aller, 127, 187, 207, 232, 237
allgemeinen, 153
Allgemeinen sind, 141
Alltag gefördert, 74
als, 1–3, 6, 7, 9–13, 18, 21, 26, 27, 29, 31, 32, 34–36, 38–40, 42, 44, 45, 47–53, 56, 60–64, 67–69, 74, 75, 80, 82, 85, 86, 89, 94, 95, 104, 105, 109, 115, 119–121, 123, 127, 128, 131, 134, 136, 137, 140, 143, 144, 148, 149, 153, 156, 157, 160, 162, 164, 166, 168, 171–173, 175, 180, 182, 184, 185, 187, 190, 192, 193, 196, 197, 199, 200, 203, 205, 207, 214, 224, 232, 240–242
Altersgenossen ausgeschlossen, 37
analysieren, 19, 48, 69, 70, 205
analysiert, 69
andere, 7, 31, 34, 39, 40, 45, 46, 79, 82, 126, 135, 136, 142, 148, 182, 189, 212, 213, 231
anderen Bereichen, 145
anderen Disziplinen stehen muss, 69
anderen engagierten Studierenden initiierte, 56
anderen Forschern als, 12
anderen geholfen, 139
anderen Merkmalen, 212
anderen sozialen, 108, 157
anderer, 19, 36, 48, 63, 81, 85, 145, 179, 185, 186, 200, 215
andererseits sah sie, 50

anerkannt, 7, 51, 102, 195, 207, 214, 237
anerkennt, 127
Anerkennung erreichen, 80
Anerkennung von, 92, 207
Angehörigen der, 9
angemessene, 107
angepasste, 12
angesehen, 1, 25, 51, 175, 185
Angesichts der, 118, 166
angestoßen, 19, 55, 234
angewandt, 200
angewendet, 99
angewiesen, 88, 128, 168
anhaltende, 70, 148, 156
anhaltenden, 187, 201
Anleitung von, 50
Anliegen schnell, 156
Anna Schmidt, 50
Anna war, 36
anregte, 53, 185
ansprach, 53
Anstatt defensiv, 135
anstoßen, 6, 81
Anstrengung konnten sie, 189
Anstrengungen kann, 80
Anstrengungen können, 237
Ansätze dabei eine, 61
Ansätze könnten auch, 119
Ansätze sieht, 70
Anzeichen von, 27–29
anzubieten, 221
anzupassen, 144
anzuregen, 6
anzustoßen, 56
Arbeit basieren, 17
Arbeit hinausgeht, 179
Arbeit zeigt, 163
arbeiten, 116, 157, 212

Index 245

arbeitet, 26, 220
arbeitete eng mit, 82
argumentieren manchmal, 2
argumentierten, 79
Aspekt ihres Einflusses, 94
Aspekte des Lebens, 9
Aspekte müssen, 109
auch, 1–3, 5, 6, 9–18, 20, 21, 26, 27,
    30–53, 55, 56, 58, 60–66,
    68–70, 73–75, 78–95,
    97–99, 102–104, 106,
    108–111, 113, 115, 116,
    119–121, 123, 127–137,
    139–141, 143–148, 150,
    152–160, 162, 164,
    166–169, 171–174,
    177–180, 182–190, 192,
    193, 195, 197, 199–201,
    205–215, 217, 220,
    222–224, 227, 229,
    231–234, 238–242
auf, 1, 2, 4, 6, 7, 9, 12–14, 16–20,
    25–27, 30, 34, 35, 37, 38,
    40, 42, 44, 45, 48–53, 55,
    56, 58, 61–64, 66, 70, 71,
    73–75, 80–82, 84–86, 88,
    91–94, 99, 104–106, 112,
    113, 116, 118–123, 126,
    128–134, 136, 141–143,
    148–150, 152, 153, 155,
    158, 160, 162, 166, 168,
    171, 173, 175, 176, 180,
    182–190, 193, 197–201,
    205, 206, 211, 214,
    220–223, 227, 234, 236,
    238, 241
Aufblühen von, 41
aufgrund, 3, 30, 37, 92, 128, 239
Aufklärung, 149

Aufklärungsarbeit, 70, 187
Aufklärungsmaßnahmen kann eine,
    134
aufrechtzuerhalten, 189
aufrüttelnd, 40
Aufsehen gesorgt, 159
Auftritte, 85
Auftritte ermutigt wurden, 186
Auftritte ermöglichten es, 81
Auftritte konnte, 93
aufwuchs, 38
aufzubauen, 53, 174
aus, 9, 12, 13, 19, 27, 37, 39, 50, 55,
    60, 66, 67, 76, 80, 81,
    85–87, 92, 98, 101, 103,
    108, 119, 120, 123, 125,
    127, 129, 134, 137,
    143–146, 156, 164, 180,
    184, 185, 190, 200, 240
Ausdruck kamen, 128
auseinandersetzen, 39, 48, 53, 85,
    111, 134, 156, 168, 172,
    185, 198, 200, 232
auseinandersetzte, 25, 30, 34, 79
Auseinandersetzung mit, 9, 47, 50,
    99, 139, 185
auseinanderzusetzen, 2, 34, 58, 81,
    92
ausgebildet, 105, 198
ausgeblendet, 9
ausgehandelt, 45
ausgesetzt, 206
ausgeübt, 84, 104, 116, 153, 180
Ausgrenzung von, 30
auslösen, 173, 212
ausreichend, 2, 32, 88, 105, 112,
    115, 126
aussprechen, 209
Austausch von, 156

auswirken, 64, 152
Auswirkungen der, 107
Auswirkungen von, 62, 119, 186
auszeichnet, 2
auszudrücken, 35, 37, 41, 44, 173, 188
auszutauschen, 93, 183
auszuüben, 52
ausüben, 73, 129
authentische, 93
Autorisierte Biografien, 9
außerhalb der, 41

bahnbrechenden Ergebnissen führten, 67
Bailey, 103
Barrieren, 93, 118, 168, 197, 204
Barrieren konfrontiert, 88
Barrieren können, 227
basieren auf, 227
basiert, 132
bauen, 80, 175, 190
beachten, 229
beachtet, 126
Bedenken, 59, 140, 231
bedeutend, 2, 17
bedeutende, 1, 9, 39, 63, 100, 132, 190, 205, 207, 220, 232, 233
bedeutender, 52, 60, 106, 184
bedeutet, 69, 195, 201
Bedürfnisse, 12, 16, 17, 32, 48, 63, 66, 69, 70, 76, 80, 88, 99, 101, 105, 106, 120, 126, 140, 149, 156, 158, 159, 164, 167, 189, 208, 209, 213, 220–223, 227
beeindruckende Leben, 214

beeinflusst, 5, 11, 21, 36, 59, 61, 70, 113, 115, 129, 130, 133, 141, 142, 152, 160, 173, 185, 186, 190, 214, 219, 239, 242
beeinflusste, 18, 26, 68, 128, 174, 177
beeinflussten, 40
beeinträchtigen, 65, 79, 108, 110, 142, 209, 227
befassen, 20, 113, 129, 168, 203, 209, 223, 233, 234, 238
befasst, 18
begann, 7, 30, 34, 37–39, 41, 45, 49, 50, 58
begegnete, 13, 19, 43, 56, 67, 84, 86, 143, 146, 184
Begegnungen mit, 31
beginnen, 186
Beginnen Sie, 212
Begriffen, 130
behandeln, 44, 81, 206
behandelt, 18
Behandlung von, 129
behaupten, 44, 139, 186
behindern, 108, 128, 148, 207, 221
behindert, 112
bei, 7, 10, 11, 13, 21, 31, 41, 47, 53, 55, 56, 58, 60, 67, 69, 70, 74, 79–81, 93, 104, 111, 115, 118–120, 129, 131, 135, 136, 142, 144, 147, 166, 184, 186, 195–197, 206, 208, 209, 211, 214, 219, 220, 223, 227, 232
beide Akademiker, 25, 171
Beide Geschwister, 26
beiden Bereichen ist, 164
beigetragen, 2, 6, 11–13, 16, 17, 21,

55, 56, 60, 63, 85, 86, 93, 98, 102, 106, 115, 131, 148, 149, 152, 153, 155, 159, 162, 186, 187, 199–201, 206, 213, 214
beinhalten, 107, 110
beinhaltete, 62
beinhalteten, 92
Beispiel dafür, 46, 116, 138
Beispiele, 14, 27, 29, 54, 64, 68, 73, 94, 102, 131, 132, 154, 162, 207, 208, 210
beispielhaften Situationen, 125
Beitrag leistet, 237
beitragen, 6, 31, 46, 70, 84, 113, 118–120, 127, 142, 143, 148, 149, 152, 196, 198, 199, 203, 209, 210, 213, 214, 227, 235–237, 240, 241
beiträgt, 40
Bekannte, 26
bekanntesten, 12, 220, 238
bekämpfen, 214
Bekämpfung von, 221, 229
belastet bezeichneten, 60
belastete, 30, 42
beleuchten, 11, 12, 20, 44, 56, 68, 74, 82, 91, 102, 104, 107, 113, 128, 186, 199, 224, 230
beleuchtet, 11, 18–20, 64, 66, 131
bemerkenswerter, 82, 92, 160
bemerkte sie, 29
bemühen, 131
benannt nach, 220
benötigen oft Unterstützung durch, 235
beobachten, 127

beobachtete, 26
Bereich, 14
Bereich bewältigen, 107
Bereich der, 13, 60, 118, 120, 123, 127, 128, 140, 143, 193, 195
Bereich Geschlecht, 31
Bereich hinaus, 53
Bereichen Bildung, 102
bereichert, 2, 80, 98, 116
bereit, 38, 145, 199
berichten, 21, 130, 131, 142, 175, 182, 186, 187
berichtet, 171, 172
berichtete, 51
Berlin, 74, 85
berücksichtigen, 12, 16, 31, 109, 154, 157, 180
berücksichtigt, 12, 109, 180, 227, 231
besagt, 102, 166, 200
beschreibt, 18, 34, 50, 172, 189
beschäftigen sollten, 51
beschäftigte sich, 50
beseitigen, 144
besitzen, 4, 55, 144
besondere, 3
Besonderes Augenmerk liegt auf, 18
besseren, 22, 80, 85
bestand, 76
Bestandteile ihres Lebens und, 44
bestehen, 9, 17, 20, 119, 141, 149, 175, 179, 201, 205, 219
bestehenden, 62, 68, 105, 108, 118, 168, 205, 207, 211, 223
besten, 36, 79, 80, 189
bestimmen häufig, 128
bestimmten, 5, 45, 105, 208
Besuch von, 236

betonen, 215
betont, 2, 45, 69, 70, 89, 90, 104, 134, 144, 145, 160, 180, 183, 188, 197, 200, 206, 210, 214
betonte, 53, 60, 74, 85, 190
Betracht ziehen, 107
betrachten, 1, 7, 19, 127, 171, 197, 205, 240
betrachtet, 13, 19, 59, 69, 87, 102, 111, 153
betreffen verschiedene, 202
betreiben, 70
betrifft, 27
betroffen, 35
betroffenen Personen, 128
betroffenen Personen entmenschlichen, 130
bevorzugten, 79, 189
Bewegung antreiben, 166
Bewegung dynamisch, 9
Bewegung entwickelt, 166
Bewegung hängt, 167
Bewegung selbst, 156
Bewegungen kann dazu, 143
Bewegungen kann ebenfalls, 157
Beweis dafür, 195
bewirken, 164, 214, 234
bewunderte, 48
bewusst, 42, 50, 132
bewusster, 132
bewährter, 220
bewältigen, 18, 70, 107, 112, 140, 143, 182, 183, 193, 220, 221, 239
Bezug auf, 121
Bibliotheken oder, 210
bieten, 5, 7, 9–11, 19, 20, 29, 33, 63, 73, 84, 99, 108, 119, 120, 129, 143, 156, 157, 167, 171, 173, 174, 178, 180, 183, 184, 188, 190, 200, 201, 211, 217, 220–223, 227, 229, 232, 234, 238, 239
bietet, 18–20, 75, 95, 103, 131, 182, 199, 219, 220, 232
Bild von, 12, 20, 113, 166, 171, 176
bilden, 45, 75, 80, 82, 89, 144, 156, 179, 219, 232
bildeten, 174
Bildung, 19, 22, 113, 144, 197, 202, 203, 210, 221, 222, 235
Bildung betrachten, 149
Bildungsbereich, 92
Bildungseinrichtungen können, 235
Bildungseinrichtungen mit, 223
binär, 206
binäre Geschlechtsidentitäten verwässern könnte, 79
binäre Kategorie betrachten, 50
Biografie von, 9, 11, 18
Biografien hingegen erlauben es, 9
Biografien hingegen ermöglichen, 11
Biografien kann als, 10
Biografien liegt, 10
Biografien oft ihre, 9
Biografien von, 10, 47
biologische, 103
biologischem Geschlecht, 102
biologischen, 118, 142
Bisexuellen, 217
bleiben, 17, 126, 141, 143, 212, 231
bleibt der, 180
bleibt die, 16, 46, 149, 179
bleibt ihr, 221
bleibt Kaitrin, 86

Index 249

bleibt Kaitrin Dolls Vermächtnis, 116
bleibt Kaitrins Vermächtnis eine, 175
blieb, 83
bot, 34, 44, 52, 184
boten, 34, 36, 37, 39, 41, 47, 53, 80, 135
Botschaften schnell, 17, 83
Bourdieu argumentiert, 174
brachte Wissenschaftler, 79
breit diskutiert, 7
breite, 83
breiten Öffentlichkeit ermöglicht, 2
Brücken, 80, 175
Butler argumentiert, 50
bündeln, 116, 189
bürokratischen, 108

Chancen bietet, 95, 131
Chancen umfasst, 240
Christine Jorgensen, 7
cisgender, 231, 234
Crenshaw argumentiert, 35
Cybermobbing, 229

da Kaitrin, 53
da Mitglieder, 126
da sie, 3, 32, 36, 37, 49, 50, 59, 145, 179, 200
da Studien, 17
dabei auftreten, 164
dabei auftreten können, 149
dabei begegnete, 84
dabei ergeben, 14
dafür, 31, 40, 46, 53, 56, 60, 63, 69, 116, 138, 189, 195, 197, 207, 209, 213, 215
Daher, 137

daher intersektionale, 108
Daher ist, 70, 198
daher Wege, 108
damit verbunden, 19, 73
damit verbundenen gesellschaftlichen, 42
Dankbarkeit, 175
darauf abzielen, 2, 106, 221
darauf abzielten, 36, 185
darauf ausgelegt, 20
darauf einzugehen, 32
darauf mit, 185
daraus, 94, 195, 199
dargestellt, 18, 81, 131, 158, 164, 196, 234
darstellt, 95, 157
Darstellungen, 9
darunter, 28, 39, 48, 102, 107, 242
Darüber, 45
Darüber hinaus, 55, 80, 168, 207, 214, 231
Darüber hinaus können, 108, 157, 196, 209, 229
Darüber hinaus sah sich, 88
Darüber hinaus spielen, 10
Darüber hinaus wird, 219
Darüber hinaus zeigt, 182
das Ausmaß der, 62
das Bewusstsein, 6, 8, 11, 21, 36, 53, 55, 86, 98, 131, 136, 144, 159, 179, 200, 223, 232
das Bewusstsein zu, 142, 187
das es, 173
das Forscher, 66
das Gefühl der, 37
das oft mit, 2
das Selbstbewusstsein, 200
das Wohlbefinden, 64

dass, 2–7, 9, 11–13, 15–18, 22, 26, 27, 29–31, 35, 37–40, 42, 43, 46, 50–53, 55, 56, 59, 60, 62, 66–70, 74–76, 78, 79, 81, 82, 84, 86–90, 92, 93, 95, 98, 99, 102, 104–109, 111–113, 115, 118, 120, 123, 126, 127, 129–132, 135–145, 149, 151–153, 155, 159, 162–168, 172–175, 177–180, 182–186, 189, 190, 192, 195–201, 203, 206–208, 210, 213–215, 219, 221, 223, 227, 229, 231, 234, 236, 237, 241, 242
Datenerhebung einschränken, 108
David Bowie, 35, 44
dazu, 2, 6, 7, 9, 11, 13, 16, 17, 21, 26, 30, 37–40, 52, 55, 56, 58, 60, 67, 70, 80, 81, 85, 86, 88, 93, 98, 106, 112, 113, 115, 118–120, 127, 129, 131, 135, 136, 140, 142–144, 148, 149, 152, 153, 155, 162, 166, 179, 185–187, 195, 196, 198–201, 203, 206, 209, 210, 212–214, 219, 223, 227, 232, 236, 237
Dazu gehören, 221
defensiv, 135, 140
definieren, 41, 79, 182, 208
definierte, 128
dem, 27, 29, 32, 33, 36, 37, 41, 45, 48, 50, 53, 66, 81, 87, 98, 108, 129, 134, 140, 144, 160, 166, 172, 186, 188, 196, 197, 199, 214, 231
den, 3, 6, 7, 9–12, 17–19, 22, 25–27, 29–34, 36, 38–44, 46–53, 58, 60, 62, 63, 66, 69, 70, 74, 75, 77, 79–81, 83–87, 90, 92, 93, 95, 99, 102–108, 111, 113, 116, 118–120, 122, 123, 126–131, 134, 135, 140–142, 145–149, 152–158, 160, 166, 168, 171–175, 178, 180, 182–186, 188–190, 195–197, 199, 201, 202, 205–208, 210, 213, 215, 220–222, 224, 227, 230, 231, 235–242
denen, 1, 6, 9, 11, 19, 20, 22, 25–27, 29, 32, 37, 42, 43, 51, 53, 55, 56, 62, 64, 66, 69, 70, 74, 80, 81, 84–87, 109, 118, 128, 131, 134, 136, 143–147, 153, 154, 157, 164, 168, 196, 198, 201, 206, 208–210, 212, 214, 220–222, 227, 234, 237, 240–242
Denkern wie, 197
denkwürdigen, 185
Depressionen, 81, 133, 182, 207
der, 1–7, 9–22, 25–27, 29–53, 55–63, 66–71, 73–95, 97–99, 101–113, 115, 116, 118–121, 123, 125–132, 134–160, 162–169, 171–175, 177, 179, 180, 182–190, 192, 193, 195–203, 205–215, 217, 219–224, 226, 227,

Index 251

229–242
Der Aktivismus wurde, 40
Der Anhang bietet, 20
Der Aufbau, 184
Der Aufstieg von, 147
Der Austausch von, 157
Der Einfluss von, 63, 157, 236
Der Fortschritt, 141
Der Kontakt, 26
Der Umgang mit, 157
Der Weg, 39
Der Weg zu, 141, 212
deren Bedeutung, 18
deren Bestrebungen zur, 144
deren Engagement, 157
deren Rechte, 84
deren Sichtbarkeit, 211
deren theoretische Grundlagen, 54
des positiven Einflusses, 115
dessen, 47
detailliert betrachtet, 87
detaillierten, 185
Deutschland, 18, 26, 36, 38, 40, 92, 128, 217, 219, 238
Dialoge, 166
die, 1–22, 25–27, 29–56, 58–71, 73–95, 97–99, 101–113, 115, 116, 118–123, 125–138, 140–160, 162–169, 171–180, 182–190, 192, 193, 195–215, 217, 219–224, 227, 229–242
Die Auseinandersetzung mit, 230
Die Entscheidung, 48
Die Erfolge dieser, 200
Die Herausforderung, 84
Die Lektionen, 190
Die Medienberichterstattung, 131

Die Medienpräsenz von, 80
Die Stimmen aus, 180
Die Stimmen der, 192
Die Stimmen dieser, 177
Die Stimmen ihrer, 171
Die Stimmen von, 178, 190
Die Theorie der, 5, 34, 200, 208
Die Verbindung von, 19, 195
Die Verbindung zwischen, 14, 15, 38, 94, 162, 163, 178, 193, 210
Diensten befassen, 223
dienten, 172
Dies kann zu, 209
Diese, 189
Diese Ansätze, 69
Diese Arbeit wurde, 51
Diese Arbeiten, 58
Diese Aspekte, 31
Diese Auseinandersetzung kann durch, 111
Diese Aussagen, 172
Diese Barrieren können, 21
Diese Bedingungen können, 108
Diese Begegnungen halfen, 37
Diese beinhalten, 110
Diese Beobachtung, 179
Diese Betonung von, 179
diese Bewegung zu, 219
Diese Beziehung, 94
Diese Beziehungen ermöglichen es, 188, 190
Diese Bildungsinitiativen, 80
Diese Biografie, 11
Diese Biografien bieten, 9
Diese Biografien können, 10
Diese bürokratischen, 108
Diese Darstellungen können, 142
Diese Dekade, 40

Diese Differenzen können, 79
Diese Diskussionen, 44
Diese Disziplinen, 47
Diese Diversität, 156
Diese Elemente sind, 139
Diese Entscheidung legte, 49
Diese Ereignisse, 89
Diese Erfahrungen, 30, 37, 38, 45
Diese Erkenntnis wurde, 26, 35
Diese finanziellen Unsicherheiten führten, 88
Diese Frage, 52
Diese Fragen können, 107
Diese Freundschaften, 36
Diese frühen, 29
Diese frühen Beispiele, 7
Diese Fähigkeit, 190
Diese Geschichten, 47, 173, 184
Diese Gespräche, 25
Diese Herangehensweise, 2
diese Herangehensweise konnte, 62
Diese Hindernisse, 86
Diese Initiativen sollen dazu, 70
Diese Institutionen, 222
Diese interdisziplinäre, 69
Diese Konflikte, 26, 189
diese Konflikte, 11
Diese Kontroversen zeigen, 141
Diese Konzepte, 89, 210
Diese kreativen Ausdrucksformen wurden, 37
Diese kreativen Ausdrücke halfen ihr, 88
Diese Kritik, 2, 59, 115
Diese Kritiken, 121, 123
Diese kulturelle Vielfalt, 26
Diese Lektion, 145
Diese Lektionen, 143
Diese Maßnahmen können, 128

diese Möglichkeiten, 199
Diese Netzwerke, 90, 154, 183, 211, 220
Diese Netzwerke spielen, 220
Diese Partnerschaften können, 143
Diese Pionierinnen, 39
Diese Prinzipien, 90
Diese Reflexionen, 178
Diese Sichtbarkeit, 206
Diese sozialen, 188, 227
diese Stimmen gehört, 22
diese Stimmen zu, 236, 242
Diese Struktur, 76
Diese Theorie lässt sich, 5
Diese Theorien, 97
Diese Theorien sind, 99
Diese Treffen, 80
Diese Ungleichheit, 126
Diese unterschiedlichen, 126, 142
Diese Veranstaltungen, 45
Diese Veranstaltungen ermöglichten es, 85
Diese Verbindung, 193
Diese Verbindung schafft, 102
diese Verbindung weiter, 16
Diese virtuellen Freundschaften, 37
Diese Wissenslücken können, 198
Diese Zugehörigkeit kann sowohl, 182
Diese Zusammenarbeit, 70, 93
diesem, 12–14, 18, 19, 27, 34, 44, 53, 56, 61, 64, 66, 68, 70, 73, 84–87, 91, 94, 102, 104, 107, 113, 116, 118, 125, 128, 134, 141, 149, 154, 156, 162, 175, 186, 188, 197, 199, 205, 220, 222, 224, 227, 230, 233, 235, 238–240

Index

diesen, 2, 13, 39, 41, 45, 49, 52, 81, 82, 86, 88, 94, 118, 127, 129, 136, 141, 153, 157, 159, 164, 167, 189, 198, 205, 232, 233
dieser, 5, 7, 9, 11, 12, 14, 20, 27, 33–37, 39, 42, 44, 49, 53, 57, 58, 62, 66–70, 74, 88, 89, 99, 104, 109, 111, 113, 116, 120, 122, 126, 127, 131, 148, 154, 156, 157, 164, 175, 177, 185, 190, 200, 208, 212, 213, 215, 219, 221, 222, 229, 231, 235
Dieser Aufruf zum, 210
Dieser Gesetzesentwurf wurde schließlich, 92
Differenzen als, 127
digitalen, 69, 83, 140, 227
digitaler, 156
direkt, 58, 82, 85, 147, 190, 213, 235
Diskrepanzen zwischen, 102
diskriminieren, 201
Diskriminierung bewusst, 50
Diskriminierung einhergingen, 38
Diskriminierung gegenüber, 108
Diskriminierung innerhalb der, 183
Diskurs einzubringen, 48
Diskursen oft fehlen, 140
Diskussionsrunden, 136, 153, 189, 210
diskutiert, 7, 40, 70
Disziplin heraus, 145
Disziplinen abhängt, 241
Disziplinen können, 103
Disziplinen wie, 66
Disziplinen wird es, 104
doch, 219

Doch wie, 212
dokumentieren, 10, 69, 70
dokumentiert, 237
Dolls Arbeit, 63
Dort, 37
Dort organisierte sie, 31
Druck, 48, 172
Druck auf, 129
Druck konfrontiert, 129
Druck stehen, 95
durch, 12, 15, 19, 22, 30, 32–35, 40, 45, 47, 48, 51, 60, 66, 74, 80, 84, 85, 90, 99, 104, 111, 113, 118, 119, 128, 134, 136, 140, 143, 144, 149, 153, 155, 156, 159, 163, 164, 166, 169, 173, 178–180, 182, 186, 188, 196, 197, 200, 204, 206, 208, 210, 211, 213, 214, 220, 235, 236, 241
Durch Aufklärung über, 209
Durch ihre, 92
Durchführung von, 67, 119, 129, 235
durchleben, 88
durchlebten, 34, 39, 44
dynamische, 95
dynamischer Prozess verstanden, 197

ebenso zentrale, 44
ebnen, 210
ebnet, 3
Effekte auf, 182
effektive, 89, 139, 157, 221
effektives Bildungsprojekt könnte, 210
eher, 79, 126, 159, 199

eigene, 10, 39, 40, 44, 46, 52, 53, 58, 62, 63, 69, 80, 81, 131, 137, 139, 145, 185, 186
eigenen, 13, 22, 26, 27, 35, 47, 49, 50, 52, 63, 69, 75, 77, 78, 82, 86, 129, 135, 172, 200, 209, 215, 237
ein, 3–7, 10–15, 17–22, 25–27, 29–31, 33, 36, 38, 40, 42, 44, 46–50, 52, 53, 56, 58, 60, 62, 63, 66, 69, 70, 73, 75, 78, 80, 82, 83, 85, 88, 93, 94, 99, 102, 106–109, 113, 116, 118–121, 125, 127, 128, 133, 134, 136–138, 141, 145, 149, 152, 158, 160, 162, 164, 166, 171–174, 176, 177, 179, 180, 183, 185, 186, 189, 190, 192, 193, 195–199, 203–210, 213–215, 219, 220, 224, 232, 234, 236, 237, 240, 241
Ein Aufruf zum, 20
Ein Beispiel, 69, 209
Ein Beispiel könnte, 211
Ein herausragendes Beispiel, 206
Ein praktisches Beispiel, 70
Ein weiteres Merkmal ist, 156
Ein wichtiger, 39
Ein zentrales Element von, 214
Ein zentrales Problem, 21, 229
Ein zentrales Thema, 25, 50
Ein zentrales Ziel, 66
einbezogen, 141
einbringen, 20, 69, 195
eine, 1–7, 9–12, 14, 16–20, 22, 25, 27, 30, 31, 33–42, 44, 45, 47–50, 52, 53, 56, 60, 61, 66–68, 70, 71, 73–75, 79, 81–86, 88–90, 92, 93, 95, 97, 99, 102, 105, 107, 111, 113, 118–120, 123, 127, 128, 130–132, 134, 135, 138–147, 149, 151, 152, 155–158, 164, 166–168, 171–175, 177–179, 182–185, 188, 189, 192, 195–201, 204, 206, 209, 210, 212–215, 217, 219–222, 227, 229, 232, 234–238, 241, 242
einem, 3, 6, 7, 10, 26, 27, 29, 32, 34, 35, 37, 38, 40, 42, 43, 45, 48, 51–53, 56, 66, 70, 76, 80, 81, 85, 86, 112, 113, 123, 128, 137, 139–141, 156, 157, 159, 171, 172, 184–186, 197, 199, 206, 215, 221, 227, 241
einen, 2, 11, 16, 18, 25, 29, 33, 34, 36, 37, 39, 41, 44, 49, 51, 52, 55, 58, 66, 68, 73, 79, 80, 84, 86, 92–94, 99, 101, 103, 104, 116, 126, 130, 135, 141, 148, 149, 153, 154, 166, 167, 171, 174, 178, 180, 182, 184, 185, 188–190, 199, 203, 211, 212, 222, 227, 232, 237, 238
einer, 2, 5, 7, 9–13, 16, 21, 22, 26, 29, 31, 33, 35–40, 44–46, 49, 51, 53, 56, 58–60, 64, 67, 69, 70, 74, 75, 77, 78, 80, 81, 84–86, 89, 95, 98, 102, 104–107, 109–111,

116, 122, 125, 127, 128, 131, 135, 136, 140, 142, 144, 145, 147, 149, 155, 159, 160, 164–167, 169, 173, 175, 180, 184–187, 189, 190, 197, 198, 203, 207, 208, 210, 212, 214, 215, 223, 229–232, 234, 242
einfache, 210
Einfluss auf, 93, 116, 148, 153
Einfluss geworfen, 19
Einfluss von, 19, 39, 52, 53, 75, 182, 199, 237
einflussreichsten, 1
eingehen, 17, 223, 234
eingesetzt, 47, 87, 150
einhergehen, 77, 80
einige, 27, 36, 79, 87, 91, 94, 101, 115, 118, 121, 126, 128, 133–135, 137, 141, 142, 154, 175, 208, 224, 230–233, 235, 240
Einige Aktivisten, 79
Einige etablierte, 67
Einige Kritiker, 60
einigen, 50, 79, 113, 142, 184, 207
Einsatz, 149, 214
Einsatz von, 119
einschränkt, 207, 227
einsetzen, 83, 86, 89, 93, 162, 166, 184, 185, 200, 210, 211, 217, 224
einsetzt, 49, 93, 207, 211, 214, 215, 220
einsetzten, 39
Einstellungen gegenüber, 159
eintraten, 189
Einwilligungen von, 107

einzige Identitätskategorie, 35
einzubeziehen, 2
einzugehen, 32, 106
einzusetzen, 13, 17, 39, 40, 44, 45, 53, 82, 86, 167, 179
einzutreten, 35, 36, 86, 154, 201, 207
emotionale, 19, 36, 52, 53, 182, 183, 187, 188, 211
Emotionen transportieren, 44
empfohlen, 105
empirische, 2, 58, 81, 99, 109, 148, 185, 230
Engagement innerhalb der, 156
Engagement können, 204
Engagement zu, 63
engagieren, 82, 217
engagierte, 56, 80, 115
enge, 15, 36, 95, 118, 164, 189
entscheidend, 4, 7, 9, 16, 17, 22, 27, 29, 31, 33, 35, 38, 44, 53, 66, 70, 82, 84, 89, 95, 102, 109, 111, 123, 127, 131, 134, 137, 138, 141, 144, 145, 156, 157, 160, 166, 173, 174, 179, 180, 182–184, 197, 200, 201, 203, 207, 209–211, 214, 215, 221, 224, 232, 234, 236, 237, 240–242
entscheidender, 11, 15, 17, 30, 33, 36, 47, 53, 58, 75, 80, 104, 113, 116, 143, 184, 195, 202, 213, 214, 219, 222, 235, 238
Entschlossenheit, 86, 88
Entschlossenheit angehen, 215
entweder, 142, 231
entwickeln, 6, 15, 25, 26, 30, 31, 68,

79, 84, 93, 108, 112, 113, 119, 135, 156–158, 168, 172, 186, 188, 200, 209, 224, 227, 235, 241
entwickelt, 5, 97, 99, 120, 137, 141, 142, 148, 164, 166, 182, 208, 221
entwickelte, 12, 31, 82, 92, 135, 145, 153, 171
Entwicklung geprägt, 190
Er kämpfte mit, 172
erfasst werden, 104
Erfolg bei, 53
Erfolge sah sich, 13, 51, 81
Erfolgen, 178
erfolgreiche, 79, 94, 143, 151, 152, 157
erfolgreichen, 164
erforderlich, 133
erfordern, 9, 105, 118, 127, 143, 164, 169, 195, 201, 203, 219
erfordert, 107, 118, 141, 237
ergeben, 14, 94, 108, 143, 199
Ergebnissen beeinflussen, 123
Ergebnissen von, 120
Ergebnissen zum, 128
erhalten, 17, 21, 32, 67, 87, 106, 107, 119, 158, 171, 200
erheben, 21, 22, 39, 45, 48, 50, 56, 58, 73, 185, 190, 215, 237
erheblich einschränken, 21
erheblich geschärft, 1
erheblich verändert, 147
erhebliche, 12, 41, 105, 139, 148, 150, 168, 185, 206, 242
erheblichen, 2, 51, 85, 92, 111, 141, 156, 186
Erhebung, 107

erhielt, 172
erhält, 102
erhöhen, 6, 17, 40, 52, 67, 79, 115, 131, 157, 221, 237
erhöhten, 81, 131, 203, 241
Erik Erikson, 34
Erikson, 34
Eriksons Konzept der, 34
erinnert, 145, 171, 210, 238
Erinnerungen von, 177
Erinnerungen zusammengetragen, 176
erkannte, 26, 27, 30, 35, 39, 40, 66, 74, 75, 78, 92
erkennt, 70, 154
Erkenntnisse hinzuweisen, 74
Erkenntnisse ignoriert, 129
Erkenntnissen basierten, 105
Erkrankungen wie, 207
erlassen, 142, 207
erlaubte es, 48
erleben, 22, 26, 33, 50, 120, 189, 197, 208
Erlebnissen, 172
erlebte, 18, 30, 33–37, 39, 40, 45, 47, 48, 50, 51, 87, 88, 172, 184, 189
erleichtert, 18, 201
erläutern, 13, 135
ermutigte, 30, 36, 50, 52, 82, 90, 135, 172
ermöglichen, 9, 11, 69, 84, 102, 116, 140, 156, 157, 167, 180, 183, 220
ernst, 22, 60, 135, 184
erreichen, 45, 69, 80, 83, 93, 127, 129, 140, 145, 147, 156, 183, 189, 193, 219
Errungenschaften, 164

Index

Errungenschaften innerhalb der, 18
Errungenschaften von, 200
erschweren, 156, 207, 227
erschwerte, 34, 35
erste, 7, 34, 38, 39, 43, 52, 58, 148, 196
ersten, 18, 27–29, 31, 34, 38, 40, 49, 50, 52, 59, 60, 134, 198
erstreckt, 7
Erwartungen bewusst, 42
erweitert, 12
erwähnt, 173
erzielt, 149, 157, 179, 202, 205, 207
erzielten, 206
erzählen, 20, 45, 46, 81, 82, 214
erzählt, 10, 145, 172, 177
Erzählung, 7, 18
Erzählungen könnten, 120
Erzählungen wird deutlich, 173
Erzählweise, 4
eröffnet, 12, 166
es, 1, 2, 4–7, 9, 11, 16–18, 21, 22, 25, 26, 31, 33, 35, 37, 39–41, 44, 45, 48, 51, 52, 56, 60, 64, 66, 67, 69, 70, 73, 74, 79–85, 87–90, 92, 95, 102–105, 108–113, 115, 116, 118, 125–128, 131, 132, 136, 139–142, 144, 147–150, 152, 154, 156, 157, 159, 162, 166–168, 171–173, 178, 180, 183, 184, 187–190, 195, 198, 201, 203, 205–207, 209–215, 217, 219, 221, 223, 226, 227, 229, 231, 234, 235, 239–242
Es gibt, 207

Es lebt, 215
Es liegt, 199
Es trug dazu, 67
Es zeigt, 179
essenzielle, 139, 234
essenzieller, 51
etabliert, 68
etablierte, 67
etwas Größerem zu, 39
evidenzbasierten, 213

Fachkräfte auszubilden, 223
Fachkräften, 17
Faktor bei, 47
Faktoren, 27, 103, 118, 143, 147, 166
Faktoren abhängt, 102, 242
Faktoren abhängt, einschließlich Bildung, 214
Faktoren kann dazu, 127
Faktoren wie, 35
Fallbeispiele aus, 101
falsche, 51
Familie führte, 26, 172
Familien geführt, 187
Familien von, 187
Familienfeste, 172
Familienmitglieder besser zu, 187
Familienmitglieder sich, 172
familiäre, 25
familiären, 18, 27, 172
familiärer, 26
fand, 31–37, 39, 41, 44, 48, 50, 74, 88
fasziniert von, 49
Fehlinformationen, 133, 148, 229, 242
Fehlinformationen führen, 81
Fehlinformationen geprägt, 85, 129

Fehlinformationen innerhalb der, 105
Fehlinformationen resultieren, 137
Fehlinformationen sind, 132
Fehlinformationen zurückzuführen, 133
Fehlinformationen über, 132
fehlten, 62
Feier der, 238
feiern, 40, 206
feiert, 113, 214
Feiertage oft über, 172
feindlich, 36
feindlichen, 45, 139, 186
Fernsehsendungen, 85, 166, 206
fest, 48, 51, 67, 82, 87, 98, 105, 155, 165, 184
festigen, 13, 40
festzuhalten, 37, 145
fiel, 50
Filme, 206
Finanzielle Schwierigkeiten, 88
Finanzielle Unterstützung, 235
finanzieller, 21
Finanzierung, 66, 76
Finanzierung von, 128, 235, 237
Finanzierungsmöglichkeiten, 129
finden, 7, 33–35, 37, 38, 58, 67, 76, 77, 108, 127, 167, 183, 187–189, 206, 231
findet, 238
fließen, 128
Fluidität von, 26
folgenden, 18, 27, 111
Folgenden einige, 232
fordert, 71
forderte, 59, 81, 105
Foren konnte, 92
formten, 26, 49

formulieren, 129
formuliert, 20, 35, 68, 102
formulierte, 165
Forscher aus, 103
Forscher müssen, 107, 108, 227
Forscherinnen, 107
Forschung basieren, 153
Forschung von, 30
Forschung zugutekam, 25
Forschungsagenda, 123
Forschungsarbeiten, 50
Forschungsergebnissen können, 237
Forschungsgruppen geschehen, 119
Forschungsnetzwerk, 68
Forschungsnetzwerk wurde als, 67
Forschungsnetzwerks, 18, 66
Forschungsperspektive formen, 63
Forschungspraktiken, 69
Forschungsprojekte von, 53–55
Forschungsprojekte zu, 13, 88
Forschungsprojekten, 67
Forschungsprozess integrierte, 63
Forschungsprozess verlangsamen, 108
Forschungsrichtungen gelegt, 106
Forschungsstudien, 108
Fortbildungen, 198
fortschreitenden, 147
Fortschritte, 168, 207
Fortschritte gab es, 41
Fortschritten, 89
fortzusetzen, 177, 180, 192
Frau Müller, 30
Freundin Anna, 36
freundlichen, 211
Freundschaften innerhalb der, 183, 188
Freundschaften spielen, 183
frühe, 171

Index 259

frühen Jugend auf, 34
frühen Studienjahren legte, 51
frühzeitige, 129
fundiert, 2, 115, 174
fungieren, 3, 10, 56, 199, 240
Fähigkeiten, 31, 45
fördern, 5–8, 10, 11, 17, 20, 21, 39,
    45, 55, 60, 63, 69–71, 73,
    74, 80, 81, 85, 86, 90, 92,
    93, 95, 102, 115, 118, 119,
    123, 125, 129, 131, 132,
    136, 142, 143, 148, 149,
    157, 160, 166, 167, 183,
    184, 195, 196, 199, 203,
    207–211, 214, 219, 220,
    222, 227, 229, 232–238,
    240–242
fördert, 66, 93, 151, 166
förderte, 26, 67, 173
fühlte, 29, 32, 34, 37, 186
führen, 9, 10, 29, 32, 65, 79, 81, 89,
    103, 112, 125–129, 131,
    140, 142, 156–158, 189,
    190, 198, 207, 209, 229,
    231, 234
führt, 6, 70, 81, 105, 112, 126, 136,
    139, 142, 156, 159, 164,
    167, 198, 203, 220
führte, 25, 26, 34, 42, 44, 45, 53, 59,
    66, 78, 80, 81, 85, 88, 93,
    105, 128, 135, 136, 172,
    184, 186
führten, 26, 27, 29, 30, 37–40, 43,
    45, 60, 67, 77, 88, 89
Führungspositionen erfolgreich sein
    können, 196
für, 1–18, 20–22, 25–27, 29–31,
    33–53, 55, 56, 58, 60,
    62–70, 73–75, 77, 79–90,
    92–95, 97, 98, 102,
    104–106, 108, 109,
    111–113, 115, 116,
    118–120, 122, 123, 127,
    128, 131–136, 140–146,
    148–150, 152–154,
    157–160, 162–164,
    166–168, 171–175, 177,
    179, 180, 182–186,
    188–190, 192, 195–201,
    203, 206–215, 217,
    219–224, 227, 229, 230,
    232, 234–242

gab es, 88, 172
gaben ihr, 39
ganzen Welt zu, 37
geben, 18, 22, 69, 182, 210, 232
gebildet, 206
gebracht, 215
Gedanken, 37, 180, 182, 188
gedient, 12, 21
geebnet, 83
gefeiert, 7, 169, 197, 198
gefährden, 129, 157, 167
gefördert, 30, 74, 134, 147, 153,
    160, 164, 198–201, 209,
    215, 234
Gefühl der, 10, 32, 37, 183, 208, 209
Gefühle, 37, 188
gegen, 207
gegen Barrieren, 148
gegen den, 86
gegen gesellschaftliche Normen, 44
gegen ihre, 13
gegen solche Initiativen, 141
gegen solche Reformen, 167
gegen Veränderungen, 26
Gegenwart angehen, 242

Gegenwart stellen, 158
gegenwärtigen Herausforderungen, 7
gegenüber, 13, 26, 36, 37, 65, 87, 108, 112, 115, 142, 159, 201, 208
gegenüberstehen, 20, 109, 147, 154, 168, 203, 221, 234
gegründet, 34
Gegründet 1978, 220
gehören, 99
gehört, 7, 22, 40, 73, 74, 81, 85, 118, 127, 139, 166, 197, 207, 215, 232
gekürzt, 128
Geld, 45
Gelegenheiten, 81
gelegt, 68, 106, 118, 201
gelehrt, 214
geleistet, 99, 102, 116
geleitet, 76
gelten, 187
gemacht, 6, 31, 37, 108, 184, 189, 237
gemeinsam, 79, 116, 179, 192, 212, 215
Gemeinsam organisierten sie, 189
gemeinsame Ziele zu, 143
Gemeinschaften, 83, 84, 90, 138, 156, 168, 183, 184, 186, 188, 221
Gemeinschaften aktiv, 235
Gemeinschaften bestehen, 141
Gemeinschaften bilden, 45
Gemeinschaften gegenübersehen, 9
Gemeinschaften genutzt, 69
Gemeinschaften gibt, 183
Gemeinschaften ist, 208
Gemeinschaften leben, 182
Gemeinschaften unerlässlich, 215

Gemeinschaften verbreiten, 210
Gemeinschaftsorganisationen, 39
gender, 209
Genehmigungen einholen, 107
Genehmigungen von, 108
Generationen, 156
Generationen lernen, 201
Generationen profitieren, 157
Generationen von, 13
genetische Prädispositionen, 103
genommen, 22, 115, 184
genutzt, 2, 17, 69, 128, 149, 219
genügend, 67
George Michael wurden, 41
gepflastert, 212
geprägt, 2, 7, 20, 27, 29, 31–36, 38, 40, 46, 49, 53, 60, 70, 83, 85, 99, 109, 113, 123, 129, 134, 136, 139, 144, 146, 156, 164, 166, 168, 175, 178, 184, 185, 190, 197, 199, 206, 212
geraten, 9, 86
gerecht wird, 10
gerechte, 16, 36, 71, 90, 111, 141, 158, 168, 192, 201, 204, 227
gerechten gesellschaftlichen, 160
gerechten Welt, 197
gerechteren Gesellschaft sei, 60
gerechteren Gesundheitsversorgung, 106
gerechteren Verständnisses von, 17
Gerechtigkeit, 9, 11, 27, 38, 86, 93, 152, 162, 185, 211, 215
Gerechtigkeit einbringen, 20
Gerechtigkeit kann eine, 149
geringeren, 182
gerufen, 2, 55, 137, 189, 200, 215

Index 261

gerückt, 145, 152
gesammelten, 227
gesamten Familie, 172
gesamten Gesellschaft, 141
geschaffen, 13, 41, 68, 85, 102, 166, 179
Geschichten auszuschöpfen, 4
Geschichten von, 190, 197
Geschichtsschreibung geraten, 9
Geschlecht, 25, 34, 35, 48–50, 102, 166
Geschlecht hinausgehen, 7
Geschlechterforschung, 13
Geschlechterfragen befassten, 31
Geschlechteridentitäten gestalten, 113
Geschlechterstudien, 47
Geschlechtsidentität, 30, 34, 59, 102, 107, 108, 128, 135, 142, 196, 200
Geschlechtsidentität abdecken, 107
Geschlechtsidentität behandelt werden, 113
Geschlechtsidentität beigetragen, 6
Geschlechtsidentität beitragen, 241
Geschlechtsidentität darzustellen, 131
Geschlechtsidentität erheblich beeinflussen, 108
Geschlechtsidentität erweitern, 97, 99
Geschlechtsidentität forderte, 59
Geschlechtsidentität ist, 108
Geschlechtsidentität kann potenziell, 107
Geschlechtsidentität können, 28
Geschlechtsidentität sind, 17
Geschlechtsidentität verbieten, 128

Geschlechtsidentität verbunden, 107, 165
Geschlechtsidentität vertiefen, 148
Geschlechtsidentität verzerren, 130
Geschlechtsidentität verändert, 14
Geschlechtsidentität von, 129
Geschlechtsidentität vor, 109
Geschlechtsidentitäten erleichterte, 92
geschlossene, 107
Geschwistern von, 187
geschärft, 1, 3, 6, 63, 104, 115, 166, 201
gesellschaftlich als, 40
gesellschaftlich konstruiert, 166
gesellschaftliche Akzeptanz, 74, 81, 95, 142, 153, 184, 189, 206
gesellschaftliche Auswirkungen, 53
gesellschaftliche Fortschritte, 95
gesellschaftliche Klima, 86
gesellschaftliche Normen, 49, 56, 198
gesellschaftliche Sichtweise, 84
gesellschaftliche Verantwortung, 70
gesellschaftliche Veränderung, 81
gesellschaftliche Veränderungen, 7, 94
gesellschaftliche Veränderungen zu, 164
gesellschaftlichen, 11, 17, 18, 20, 27, 32, 36–38, 40, 42, 48, 51, 84, 86, 87, 97, 99, 109, 129, 141, 143, 156, 160, 166, 172, 199, 217, 239
Gesetz verabschiedete, 207
Gesetze erlassen, 142, 207
gesetzt, 153
gesorgt, 159
Gespräche, 25, 140, 175, 189

Gespräche halfen, 172
Gesprächen, 180
Gesprächen konnten sie, 36
Gesprächen mit, 173
gestaltet, 18, 99, 112, 234
gestärkt, 63, 80, 139, 187, 200
Gesundheit, 133, 182, 202
Gesundheit aufzeigen, 122
Gesundheit erfassten, 62
Gesundheit innerhalb der, 207
Gesundheit korreliert, 155
gesundheitliche Ungleichheiten, 118
Gesundheitsdienste anbieten, 17
Gesundheitswesen, 162, 167
Gesundheitswesen anzustoßen, 56
Gesundheitswesen sein, 120
geteilt, 200
Gewalt, 74, 148
Gewalt gegen, 206
Gewalt konfrontiert, 34, 221
gewinnen, 62, 107, 157, 227
gewinnt, 116
gewonnen, 83, 145, 224, 230
geworden, 126, 227
gewährleisten, 109, 229
gezeichnet, 20
gezeigt wurde, 190
gezielte Bildungsinitiativen, 199
gibt, 6, 26, 31, 33, 74, 79, 105, 108, 110, 112, 125, 128, 131, 139–141, 148, 150, 162, 167, 168, 183, 187, 189, 201, 203, 206, 207, 209, 210, 217, 221, 226, 227, 229, 231, 234, 239, 241, 242
gilt, 70, 89, 112, 152, 183, 212, 214, 229, 239
Glauben, 88

glaubte, 82
Gleichaltrige können, 33
gleichen Chancen, 197
gleichen Chancen auf, 66
gleichen Rechte, 39
gleichgeschlechtliche, 206
gleichgeschlechtlichen Ehe, 141, 206
Gleichgesinnte, 34, 42, 188
Gleichgesinnten zusammenschloss, 38
Gleichheit, 234
Gleichheit auseinandersetzte, 30
Gleichheit einsetzt, 214, 215
Gleichheit geprägt, 7
Gleichheit nicht, 27
Gleichheit und, 9, 20, 38, 46, 75, 83, 86, 93, 95, 149, 158, 162, 168, 180, 190, 206, 207, 210, 211, 219, 220
Gleichstellung von, 211
Gleichung, 74, 165
Gleichzeitig müssen, 142
Gleichzeitig wird es, 84
globale, 93, 157, 240
globalisierten Welt, 219
Grenzen traditioneller Forschung, 12
Grenzen von, 35
großer Bedeutung, 221
großes Potenzial, 69
Grundlagen, 17, 49, 68
Grundlagen bieten, 29
Grundlagen der, 40, 52, 142, 208
Gruppen oft mit, 165
größere, 2
größten, 66, 70, 87, 103, 105, 112, 118, 130, 139, 145, 156, 184, 197, 226
gründen, 53
Gründung, 90

Index 263

Gründung von, 33
gut, 198
gängigen Narrativen, 10

haben, 3, 6, 13, 16, 17, 20, 26, 31,
    53, 55, 56, 61, 63, 66, 83,
    92, 93, 98–101, 104, 108,
    113, 115, 116, 121, 126,
    129, 131, 133, 136, 141,
    145–149, 151, 153, 155,
    158, 159, 162, 167, 168,
    177, 178, 182, 186–188,
    190, 192, 198–200, 207,
    214, 224, 237, 239
half, 25, 33, 35, 36, 53, 77, 185
halfen auch, 135
halfen ihr, 53, 189
Haltung plädieren, 209
Handeln nachhaltige, 164
Hans Müller, 52
hat, 1–3, 6, 7, 9, 11–14, 16, 17, 21,
    26, 55, 56, 60, 63, 68, 80,
    83–86, 89–91, 93, 97–99,
    102–104, 106, 113, 115,
    116, 118, 130, 131, 133,
    134, 136–139, 141, 144,
    145, 147, 148, 152, 153,
    155, 157–160, 162, 166,
    171, 173, 177–180,
    182–188, 190, 193,
    198–202, 205–207, 210,
    213–215, 220, 221, 224,
    230
hatte, 30, 41, 47, 49, 50, 52, 58, 86,
    92, 172
hatten, 25, 26, 34, 37, 42, 47, 48,
    175, 184, 189
Hauptprobleme, 126
Hauptquelle, 36

Hauptziele, 56
Henri Tajfel, 5, 182, 208
herausfordernd, 39, 40, 49, 168
Herausforderung, 123, 156, 157,
    188, 221
Herausforderungen, 9, 22, 34, 42,
    43, 107, 118, 143, 153,
    164, 195, 201, 212, 219
Herausforderungen anzugehen, 242
Herausforderungen anzupassen, 144
Herausforderungen entwickelt, 120
Herausforderungen gegenüber, 13,
    65
Herausforderungen sind, 108
Herausforderungen sowie, 54
herausragende, 3, 30, 154
herbeizuführen, 47, 63, 73, 75, 144,
    197, 208, 210, 242
herum, 25, 214
hervorgebracht, 100
hervorgehoben, 19, 131, 145, 155,
    184
hervorgetan, 12
hervorrief, 186
hervorzuheben, 50
Herzen lagen, 48
heteronormativen, 33, 35
heutigen, 82, 85, 132, 195, 214, 232,
    238
Hier fand, 48
Hier sind, 133, 137
Hier wird auch, 18
Hier wird ein, 19
Hierbei könnten, 119
hierfür, 9, 67, 69, 70, 102, 107, 108,
    120, 129, 142, 185, 211,
    237
hilft, 35, 85
hinausgeht, 179, 214

Hinblick auf, 141
hinderlich, 128
Hindernisse, 132
hingegen umfasst, 158
hingegen äußerten, 59
hinsichtlich, 59, 231
hinterfragt, 10, 214
hinterfragten, 44
Hintergrund spielte eine, 25
Hintergründen, 156
Hintergründen miteinander, 80
hinterlassen, 11, 16, 177, 190
historischen, 7
hochwertige, 227
Hoffnung, 175
Händen, 214
häufig, 9, 32, 74, 110, 128, 129, 182, 184, 207, 208, 227
häufigsten Schwierigkeiten beleuchtet, 64
Höhen zu, 158
höherem Selbstwertgefühl, 182
hörbar, 75, 81
hören, 214
Hürden, 87, 168
Hürden dar, 242
Hürden ist, 103, 105, 112, 156
Hürden können, 108
Hürden oder, 136

idealisierte, 9
Idee, 66
identifizieren, 10, 119, 166, 227
Identität eng miteinander, 47
Identitäten oft nicht, 48
Identitätskategorien wie, 206
ignorieren, 197
ihnen, 22, 29, 158, 175, 200, 221

ihr, 2, 6, 13, 17, 18, 25–27, 29, 31, 33, 35–39, 42, 44, 47, 48, 53, 58, 81, 83, 85, 87, 88, 110, 111, 153, 175, 177, 180, 182, 186, 188–190, 197, 199, 214, 221, 239
Ihr Ansatz, 199, 214
Ihr Ansatz könnte nicht, 70
Ihr Ansatz zeigt, 139
Ihr Bruder erwähnt, 173
Ihr Einsatz, 58, 215
Ihr Engagement, 21
Ihr Erbe wird durch, 164
Ihr Erfolg, 6
Ihr Glaube, 182
Ihr Vater äußerte, 172
Ihr Vermächtnis wird, 154
Ihr älterer, 26
ihre, 2, 5, 9, 11–13, 17–22, 25–27, 29–33, 35–53, 55, 56, 58, 60–63, 65, 67–69, 73, 74, 77, 79–86, 88, 90–93, 98, 103, 104, 108, 110, 115, 116, 118, 120, 122, 126, 129, 131, 135–137, 139, 140, 144, 145, 147, 153–155, 157–159, 164, 166–168, 171–174, 178–180, 185–190, 195, 198, 200, 201, 203, 206, 208, 213–215, 219, 221, 237, 240
Ihre Arbeiten, 113, 115, 116, 159
Ihre Beiträge, 82
Ihre eloquente, 81
Ihre Forschung, 6, 16
Ihre Fähigkeit, 2, 3, 13, 60, 81, 85, 86, 88, 144, 153, 175, 177, 185

Ihre Geschichte, 2, 7, 173
Ihre Geschichten, 185
Ihre Initiativen, 90
Ihre Mutter, 25
Ihre Resilienz, 136
Ihre Schwester, 172
Ihre Sichtbarkeit, 196
Ihre Unterstützung, 215
ihrem Aktivismus, 134, 173
ihrem Alltag, 120
ihrem Leben, 36, 172
ihrem Weg, 58, 88, 214
ihrem Weg zum, 171
ihren, 25–27, 29, 31, 33, 35–38, 42, 43, 45, 48, 51, 55, 59, 74, 82, 84, 87, 88, 90, 119, 135, 144, 145, 155, 157, 159, 172, 173, 175, 185, 188, 200, 206, 227
ihrer, 1–3, 5, 9, 10, 12, 13, 16, 18, 19, 25–27, 29–31, 33–37, 39, 40, 42, 44, 47–60, 62, 63, 66–68, 74, 78, 80, 81, 87–89, 99, 103, 113, 115, 121, 127, 129, 130, 132, 134–136, 143, 145, 149, 153, 155, 158, 160, 165, 171, 172, 174, 177, 178, 183–190, 196–198, 200, 201, 209, 222, 237
Ihrer Nähe, 211
immer, 6, 26, 45, 89, 90, 128, 144, 145, 167, 188, 201, 203, 210, 214, 219
Implikationen, 55, 98, 104
Implikationen der, 120
in, 1–3, 5–7, 9–20, 22, 25–42, 44–53, 55–60, 62, 63, 66–70, 74, 75, 77, 78, 80–89, 91–95, 99, 102–108, 111–113, 115, 116, 118–121, 123, 126, 128–132, 134–145, 147–149, 151–160, 162–164, 166–169, 171–175, 177–180, 182–190, 192, 193, 195–203, 205–215, 217, 219–224, 226, 227, 229–242
indigenen, 7
individuelle, 6, 9, 27, 44, 49, 60, 90, 132, 143, 154, 182, 214, 237
individueller, 64, 179, 208, 210, 214
Individuen, 5, 73, 98, 108, 186, 188
Individuen gegenübersehen, 27
Individuen ihr, 182
Individuen ihre, 45
Individuen innerhalb der, 182
Individuen können, 236
Individuen sich, 188, 208
informieren, 55, 210, 212
Informieren Sie sich, 211
Inhalte erstellen, 229
Inhalte zu, 157
Initiativen mitgewirkt, 155
Initiieren Sie, 211
initiierte, 56, 80, 135
inklusiv, 112, 120, 214
inklusiven, 7, 21, 33, 98, 160, 180, 197, 232
inklusiveren, 17, 60, 84, 102, 106, 127, 164, 198, 207, 215
inneren, 29, 33, 37, 184
innerhalb der, 7, 85, 125, 127, 132, 142, 180, 240
innovativer, 66

Insbesondere, 40
insbesondere, 3, 5, 7, 26, 27, 47, 61, 73, 78, 81, 86, 102, 107, 126, 127, 130, 139, 141, 158, 167, 174, 182, 189, 193, 195, 205, 206, 208, 210, 212, 240
Insbesondere ihre, 30
Insgesamt, 185
insgesamt, 147, 229
Insgesamt lässt sich, 84
Insgesamt zeigen, 177
Insgesamt zeigt, 60, 63, 68
inspirieren, 21, 31, 46, 86, 166
inspirierend, 40, 184
inspiriert, 13, 17, 157, 173, 178, 180, 186, 196, 200, 201
inspirierte viele, 82
inspirierten, 35, 39, 44
institutionelle, 136, 201
integrieren, 2, 13, 48, 52, 70, 95, 102, 103, 140, 196, 222, 235
integriert, 134, 201, 214
intellektuelle Entwicklung, 52
intensiv, 25, 50
intensiven Auseinandersetzung mit, 49
interdisziplinär bleibt, 104
interdisziplinär sein, 241
interdisziplinäre, 12, 13, 19, 51, 52, 69, 102, 103, 118, 119, 146, 148, 160, 201, 209, 219, 227, 242
Interdisziplinäre Ansätze, 113, 213
Interdisziplinäre Forschung ermöglicht es, 102
interdisziplinären, 59, 66, 67, 69, 79, 102, 113, 116, 162, 201

interdisziplinärer, 17, 66, 104, 113, 145, 214
Interessen früh zu, 25
Internationale Unterstützungsnetzwerke müssen, 221
internationaler, 70, 92, 118, 221
interne, 189
internen, 79, 157, 183, 209
Intersectionalität, 99
intersectionalität, 240
intersektionale, 108, 157
interviewt, 185
isoliert betrachtet, 59, 69
isoliert bleibt, 178
isoliert stattfinden, 90
ist, 1–7, 9–18, 20–22, 26, 27, 29, 31–40, 44–47, 50, 53, 56, 60, 62, 63, 66–70, 74, 75, 78–81, 85, 86, 88–91, 94, 95, 98, 102–109, 111–113, 118–123, 125–134, 136–145, 148, 149, 152, 154–158, 160, 162–164, 166–168, 171–174, 178–180, 182–186, 188–190, 192, 193, 195–203, 205–215, 219–224, 227, 229, 231, 232, 234–238, 240–242

J. Michael Bailey, 103
Jahr, 239
jahrelanger Forschung, 97
Jahren, 41
Jahren entwickelt, 182
Jahrhundert, 7
Jahrzehnten bemerkenswerte Fortschritte, 205

Jahrzehnten erheblich verändert, 166
Jahrzehnten zugenommen, 141
je nach, 98
je nachdem, 129
Jean Piaget, 197
jede Person, 237
jedem Einzelnen von, 215
jeden Studierenden, 47
jeder, 7, 9, 185, 192, 197, 210, 212, 214, 229
Jeder Einzelne kann dazu, 213
Jeder kleine Schritt, 210
Jedes Kapitel, 20
Jedes Kapitel ist, 18
jedoch bleibt der, 188
jedoch bleibt die, 141
jedoch das, 4
jedoch eine, 234
jedoch motivierte, 184
jedoch nicht, 59
jedoch oft nicht, 108
jedoch oft von, 36
Jedoch sind, 203
jedoch von, 207
jemanden wie, 47
jeweiligen Feldern, 25, 48
jeweiligen Gemeinschaften angepasst, 221
John Turner, 5, 182, 208
Judith Butler, 108, 200
Judith Butler's, 102
Jugendkultur, 18, 40–42
Jugendliche belastete, 42
Jugendliche sahen sich, 41
Jugendlichen, 129
Jugendlichen ermöglichten, 41
Jugendzeit, 36, 38
junge, 2, 21, 22, 45, 85, 157, 179, 200, 201, 237

jungen Mann, 186
jungen Menschen, 240
jungen Menschen ermöglicht, 21
junger, 200
jüngere Schwester als, 26
jüngere Zielgruppen ansprechen, 157

Kaitrin, 26, 31, 33, 34, 36, 38, 40, 51, 60, 63, 81, 85, 137, 138, 144, 145, 163, 173, 183–185, 188, 189, 200, 214, 215
Kaitrin bedingungslos akzeptierte, 36
Kaitrin begegnete, 13, 67, 86, 184
Kaitrin beobachtete, 26
Kaitrin bewirken, 185
Kaitrin deutlich, 178
Kaitrin Doll, 78, 136
Kaitrin fand, 32, 34, 35, 37
Kaitrin früh lernte, 26
Kaitrin führte, 81
Kaitrin gelegt, 201
Kaitrin hatte, 47, 50, 92
Kaitrin konfrontiert, 53, 87, 145
Kaitrin konterte, 185
Kaitrin lernte, 38, 39
Kaitrin lernte früh, 27
Kaitrin musste, 39, 48, 67, 76, 85, 144
Kaitrin nutzte, 34
Kaitrin sah sich, 57
Kaitrin selbst, 17, 35, 60, 210
Kaitrin setzte sich, 88, 189
Kaitrin stellte, 87, 105, 184
Kaitrin trat, 56
Kaitrin unbeirrt, 83
Kaitrin Unterstützung, 88

Kaitrin vor, 69
Kaitrin wurde oft als, 185
Kaitrins, 39
Kaitrins akademischer Karriere dar, 51
Kaitrins Ansatz, 59
Kaitrins Arbeit, 2, 98, 145
Kaitrins Arbeiten als, 60
Kaitrins Aufstieg, 53
Kaitrins Betonung der, 201
Kaitrins Einfluss, 187
Kaitrins Einfluss auf, 12, 13, 86, 104, 106, 153, 176, 186, 201
Kaitrins Einfluss ist, 85, 199
Kaitrins Einfluss zeigt sich, 200
Kaitrins Einfluss über, 179
Kaitrins Eltern, 26
Kaitrins Engagement, 45, 52, 58, 93, 185, 214
Kaitrins Entschlossenheit, 53
Kaitrins Entwicklung, 25
Kaitrins Erkenntnissen basieren, 17
Kaitrins Familie lebte, 26
Kaitrins Forschung, 12, 13, 58, 102, 122, 180, 187
Kaitrins Forschung basieren, 187
Kaitrins Fähigkeit, 174
Kaitrins Geschwister spielten, 172
Kaitrins Identität zu, 172
Kaitrins künstlerischen Ausdruck ist, 44
Kaitrins Leben, 18, 19, 44, 53, 173, 185, 188
Kaitrins Leben gab es, 45
Kaitrins Leidenschaft, 45
Kaitrins persönliche, 61
Kaitrins Teilnahme, 37
Kaitrins Unterricht, 175
Kaitrins Vater, 25
Kaitrins Vermächtnis wird, 86, 162
Kaitrins Weg zum, 144
kamen, 85, 128
Kampagne, 82
Kampf, 46, 219–221
kann, 102, 131
kann das Gefühl der, 6, 183
kann dazu, 9, 112, 118, 129, 140
kann dies zu, 10, 128
kann durch, 236
kann eine, 132
kann Forscher, 129
kann helfen, 140
kann ihre, 221
kann sie, 157
Kapitals, 35
Kapiteln behandelt, 18
Karriere begegnete, 19, 143
Karriere geprägt, 136, 185
Kategorien wie, 108
keine, 32, 36, 88, 203
Kimberlé Crenshaw, 35, 206
klaren Botschaft, 190
klaren Engagement, 70
klaren kommunikativen Rahmen zu, 103
klaren Richtlinien, 88
klaren Richtlinien oder, 32
klarer Richtlinien, 66
Klassenkameraden, 29
Klassenzimmer anregte, 53
klein sie, 212
kleinen Stichproben oder, 227
Klima, 86
Klima der, 42
Klima entstanden ist, 123
Kliniken ihre, 17
kohärenten Theorien, 66
Kollegen, 173, 175, 185, 210, 214

Kollegen Netzwerke, 174
kollektive, 27, 144, 173, 190, 208, 237
kollektiven Aktivismus, 188
kombiniert, 69
kommenden Generationen, 199
Kommentare von, 51
komplexe, 2, 3, 9, 29, 60, 81, 85, 95, 104, 115, 159, 178
komplexen, 11, 36, 47, 48, 51, 66, 68, 86, 102, 118, 141, 149, 213, 232
komplexes Phänomen, 125
Komplexität, 108, 175
Komplexität der, 19, 234, 241
Komplexität von, 21, 35, 55, 131, 148, 171, 200, 201
Komponente beinhaltete, 62
Konferenzen, 2
Konferenzen betrachten, 238
Konferenzen spielen, 238
Konferenzen teil, 92
Konferenzen unverzichtbare Elemente der, 240
Konferenzen von, 238
Konflikt, 29, 184
Konflikte, 37, 189, 207
Konflikte können, 209
Konflikte verdeutlichen, 79
Konflikten, 33, 125
Konflikten innerhalb der, 126, 183
konfrontiert, 1, 2, 6, 11, 25, 27, 29, 34, 38, 41, 42, 45, 50, 51, 53, 55, 57, 64, 66, 74, 81, 85–89, 107, 110, 111, 118, 129, 131, 134, 135, 143–145, 157, 165, 183–185, 188, 198, 206, 208–210, 214, 220–222, 227, 237, 240–242
konkreten, 162, 193
konnte, 12, 37, 40, 45, 49, 53, 58, 62, 67, 81, 85, 86, 88, 92, 93, 144, 185
konstruiert, 7, 102, 142, 166, 197, 200
Konstruktionen von, 52, 206
konstruktive, 13, 127, 140, 144
Kontakt, 37, 53, 79
Kontexte der, 221
Kontexten beeinflusst, 70
Kontexten bewegte, 144
Kontexten durchgeführt wird, 119
Kontexten leben, 120
kontinuierlichen, 149
Kontroversen, 59
kontroversen Themen, 139
Kontroversen wird, 141
konzentrieren, 9, 70, 112, 118, 120, 183, 222, 227
Konzept der, 50, 206
Konzept ist, 27
Konzerte, 45
konzipiert, 67, 200
Kooperationen sind, 116
Kooperationen untersuchen, 116
Kooperationen verbunden, 118
Kooperationen wird, 118
korrekten Pronomen, 130
kraftvolle, 44, 46, 93
kreative Ausdrucksformen, 40
kreative Ausdrucksformen zur, 46
kreativen Formaten zu, 240
Kritik, 13, 134, 136, 144
Kritik ernst, 60
Kritik mit, 185
Kritiken erfahren, 134

Kritiker argumentierten, 185
Kritiker der, 142
kritische Auseinandersetzung mit, 9, 11, 178
kritische Stimmen, 60, 121
kritischen Stimmen, 19
kritischer Aspekt, 128
kritisierten, 135
kulturell, 7, 40
kulturelle Perspektiven zu, 70
kulturelle Unterschiede können, 221
kulturelle Veranstaltungen, 238
Kundgebungen, 238
Kunstausstellungen konnte, 40
Kunstwerken, 236
Kurse, 53
Kurse anbieten, 222
kurzfristiger Rückschläge zu, 145
Kämpfe durchlebten, 34, 39, 44
Kämpfen, 10
Kämpfen geprägt, 123
können, 6, 10, 15, 21, 22, 28, 29, 33, 44–46, 49, 51, 56, 63–66, 69, 73, 74, 79, 90, 92, 103, 104, 107, 108, 110, 113, 116, 123, 125–129, 131, 136, 137, 139, 142–144, 146, 148, 149, 152, 157, 158, 166, 167, 169, 173, 186, 188–190, 195–198, 200, 203, 204, 206–210, 212, 214, 215, 219, 221–223, 227, 229, 234–237, 239, 240, 242
könnte die, 122
könnten wertvolle, 119
Köpfen der, 213
Köpfen derjenigen weiterleben, 178
Künstler, 35, 45

Künstler wie, 41, 44
Künstlers, 11

lag, 35
langfristige Visionen, 146
Langzeitstudien, 119
Lassen Sie, 212, 215
Lassen Sie uns, 215
Laufbahn, 18
Laufbahn dar, 66
Laufbahn kann, 64
Laufbahn spielten, 52
Laufe der, 26
Laufe ihrer, 113, 134
Laufen zu, 76
lauter denn je sind, 210
lautet, 12
Laverne Cox, 6
Leben, 2, 19, 29, 47, 55, 110, 137, 158, 188, 189, 200, 215
Leben verloren haben, 239
Leben von, 172, 211, 229
Lebensbedingungen, 49, 109, 116
Lebensbedingungen von, 13
Lebensbereichen, 158
Lebensgeschichte von, 20
Lebensgeschichten von, 120
Lebensphasen geprägt, 34
Lebensphasen hinweg verfolgen, 119
Lebensverläufe von, 119
lebhaften, 135
lebt, 215
lebte, 26, 35
legalisiert wurde, 206
Legalisierung der, 141, 206
legte, 33, 42, 49, 51, 58
legten, 52
Lehrer, 30, 32, 198
Lehrern helfen, 17

Lehrkräfte dabei helfen, 196
Lehrkräfte sind, 241
Lehrplan der, 185
Lehrpläne, 16, 112, 196, 200
lehrten Kaitrin, 39
leidenschaftliche Aktivistin, 56
leisten, 49, 70, 227
leistet, 237
leitete, 85
Leitfaden dienen können, 137
Lektion, 144
lenkten, 7
Lernen, 48
lernen, 80, 90, 144, 145, 185, 201
Lernen könnten Forscher Muster, 119
Lernen wurde, 30
Lernende aktiv, 197
Lernumfeld zu, 241
Lernumgebung zu, 92, 177
Lesben, 217
Lesen von, 186
Leser, 215
Leser sich, 10
Leser von, 20
Leser wird formuliert, 20
letzten, 83, 126, 141, 147, 157, 166, 178, 199, 202, 205, 207, 224, 230
Lev Vygotsky, 197
liebe Leserinnen, 215
liefern, 99
liegende Datenbasis, 122
Lisa Schmidt, 52
Liste von, 20
lokale, 34, 76, 210, 211, 220
Länder Fortschritte, 142
Lösungen, 67

machen kann, 185
machen konnte, 81
machte, 58, 75, 81, 85, 136
Madonna, 41, 44
man, 33, 50, 107, 145
mangelte, 56
marginalisiert, 231
marginalisiert sind, 73
marginalisierten, 35, 39, 154, 166, 206, 214
Marsha P. Johnson, 9, 39
materielle Unterstützung, 182
Max, 186
Maßnahmen ergreifen, 66
Maßnahmen zu, 131
Medienlandschaft, 82
Medienpräsenz zu, 93
medizinische, 12, 19, 69, 81, 104–106, 119, 129, 160, 162, 167, 224
medizinischen, 17, 104–106, 149, 168, 213
medizinischer, 120, 142, 189
mehr, 10, 13, 29, 34, 139, 153
Meinung, 67, 79
Meinung beeinflusst, 130
Menschen konfrontiert, 25
Menschen zusammenzubringen, 175
Menschenrechte von, 220
menschlichen, 3, 49, 197
menschlicher, 11, 25, 26, 196, 214
Mentorin gewirkt, 200
Methodologie als, 121
Minderheiten konfrontiert, 27
Mischung aus, 50
Missverständnisse ersetzt, 140
Missverständnissen konfrontiert, 50
mit, 1, 2, 6, 7, 9–11, 13, 17–20, 25–27, 29–32, 34, 36–39,

41–43, 45, 47–51, 53,
55–58, 64, 66, 67, 69, 70,
74, 77–83, 85–89, 92, 99,
102, 103, 107–113, 118,
129, 131, 133–136, 138,
139, 143–146, 155–157,
165, 166, 168, 172, 173,
175, 178, 183–186, 188,
189, 192, 195, 198,
200–202, 206, 208–210,
212, 214, 215, 220–224,
227, 229–234, 236–238,
240–242
Mit dem, 37, 41
miteinander, 47, 80, 113, 116, 118,
160, 199, 206
mitgewirkt, 155, 183
Mitstreiter erkannten, 189
Mitstreiter haben, 149
Mitstreitern, 173, 175
mitwirken, 113
mobilisiert, 220
mobilisierten, 174
Mobilisierung, 214, 237
modernen, 158
motivierten, 43, 47
multidimensionalen, 59, 203
multidisziplinäres Feld, 224
Musik wird somit, 45
Musikvideos, 41
musste, 12, 18, 34, 39, 48, 53, 67,
76, 85, 87, 144, 185
Mut, 42
möchte, 232
möglich, 2, 5, 15, 104, 156, 164, 219
Möglichkeiten, 70, 108, 141, 166,
185, 199, 201, 219, 235,
239
Möglichkeiten der, 60, 156

mühsamer Prozess, 88
Müller, 52, 53
müssen, 7, 10, 74, 107–109, 142,
168, 193, 197, 201, 214,
220, 221, 227

nach, 7, 29, 34–36, 38, 98, 105, 134,
148, 156, 206, 214, 220,
221, 242
Nach dem, 186
nachhaltige, 90, 145, 149, 164, 201
nachhaltigen, 92
nachzudenken, 185
nahm, 60, 92, 135
Natur, 206
Natur sein, 74
Naturwissenschaften, 113
negativ, 32, 48, 64
negativen Kontexten, 196
negativen Reaktionen konfrontiert,
188
Netzwerke, 80, 144, 179
Netzwerke bereitgestellt wird, 182
Netzwerke innerhalb der, 53
Netzwerken erhalten, 200
Netzwerken mitgewirkt, 183
Netzwerks von, 93
neuen, 56, 80, 156, 157, 200
neuer, 17, 19, 67, 99, 118
neuesten, 105
Neugier geschätzt wurden, 25
nicht, 1–3, 5–7, 9–18, 20–22,
25–27, 29, 31–36, 38–40,
42–53, 55, 56, 58–63,
66–70, 73–75, 78–81,
83–91, 93, 94, 97–99,
102, 104–109, 111–113,
115, 116, 121, 123,
126–133, 135–137,

Index

139–141, 143–147,
152–156, 158–160, 162,
164, 166–169, 171–175,
177–180, 182–186,
188–190, 192, 193,
195–197, 199–201, 203,
206–211, 213–215, 217,
220–223, 227, 229, 231,
232, 234, 238, 240, 241
noch engagierter, 184
noch Gesetze, 201
noch institutionelle, 201
nordamerikanischen Ureinwohner, 7
Normen begannen sich, 40
notwendig, 17, 26, 45, 51, 66, 95,
   164, 174, 201, 213, 214,
   241
notwendige Unterstützung, 106
notwendigen, 17, 67, 76, 149, 198
Notwendigkeit, 69, 75
Notwendigkeit bestehen, 179
Notwendigkeit betont, 180
Notwendigkeit hinweisen, 12
Notwendigkeit von, 20, 43, 55, 85,
   88, 98, 102, 134, 185
Notwendigkeit weiterer, 149
Nuancen der, 107
nun, 206
Nur, 132, 234
nur, 1–3, 5, 6, 9–18, 20–22, 26, 27,
   31, 33–36, 38–40, 42–49,
   51–53, 55, 56, 58, 60–63,
   66, 68–70, 73–75, 78–81,
   83–88, 90, 91, 93, 94,
   97–99, 102, 104, 106, 111,
   113, 115, 116, 121, 123,
   127–133, 135–137, 139,
   141, 143–147, 152–156,
   158–160, 162, 164,

166–169, 171–175,
177–180, 182–186,
188–190, 193, 195–197,
199–201, 206, 208–211,
213–215, 217, 220, 222,
223, 227, 229, 231, 232,
238, 240
Nur durch, 66, 80, 113, 134, 143,
   149, 164, 169, 204
nutzen, 47, 50, 82, 84, 86, 93, 129,
   140, 144, 195, 199, 219,
   236
Nutzen Sie, 211
nutzte, 34, 40, 45, 46, 74, 80, 82, 85,
   145
nächsten, 19, 20, 22, 156, 158, 168,
   192, 207, 240, 242
näher betrachtet, 111

oder, 9, 32, 33, 37, 44, 48, 51, 74, 80,
   81, 106–108, 115,
   128–130, 132, 136, 137,
   140, 142, 143, 178, 183,
   188, 196–198, 207,
   210–212, 221, 227, 231,
   234–237
offen, 11, 32, 53, 148, 186, 188
offene, 67, 137
offiziellen, 9, 88
oft angeführt von, 167
oft besser vernetzt, 168
oft das Ergebnis von, 132, 196
oft emotionalen Kampf, 171
oft eng mit, 32
oft herausfordernde Erfahrungen, 29
oft marginalisiert, 126
oft noch nicht, 38
oft subtil, 51

ohne, 33, 39, 42, 48, 59, 66, 86, 107, 188
Opfer von, 206
Organisationen ihre, 155
organisieren, 7, 84, 156, 221
organisiert, 220
orientieren, 190
Orientierung, 197, 212
Orientierung geführt, 206
Orientierung geschehen, 235
Orientierung noch stark eingeschränkt war, 44
Orientierung oder, 237
OutRight bietet, 220

passen, 129, 206
perpetuiert, 196
Personen helfen, 183
Personen können, 108
Perspektiven dominiert wird, 140
persönliche, 2, 26, 31, 33, 35, 36, 38, 40, 42–44, 46, 47, 53, 58, 61, 63, 88, 90, 93, 103, 121, 134, 136, 173, 178, 182, 186, 189, 190, 211, 214
persönlichen Angriffen, 87
persönlichen Geschichten, 62
persönlichen Reise, 185
Persönlichkeiten wie, 147
pflegen, 183
Pierre Bourdieu, 174
Pierre Bourdieu beschrieben wurde, 35
planen, 80, 207
Politiker wie, 148
politische, 55, 92, 107–109, 120, 123, 128–131, 142, 152, 153, 190, 196, 211, 236, 237, 242
politischen, 2, 19, 70, 86, 92, 120, 123, 129, 141–144, 152–154, 156, 157, 164, 166, 167, 217, 236, 241
politischer, 152, 214
Popkultur, 166, 206
populär, 239
positive, 6, 33, 102, 110, 116, 131, 132, 142, 182, 185, 199, 208, 211, 229, 242
positiven Aspekte gibt, 74
positiven Aspekte von, 139, 183, 189, 208, 239
positiven Auswirkungen ihrer, 153
positiven Auswirkungen von, 6, 45, 150, 234
positiven Einfluss auf, 51, 141
positiven Erfahrungen, 34
positiven Merkmale stehen die, 156
positiven Rückmeldungen von, 92
positiven Veränderungen, 187
Praktiken mit, 129
praktisch, 14
Praxis umsetzte, 45
primär, 142
Prioritäten geht, 126
Prioritäten innerhalb der, 207
privilegierten, 231
Professorin Schmidt, 50, 52, 53
Pronomen oder, 51
Proteste sind, 73
provokativ wahrgenommen, 44
Prozess, 34, 38, 86
prägende, 31, 52, 73
prägte, 25, 33
prägten, 26, 36, 38, 42, 91, 174
präsent, 10

präsentieren, 9, 115, 129, 159
präsentiert, 19, 135, 192
psychische, 12, 52, 62, 67, 68, 119, 130, 133, 155, 182, 207, 240
psychologische, 103, 119, 160, 183
psychologischen, 49, 62, 81, 85, 122
psychologischer als, 32
psychologischer Unterstützung, 21

qualitativ hochwertige, 227
qualitative, 12, 62, 69, 103, 107
quantitativen, 69, 102, 103

Rahmen einer, 85
Rahmen ihres Studiums, 48
Rahmenbedingungen gerecht zu, 156
Rahmenbedingungen hinterfragen, 97
Rahmenbedingungen können, 128
Rahmenbedingungen verstanden, 206
Randerscheinung betrachtet, 13
Randthema betrachtet, 153
Raten von, 81, 182
reagieren, 135, 140, 221
Reaktionen geprägt, 139
Rechten von, 241
rechtlichen Anerkennung, 168
rechtlichen Rahmenbedingungen, 65
Rechtswissenschaften zusammenarbeiten, 241
Rechtswissenschaften zusammenzubringen, 66
reflektieren, 44, 47, 49, 171, 205
reflektiert, 20
reflektierte, 60
regte, 52

reichen, 26, 33
reicht, 187, 230
reichten, 82
Reise, 35, 36, 40, 93, 144
relevanter, 102
renommierten, 51, 67, 85, 131
repräsentativ sei, 59, 185
repräsentieren, 132, 240
repräsentiert, 4, 20, 160
Resilienz stärken, 137
Resilienz zeigt sich, 134
Resilienz zu, 88
Resonanz konnte, 185
Respekt leben kann, 212
respektieren, 60, 107, 142
respektiert, 7, 51, 102, 108, 118, 127, 134, 152, 192, 196, 199, 207, 212, 214, 232, 237
respektvolle, 53, 71, 131, 157, 241
Ressourcen geschehen, 66
Ressourcen geteilt, 237
Ressourcen können, 169
Ressourcen teilen, 80
Ressourcen verbunden, 229
restriktive, 128
resultierte, 87
revolutionär, 59
richtet, 126, 210
richteten, 41
richtigen, 140
Richtlinien, 12, 120
Richtlinien könnten dazu, 120
Richtung Gleichheit, 160
Rolle, 11
Rolle bei, 142, 147, 196, 209, 219, 220, 232
Rolle spielen, 61, 120, 192
Rolle spielt, 17

Rolle spielte, 18
Räume geschehen, 22
Rückschlag kam von, 87
Rückschlägen begleitet, 207

sah sie, 87
sahen sich, 34
sammeln, 2, 45, 69, 99, 227
sammelte, 58
Sarah McBride, 148, 196
schaffen, 2, 16, 17, 21, 22, 29, 66, 75, 79, 86, 90, 103, 108, 111, 113, 141, 143, 146, 152, 158, 168, 172, 177, 183, 184, 190, 192, 195–199, 203, 204, 209, 212, 214, 219, 229, 237, 241, 242
schafft, 102, 144, 200
Schatten stehen, 214
Schließlich ist, 138, 213
schloss sich, 39
Schlüsselperson, 86
schmerzhaft, 51
schmerzliche, 36
schmieden, 144
schnell umsetzen, 88
Schreiben, 236
schrieb, 50
Schritt, 34, 38, 48, 51, 58, 60, 66, 70, 102, 106, 134, 152, 214
schuf, 27, 45, 52, 68
Schule gab es, 37
Schulen, 196
schulische, 30, 32, 33
Schulumfelds, 33
Schulung von, 113
schwer, 103
schwerwiegende, 159
schwierigen, 53, 145, 172, 190

schwieriger machen, 6
schädlich sein, 107
schärfen, 8, 11, 15, 21, 36, 39, 40, 44, 47, 55, 60, 69, 73, 80, 82, 85, 92, 93, 98, 131, 142–144, 149, 150, 168, 179, 183, 185, 188, 195, 200, 208, 210, 213, 223, 240
schärfte, 45
schätzen, 26, 184
Schüler unabhängig von, 237
Schülerin, 30
Schülern, 16, 175, 177
Schülern zeigten, 92
schützen, 131, 203
sehen, 65, 74, 110, 129, 157, 188
sei es, 211
seien, 185
sein, 14
seiner, 11, 103, 171, 186, 192, 197, 214
selbst, 2, 9, 10, 17, 29, 33, 35, 47, 58, 60, 61, 69, 87, 140, 156, 173, 183, 186, 187, 207, 210
Selbstbewusstsein, 31
Selbstbild, 5
Selbstwertgefühl, 182
sensibilisieren, 106, 197
sensibilisierten, 25
Sensibilität, 2
sensibler, 107
setzte sich, 40, 83
Sexualität beeinflusst, 36
Sexualität befassen, 203
Sexualität verbunden, 108
sich, 2–5, 7, 9–14, 17, 18, 20–22, 25–45, 47–53, 55–58,

64–66, 68, 70, 74–77,
79–90, 92–95, 99, 103,
108–112, 115, 118, 120,
123, 125, 126, 129, 131,
132, 134–137, 139–141,
143, 144, 147, 151–153,
156–160, 162, 164,
166–168, 171–173, 175,
179, 182–186, 188–190,
192, 193, 195, 198–202,
206–212, 214, 215, 217,
220, 222, 224, 227, 230,
232–234, 236, 238, 242
sicherer, 22, 33, 36, 206, 224, 236
sichern, 67, 202, 207
sichtbar, 45, 126, 159, 160, 196, 236
sichtbarer, 162, 199
Sichtbarkeit, 9, 85, 86, 142, 145,
146, 158, 166, 168, 195,
200, 206, 207, 214, 217
Sichtbarkeit bedeutet, 195
sie, 2, 3, 5, 9–12, 18, 20, 22, 25–27,
29–32, 34–40, 42–45,
47–53, 56, 58, 59, 62, 63,
67, 69, 70, 74, 80–82,
84–88, 90, 92, 93, 102,
107, 108, 111, 115, 116,
129, 134–137, 139, 144,
145, 153–158, 164, 165,
168, 171–173, 177–180,
184–187, 189, 190, 197,
200, 212, 214, 215,
219–222, 238
sieht, 2, 69, 70, 115, 201, 208
signifikant, 155
signifikante, 68, 122, 182
Simon Frith, 45
sind, 1, 2, 4, 6, 7, 9–11, 16, 17, 19,
22, 25, 27, 29, 31–35, 38,

42, 44, 46, 47, 49, 51, 55,
60, 64–66, 68, 73, 74,
81–83, 85, 86, 88–90, 93,
97, 99, 101, 102, 105,
107–109, 111–113, 115,
116, 118, 119, 121, 123,
126, 128, 129, 131–134,
136–144, 146–149,
152–154, 157–160, 164,
165, 168, 172–175, 177,
178, 182–185, 188, 190,
192, 195–203, 206–215,
219–224, 227, 229, 230,
232, 234, 236, 238,
240–242
skeptisch, 87
sofort, 53
solcher, 90, 155, 184, 197
Solidarität basieren, 190
Solidarität innerhalb der, 89, 208,
209
Solidarität unerlässlich sind, 144
Solidarität zentrale, 190
sollten, 29, 87
somit, 42, 45, 106, 128, 199
Sorgen bis hin zu, 36
sowie, 14, 18, 19, 54, 73, 84, 85, 87,
113, 149, 154, 177, 199,
205, 208, 220, 233, 235,
238
sowohl, 2, 9, 12, 32, 36, 39, 40, 42,
48–50, 52, 62, 64, 74, 80,
85, 86, 94, 95, 104, 109,
119, 121, 123, 128, 131,
134, 140, 143, 148, 166,
168, 173, 180, 182, 184,
190, 192, 193, 205, 214,
224, 232, 240–242
sozial konstruiert, 102, 142

soziale, 17, 20, 25, 27, 35, 68, 80, 82, 84, 102, 103, 107–109, 120, 155, 158, 166, 168, 174, 182, 193, 195, 197, 200, 208, 211, 224
sozialen, 2, 3, 5, 17, 18, 27, 31, 35, 40, 45, 52, 63, 69, 70, 81–85, 98, 108, 113, 118–120, 127, 140, 144, 147, 155–157, 159, 164, 166, 174, 182–184, 186, 188, 197, 200, 206, 208, 223, 227, 240
sozialer, 32, 37, 102
Sozialwissenschaften, 29, 47, 69, 113, 145
sozialwissenschaftlichen Ansätzen, 102
Soziologe, 52
Spaltungen, 207
Spaltungen führen, 209
Spannungen führen, 79, 127, 157, 189
Spannungen geprägt, 2
Spannungen innerhalb der, 26, 142
Spannungen resultieren, 127
speist, 125
Spektrum, 50
spezialisiert, 50, 52, 224
speziell, 66, 189, 200, 227
Spiegelbilder der, 88
spiegeln, 38, 42, 86, 214
spiegelt, 230
spielen, 5, 7, 10, 11, 20, 52, 61, 81, 84, 99, 107, 120, 142, 147, 183, 188, 192, 198, 217, 219–222, 229, 232, 238
spielt, 14, 17, 31, 34, 102, 111, 130, 139, 149, 151, 167, 196, 197, 199, 209
spielten, 27, 29, 39, 41, 52, 172
Spuren, 11
Spuren hinterlassen, 177
späten, 34
später, 25, 29
staatliche, 128
starten, 13, 39
Statistiken zeigen, 206
statt, 39, 74, 238
stattdessen hat, 2, 115
stattfinden, 90, 196, 210
stattfindet, 55
steht, 109, 142, 212
steigern, 168
steigert, 12
stellte, 33, 47, 51–53, 62, 67, 75, 76, 80, 86, 87, 92, 105, 135, 153, 155, 165, 184, 185
stellten, 35, 85, 88, 185
stereotype, 148, 166, 231
Stereotypen basieren, 143
Stichprobe, 185
stieß, 26, 38, 42, 185
Stiftungen, 76
Stigmatisierung können, 208
Stigmatisierung von, 148, 156, 198
Stimmen der, 10, 22, 141, 210
Stimmen derjenigen, 214
Stimmen derjenigen zu, 9
Stimmen gehört, 7, 73, 118
Stimmen gleich gehört, 139
Stimmen innerhalb der, 4, 82
Stimmen von, 2, 40, 56, 69, 74, 75, 131, 140, 154, 164, 166, 214, 231
Stimmen zum, 215
Streben nach, 7, 29, 134
Studentin bewältigen, 18

Studentin sprechen konnte, 53
Studien basieren, 120
Studien bis hin zu, 230
Studien konnte, 12
Studienfach, 48
Studienjahre, 52
Studienjahre von, 49
ständige, 133, 188, 221
ständigen, 38
stärken, 16, 33, 39, 40, 80, 88, 118, 135, 145, 182, 211, 242
stärken das Selbstbild, 7
Stärken von, 118
stärkeren Einbindung der, 135
stärkeren Vernetzung, 80
suchen, 129, 201, 237
Sylvia Rivera, 11, 39
Symbiose zwischen, 94, 164
systematischen, 42, 214

technologische Fortschritte, 168
Teil von, 39
Teilen Sie Ihr Wissen mit, 210
teilgenommen, 183, 184
Teilnehmende haben, 108
Teilnehmende sich, 108
teilten, 48, 62
teilweise, 133
Terminologien, 103
Thema Geschlechtsidentität, 185
thematisiert, 11, 18, 19
Themen Geschlechtsidentität, 111
theoretischen, 14, 27, 29, 61, 68, 95, 101, 125, 154, 166, 205, 208, 230, 235
theoretischer Bedeutung, 162
theoretischer Beitrag, 206
Theorie der, 102
Theorien entwickelt, 97

Thunbergs Fähigkeit, 157
tief, 25, 87, 121, 132, 141
tiefere, 62, 99, 103
tiefgehende, 18
tiefgreifende, 11, 42, 47, 131, 164, 193
tiefgreifenden Einfluss auf, 56, 58, 84, 104, 180, 199
traditionelle, 167, 206
traditionellen, 25, 41, 60, 68, 119, 140
tragen, 10, 11, 21, 55, 118, 166, 206, 208, 219, 223
transformierte, 164
transfreundliche, 242
transgender, 148
Transgender-Anliegen zu, 79, 81, 115
Transgender-Personen, 133
Transgender-Rechte, 70
transgeschlechtliche, 2, 11, 18, 26, 35, 47–53, 61, 64–66, 108, 131, 142, 172, 182–184, 200, 206, 207
Transgeschlechtliche Personen, 182
transgeschlechtlichen, 48, 49, 52, 53, 66, 88, 98, 107–109, 142, 143, 183, 184, 189
Transphobie, 242
Transsexuellengesetz von, 128
trotz, 5, 88, 145, 185
Trotz der, 6, 33, 34, 41, 45, 74, 75, 79, 80, 82, 110, 112, 139, 150, 152, 172, 179, 183, 187, 189, 202, 206, 208, 210, 221, 223, 226, 229, 231, 234, 239, 242
Trotz des gemeinsamen Ziels, 125
Trotz des unterstützenden, 26

Trotz dieser, 37, 57, 70, 131, 148, 156, 157, 185
Trotz ihrer, 184
Trotz ihres Erfolgs sah sich, 85
Trotz ihres positiven Einflusses, 201
Trotz Kaitrins Einfluss gibt, 105
trugen, 41, 53, 58, 60, 80, 115, 136, 144
trägt dazu, 195
Twitter ermöglichen, 183

um, 2, 7, 12, 13, 16–20, 22, 25, 27, 29, 32–35, 37–40, 44–47, 51, 56, 60, 62, 64, 66–69, 73, 74, 76, 79–82, 84–86, 88–90, 92, 93, 95, 99, 102–105, 107–109, 111–113, 115, 116, 118–120, 123, 126, 127, 129, 135, 137, 140–145, 150, 153, 155–158, 160, 164, 168, 171–174, 176, 182, 183, 189, 192, 195, 197–203, 207–211, 213–215, 219, 220, 227, 229, 232, 236–242
umfassen, 65, 110, 123
umfassende, 222
umfassendere, 123
umfasst, 68, 158, 180, 238, 240
umfassten, 56
Umfeld, 17, 18, 48, 66, 102, 108, 139, 160, 173, 196, 203
Umfeld aufwachsen, 199
Umfeld erfolgreich, 53
Umfeld zu, 21, 29, 199, 209
Umfelds gab es, 26
Umgang, 112, 138, 146
Umgebung, 229

Umgebung leben, 159
umgehen, 34
umgesetzt, 164, 178
umrissen, 118
umzugehen, 135, 144, 145, 198
unautorisierten, 9, 11
unautorisierter, 10, 11
unbestreitbar, 197
und, 1–22, 25–27, 29–53, 55, 56, 58–64, 66–71, 73–95, 97–99, 101–113, 115, 116, 118–123, 125–149, 152–160, 162–164, 166–169, 171–180, 182–190, 192, 193, 195–215, 217, 219–224, 226, 227, 229–242
unerschütterlichen Glauben, 185
Ungerechtigkeiten, 171
Universität sein, 211
uns, 71, 113, 134, 145, 156, 169, 190, 192, 199, 210, 212, 214, 215, 219
unschätzbarem, 36, 146, 172, 188
unsere, 3
Unsicherheiten geprägt, 36
unter, 50, 90, 95, 105, 183, 208, 238
untergraben, 183, 208
Unterhaltungsindustrie, 6
untermauern, 60, 68, 153
untermauerten, 67
unterrepräsentiert, 6, 140
unterrepräsentierte Stimmen, 11
Unterschiede sein, 221
unterschiedlichen, 80, 87, 109, 126, 142, 144, 156, 189
unterschätzen, 53, 89, 168, 201
unterstützen, 2, 35, 89, 90, 129, 184, 192, 199, 205, 211, 212,

Index 281

219, 221, 235
Unterstützen Sie, 210
unterstützenden, 26, 182, 208, 223
unterstützten, 50, 52
Unterstützungsdiensten, 149
Unterstützungsnetzwerke kämpfen mit, 221
untersuchen, 14, 27, 44, 54, 61, 69, 73, 84, 94, 113, 116, 125, 134, 154, 162, 188, 199, 208, 220, 222, 233, 235
untersucht, 18, 19, 103, 128, 206
untersuchte, 12, 26, 50, 185
untersuchten, 58
unterteilen, 137
unvermeidlicher Begleiter, 136
unverzichtbarer Bestandteil der, 118
unverzichtbarer Bestandteil des Kampfes, 75
unwohl, 34
unzureichend, 135, 142
US, 196
USA, 7, 39, 148

variieren, 65, 98
variiert, 236
verabschiedet, 92
verabschiedete, 207
veranschaulichen, 14, 27, 101
Veranstaltungen, 45, 74, 211, 239
Veranstaltungen gibt, 239
Veranstaltungen kann das Bewusstsein, 73
Veranstaltungen teilnehmen können, 240
Veranstaltungen und, 238
Veranstaltungen wird entscheidend, 240

verantwortungsbewusst durchgeführt wird, 227
verband, 77
verbessern, 15, 17, 33, 56, 66, 70, 82, 88, 95, 106, 118, 120, 131, 198, 201, 219, 239
verbessert, 12, 48, 153, 168, 200
verbesserten, 155
verbesserten Forschungsqualität, 135
verbinden, 37, 41, 160, 166
verbindet, 113, 118
Verbindungen, 189
verbot, 92
verbreiten, 17, 40, 80, 81, 83, 85, 93, 156, 168, 210, 211, 219, 236
verbreitete, 112, 197
Verbreitung von, 17, 41, 83, 129, 219, 229, 242
verbunden, 2, 7, 19, 32, 47, 49, 64, 73, 74, 88, 102, 107, 108, 116, 118, 165, 201, 229
verdeutlichen, 13, 19, 33, 44, 79, 88, 94, 95, 125, 148, 149, 172, 175, 184, 185
verdeutlicht, 27, 31, 35, 59, 74, 102, 113, 127, 128, 173, 179, 241, 242
verfasst, 9, 10, 113
verfeinern, 115
verfolgt, 237
Vergangenheit anerkennen, 242
Vergangenheit bedeutend, 17
Vergangenheit möglich, 156
Verhaltensweisen von, 5
vermeiden, 135
vermitteln, 11, 18, 80, 113, 166, 176, 199
vermittelt, 10, 197, 215

vernetzen, 37, 56, 183, 185, 190, 236
verringern, 2, 37, 102, 208
verschieben, 40
verschiedene, 18, 26, 34, 48, 52, 61, 66, 67, 70, 85, 99, 102, 111, 118, 119, 137, 160, 202, 206, 209, 220, 221, 235, 238, 240, 241
Verschiedene Forschungsinstitute, 224
verschiedenen, 1, 3, 12, 14, 26, 28, 39, 57, 59, 69, 70, 80, 81, 92, 98, 102, 103, 108, 116, 119, 120, 125, 128, 131, 134, 141, 143, 149, 150, 154, 158, 164, 183, 184, 186, 188, 197, 199, 219–222, 240, 241
verschiedener, 27, 35, 104
verschrieben, 13
Versionen oft seine Kämpfe mit, 11
Versorgung zu, 120
verstand, 40, 81, 82, 85, 178
verstehen, 1, 7, 26, 29, 35, 51, 58, 66, 68, 69, 99, 105, 108, 109, 118, 166, 174, 180, 186, 187, 200, 201, 206, 227
verstärkt, 144, 196
verstärkten Kaitrins Engagement, 27
verteidigen, 26, 167, 192
verteidigte, 171
vertieft, 106
Vertraute beschrieben wird, 172
vertreten, 195, 200
Verwandte und, 26
verwendet, 69, 130
verwendete, 12, 44, 62
Verwendung qualitativer Methoden, 59

verwurzelt, 25, 132
verwurzelte, 121, 141
verzerrt, 129
verzerrten, 231, 234
verändern, 17, 44, 86, 93, 198
verändert, 14, 84, 147, 166, 186
veränderten, 91
Veränderung auslösen, 173, 212
Veränderung innerhalb der, 127
Veränderungen, 19, 40, 47, 63, 88, 90, 102, 116, 134, 148, 157, 186, 199, 240, 242
Veränderungen abhängen, 84
Veränderungen beeinflusst, 239
Veränderungen führen, 190
Veränderungen herbeizuführen, 73, 144, 197, 208, 210
Veränderungen innerhalb der, 43
Veränderungen möglich, 164
Veränderungen sind, 147, 206
Veränderungen zu, 214
veröffentlicht, 51, 67, 107
Veröffentlichung, 55, 67, 134, 153, 237
Veröffentlichungen markieren einen, 58
Veröffentlichungen von, 60
Viele, 9, 13, 21, 88
Viele Aktivisten nutzen, 140
Viele Forscher, 66
Viele Lehrkräfte fühlen sich, 112
Viele Lehrpläne, 197
Viele Mediziner, 105
Viele potenzielle, 108
Viele von, 175
Viele Wissenschaftler lobten ihren, 59
vielen deutschen Schulen, 17
vielen Diskussionen über, 139

Index

vielen Fällen erleben, 208
vielen Gesellschaften sind, 6
vielen indigenen, 7
vielen Initiativen, 215
vielen Ländern, 128, 221
vielen Ländern gibt, 108, 141, 201, 241
vielen Schulen, 32
vieler, 13, 38, 86, 110, 145, 153, 177, 185, 186, 215
vielfältig, 6, 31, 33, 53, 66, 109, 123, 212, 232
vielfältigen Betrachtungsweise von, 98
vielschichtiger Prozess, 237
Vielzahl von, 7, 40, 60, 64, 107, 109, 113, 125, 135, 140, 147, 156, 166, 206, 214, 217, 230, 242
virale, 17
Visionen geteilt, 215
visuelle, 44
volle Potenzial von, 4
von, 1–7, 9–22, 26–56, 58–60, 62–64, 66–70, 73–76, 78–95, 97–113, 115, 116, 118–120, 122, 123, 125, 127–132, 134–150, 152–160, 162–164, 166–169, 171–180, 182–190, 192, 193, 195–202, 206–215, 217, 219–224, 227, 229–232, 234–242
voneinander, 66, 80, 90
vor, 33, 36, 69, 70, 105, 109, 142, 148, 156, 169, 185, 188, 201, 202, 206, 212, 214, 215, 221, 242

voranzutreiben, 80
Vorbildern erörtern, 5
Vordergrund, 145
Vordergrund stellen, 10
Vordergrund stellte, 75
Vorgehen und, 219
vorgestellt, 70, 224, 227
Vorgänger anerkennen, 158
vorherrschenden, 10, 185
Vorstellungen geprägt, 33
Vorstellungen von, 7
Vorstellungen über, 229
Vorträge, 199
Vorträge trugen, 144
Vorurteile gegenüber, 37, 87, 112
Vorurteilen belastet sein, 140
Vorurteilen geprägt, 34, 46, 129
Vorurteilen konfrontiert, 53, 188

wachsenden, 86, 231
Wahrnehmung, 18, 19, 82, 86, 131, 147–149, 158, 200, 234
wandelnden Bedürfnissen der, 17
wandelnden gesellschaftlichen, 156
wandte sich, 53
war, 17, 25, 29, 30, 33–36, 38–40, 42, 44, 47–53, 56, 58, 59, 66, 67, 74, 76, 77, 79, 82, 86–88, 92, 93, 118, 134–136, 144, 145, 156, 171–174, 177, 184, 185, 188–190, 214
waren, 7, 25, 27, 30, 31, 36, 37, 40–45, 48, 49, 53, 58, 67, 79, 81, 82, 87, 88, 175, 190, 192, 200
Wartezeiten verbunden, 88
warum, 1, 2, 185

Wechselwirkungen zwischen, 14, 48, 118
Weg zu, 205
Weggefährten, 19, 190
Weise, 18, 128, 130, 131, 144, 158, 173
Weise beeinflussen, 221
Weisen beeinflusst, 61
weiter, 2, 16, 82, 106, 115, 168, 202, 215
weitere, 220, 236, 242
weiteren Familienkreis, 26
weiteren Schlüsselfigur der, 11
weiteren Stigmatisierung führen, 234
weiterentwickelte, 52
weiterer, 2, 10, 32, 35, 47, 48, 69, 87, 92, 93, 123, 128, 129, 144, 149, 167, 184, 185, 206, 211, 236
weiterhin, 7, 16, 83, 86, 99, 104, 120, 141–143, 148, 153, 162, 164, 166, 168, 175, 180, 182, 190, 197, 201, 202, 204–207, 224, 226, 229, 231
weiterlebt, 215
weiterzuführen, 21
weiterzumachen, 88
weitreichend, 13, 17, 67, 162, 166, 180, 201
welche Herausforderungen dabei auftreten, 162
welche Themen als, 128
Welt, 44, 180
Welt hinterlassen, 11
Welt leben, 38
Welt schaffen, 22
Wendepunkt dar, 185

wenigen Personen, 36
weniger, 17
wenn es, 17
Wenn Leserinnen, 10
werden, 5, 7, 9–14, 16–20, 22, 26, 27, 34, 40, 44, 45, 48, 50, 53, 56, 59, 61, 64, 66, 68–70, 73, 74, 81, 84, 85, 87, 90, 91, 94, 99, 102, 104, 105, 107–109, 111–113, 116, 118–120, 125–130, 132, 134, 139–142, 144–146, 149, 150, 153–156, 158, 160, 162, 164, 166, 168, 169, 175, 177, 178, 180, 185, 190, 195–201, 205–210, 212, 214, 215, 219, 220, 222, 224, 227, 230, 232–235, 237–240, 242
werfen, 141, 190
Werke präsentierte, 44
Werken, 230
Wert, 36, 146, 172, 188
Werten der, 25
wertvolle, 38, 99, 108, 119, 120, 143, 157, 173, 174, 190, 232, 237
wesentliche Einsichten, 19
wesentliche Rolle, 7
wesentlichen, 68, 101, 102, 104, 205
wesentlicher Bestandteil des Fortschritts, 116
wesentlicher Bestandteil des Wandels, 46
wesentlicher Bestandteil ihrer, 44
wesentlicher Bestandteil von, 99
Westen, 241
wichtig, 1, 2, 7, 9, 17, 31, 33, 35, 39,

40, 53, 79, 80, 89, 90, 95, 103, 109, 112, 113, 120, 127, 128, 132, 139, 141, 142, 145, 149, 154, 157, 158, 172, 178, 182–184, 188, 195, 198, 205, 207, 208, 210, 213, 214, 223, 229, 231, 234, 237, 242
Wichtige Aspekte, 65
wichtigen, 38, 53, 58
wichtiger, 10, 35, 38, 39, 48, 70, 92, 102, 134, 136, 144, 152, 171, 206, 211, 219, 232, 236
widerlegen, 129
widerspiegelte, 76, 128
Widerstands erlebt, 136
Widerstandsfähigkeit, 139
Widerstände aus, 137
wie, 2, 5, 7, 9, 17–19, 26, 30, 31, 33–36, 38–41, 44–47, 49, 50, 56, 60, 61, 63, 66, 68, 75, 79, 80, 82, 83, 88–90, 92, 95, 99, 103, 105, 107, 108, 113, 116, 118, 126, 128, 130, 131, 134, 138, 140, 141, 144, 145, 147, 148, 151, 154, 156–158, 162, 164, 168, 171–174, 178, 183–185, 188, 189, 192, 195–197, 200, 201, 206, 207, 210, 212–214, 219, 221, 229, 235, 236, 240–242
Wie kann ich mein Studium, 47
Wir betrachten, 18
wir hier präsentiert, 192
wir sicherstellen, 66
wir verschiedene, 220, 238

wird auch, 201
wird von, 219
wirft, 234
wirtschaftlichen, 159
Wissen, 210
Wissen geprägt, 29
Wissen zu, 118, 210
Wissenschaft argumentierten, 60
Wissenschaft hinausgeht, 214
Wissenschaftlers beeinflussen, 61
wissenschaftliche, 60
wissenschaftlichen, 6, 13, 18, 20, 51, 58, 60, 63, 67, 82, 84, 85, 90, 99, 102, 104, 105, 123, 128, 130, 131, 134, 141–143, 155, 164, 166, 171, 173, 180, 215, 230
wissenschaftlicher Forschung, 50, 163, 214
Wissenschaftswettbewerben, 30
Wissensvermittlung, 197
wobei verschiedene, 241
Wohlbefinden, 6, 12, 90, 110, 111, 130, 155, 182
Wohlbefindens führte, 186
Wohlergehen von, 152, 224, 239
Wunsch verspürte, 30
wurde sie, 184
wurde von, 189
wurden, 19, 25, 27, 35, 37, 38, 40, 41, 44, 45, 59, 81, 82, 115, 131, 135, 136, 148, 149, 153, 157, 171, 178, 179, 185, 186, 190, 192, 207, 239
Während, 185
während, 9, 13, 26, 29, 39, 48, 53, 56–58, 69, 74, 79, 113,

126, 142, 168, 172, 186, 188, 189, 239
Während Fortschritte, 149
Während ihre, 29
Würde, 212, 237

z.B. Telemedizin, 168
Zahl, 231
zahlreiche, 2, 42, 70, 81, 111, 112, 134–136, 157, 200, 207, 210, 221, 226
zahlreichen Herausforderungen, 202
zahlreichen Medien zitiert und, 115
zeichnen, 12, 69, 145, 156
zeigen, 2, 5–7, 17, 28, 32, 46, 111, 136, 141, 159, 173, 177, 180, 185, 199–201, 206, 207, 219, 236
zeigt das Beispiel von, 80
zeigt sich, 86, 144
zeigte Kaitrin, 26
zeigte sich, 29
zeigten, 12, 40, 81, 92
Zeit entdeckte sie, 35
Zeit jedoch von, 31
Zeiten, 128, 145, 190
Zeiten Brücken, 190
zentrale, 17, 44, 52, 81, 142, 151, 182, 190, 198, 199, 208, 238
zentraler, 13, 49, 78, 85, 111, 166, 175, 199, 236
zentrales Konzept, 189
zentrales Thema, 172
Zerrissenheit führte, 34
Zeugnisse von, 173
Ziel, 214
Ziele, 79, 80, 89, 127, 129, 145, 183, 189, 237

Ziele effektiver zu, 189
Ziele können, 79
Ziele verfolgen, 157
Ziels sind, 157
zielt, 212
zielten darauf ab, 39, 90
zu, 1–3, 5–13, 16–22, 25–27, 29–53, 55, 56, 58–60, 62–71, 73–90, 92, 93, 95, 98, 99, 101–109, 111–113, 115, 116, 118–120, 122, 123, 125–129, 131, 132, 135, 136, 139–145, 147–150, 152–160, 164, 166–168, 171–180, 182–190, 192, 193, 195–203, 205–215, 219–221, 223, 224, 226, 227, 229–232, 234–237, 239–242
Zudem, 82, 203
Zugehörigkeit oder, 212
Zugehörigkeitsgefühl, 5
zugeschnitten, 66
zugewiesenen, 34
zugänglich, 3, 70, 167
zugänglichen, 159
Zukünftige Forschungen, 164
zukünftigen, 58, 60, 118, 119, 154, 164, 171
zukünftiger, 200
zum, 20, 42, 46, 88, 101, 128, 144, 160, 171, 192, 210, 215
Zunahme von, 84
zunehmend, 34, 40, 58, 60, 70, 86, 116, 126, 154, 157, 212, 241
zunehmenden, 86, 141, 200
Zunächst einmal, 156

Index

Zunächst initiierte, 80
zur, 4, 6, 9, 10, 12, 16, 18, 31, 32, 34, 40–42, 46, 49, 53, 55, 58, 60, 63, 69, 73, 75, 79, 83, 84, 86, 87, 89, 93, 99, 102, 104, 108, 111, 116, 120, 121, 123, 135–139, 141–145, 148, 149, 151, 152, 155, 159, 160, 171–173, 184, 188, 189, 197, 199, 206, 208, 210, 213, 227, 229, 234, 235, 240, 241
zurückzuführen, 86, 121, 132, 133
zusammen, 79, 82, 92, 220
Zusammenarbeit, 15, 68, 70, 78–80, 92, 95, 118, 143, 157, 164, 169, 174, 175, 184, 201, 219, 221, 237
Zusammenarbeit unerlässlich, 118
zusammenarbeitet, 22, 207, 242
zusammenfassen, 5
Zusammenfassend lässt sich, 3, 4, 7, 11, 13, 17, 27, 31, 42, 43, 52, 53, 55, 75, 82, 86, 90, 93, 95, 99, 109, 120, 123, 131, 140, 151, 153, 162, 166, 168, 175, 184, 190, 192, 199, 201, 207, 214, 242
zusammengearbeitet, 178
Zusammenhalt der, 39
Zusammenhalt zwischen, 189
zusammenschließen, 89, 157
Zusammenspiels, 27
zusammenzubringen, 66, 175
zusätzlich, 26, 35
Zusätzlich gibt, 227
Zusätzlich kann der, 140

Zusätzlich können, 234
Zusätzlich sehen, 157
zwar groß, 199
Zweitens nutzte, 80
zwischen, 3, 14, 15, 22, 38, 48, 50, 63, 69, 94, 95, 102, 118, 122, 127, 143, 162–164, 178, 179, 184, 189, 193, 210, 214, 219, 221
zählt, 39, 145, 210, 212

Öffentlichkeit erreichen, 45, 93
Übergang von, 38
Überzeugungen einstehen sollte, 145
ähnliche, 31, 34, 37–39, 44, 157, 158, 184, 189, 237
ähnlichen, 135
älterer, 26
äußern, 22
öffentliche, 2, 6, 7, 18, 81, 84–86, 93, 115, 128–130, 147, 148, 186, 200
öffentlichen, 19, 70, 81, 85, 86, 142, 144, 147–149, 158, 241
über, 6–8, 10–12, 17–19, 25, 33–36, 39, 44, 52, 53, 55, 58–60, 62, 67, 68, 77, 79–81, 85–87, 98, 107, 111, 113, 116, 119, 123, 129–132, 139, 140, 142, 144, 145, 147–151, 155, 158, 164, 165, 167, 172, 179, 180, 185, 189, 190, 196–199, 201, 202, 207, 209–211, 214, 220, 229–232, 234, 239, 241
überarbeiten, 135
überarbeitet, 16
übersetzen, 85, 178

überwinden, 12, 33, 37, 38, 87, 103, 112, 152, 167, 185, 212, 214

überwältigend, 59, 212

Milton Keynes UK
Ingram Content Group UK Ltd.
UKHW021127111124
451035UK00016B/1261

9 781998 610884